PLUSPUNKT DEUTSCH

Leben in Österreich

ARBEITSBUCH

A1

Jin | Schote

Cornelsen

PLUSPUNKT DEUTSCH
Leben in Österreich

Symbole

1.14 Hörtext auf CD

Partnerarbeit

Portfolio

Pluspunkt Deutsch A1
Leben in Österreich

Arbeitsbuch

Im Auftrag des Verlags erarbeitet von Dr. Friederike Jin und Dr. Joachim Schote

Redaktion: Kristina Kremer
Redaktionelle Mitarbeit: Joachim Becker
Projektleitung: Dr. Ulrike Litters
Redaktionsleitung: Gertrud Deutz
Beratende Mitwirkung: Dr. Eva-Maria Enzelberger
Illustrationen: Christoph Grundmann
Layout und technische Umsetzung: zweiband.media, Berlin
Layoutkonzept und Umschlaggestaltung: finedesign Büro für Gestaltung, Berlin

Redaktion der Originalausgabe
Redaktion: Dieter Maenner und Laura Nielsen
Gertrud Deutz (Redaktionsleitung)
Redaktionelle Mitarbeit: Dr. Friederike Jin und Vanessa Wirth
Bildredaktion: Katharina Hoppe-Brill, Claudia Groß, Laura Nielsen
Audio-CDs: ISBN: 978-3-06-521262-5 (oder als Download unter *www.pluspunkt-oesterreich.ventas.at* bzw. unter *www.sprachportal.at*)

www.cornelsen.de

1. Auflage, 1. Druck 2017

Alle Drucke dieser Auflage sind inhaltlich unverändert und können im Unterricht nebeneinander verwendet werden.

Druck: Grafisches Centrum Cuno GmbH & Co.KG, Calbe

ISBN: 978-3-06-520976-2

PEFC
PEFC/04-31-1370
PEFC zertifiziert
Dieses Produkt stammt aus nachhaltig bewirtschafteten Wäldern und kontrollierten Quellen.
www.pefc.de

Inhalt

1 Willkommen!

1.02 **1** **Wie heißen Sie? Ordnen Sie den Dialog und kontrollieren Sie dann mit der CD.**

☐ Ich heiße José Aguilar. Woher kommen Sie?

☐ Ich komme aus Madagaskar. Und Sie?

☐ Ich komme aus Peru.

☑ 1 Grüß Gott, ich heiße Murielle Ramanantsoa. Wie heißen Sie?

1.03 **2** **Ergänzen Sie den Dialog. Hören und kontrollieren Sie dann mit der CD.**

- Grüß Gott. Ich .... José Garcías. .... heißen Sie?
- Ich .... Magdalena Ziowska.
- .... kommen Sie?
- Ich komme .... Polen.

3 **Wie heißen Sie? Woher kommen Sie? Ergänzen Sie die Sätze.**

Ich heiße .... Ich komme aus ....

A Guten Tag – Grüß Gott

1.04 **4** **Ordnen Sie den Dialog und kontrollieren Sie dann mit der CD.**

☐ Ich heiße Gomes. Ana Gomes. Und Sie?
☐ Ich heiße Funda Aydin. Ich wohne schon lange hier. Woher kommen Sie?
☑ 1 Guten Morgen. Mein Name ist Ana Gomes. Ich bin neu hier.
☐ Ich komme aus Portugal. Und das ist Maria.
☐ Hallo, Maria. Willkommen!
☐ Grüß Gott. Entschuldigung, wie heißen Sie?

5 **Schreiben Sie die Sätze in Ihr Heft.**

WoherkommenSie? • IchkommeausderUkraine. • Ichwohneschonlangehier. • IchbinneuhierimHaus. • MeinNameistGeorgHauser.

Woher kommen ...

6a *Wie? Woher? Wer?* **Ergänzen Sie die Fragen.**

.... *heißen Sie?*

.... *ist das?*

.... *kommen Sie?*

6b **Ordnen Sie die Fragen aus 6a zu und schreiben Sie sie.**

1 .... Das ist Goran Petrović.

2 .... Ich heiße Marija Petrović.

3 .... Ich komme aus Österreich.

7a **Schreiben Sie drei Fragen.**

~~Wie~~ • Woher • Wer • heißen • kommen • ist • Sie • Sie • das

1 *Wie* .... ?

2 .... ?

3 .... ?

7b **Schreiben Sie Antworten zu den Fragen aus 7a .**

B Buchstaben

1.05 **8a** **Das Alphabet. Ergänzen Sie die Buchstaben, hören Sie dann und sprechen Sie nach.**

A ..... C ..... E ..... G ..... I ..... K ..... M ..... O ..... Q ..... S ..... U ..... W ..... Y .....

1.06 **8b** **Die besonderen Buchstaben. Hören Sie und ergänzen Sie die Buchstaben.**

1 ..... 2 ..... 3 ..... 4 .....

1.07 **9** **Was hören Sie? Kreuzen Sie an.**

AMS ☐ vhs ☐ BMW ☐ WGKK ☐ DVD ☐ ÖBB ☐

10 1.08 **Wie heißen die Leute? Woher kommen sie? Hören und ergänzen Sie.**

1

Name: Halina ....

Stadt: Lublin

Land: Polen

2

Name: Fernando ....

Stadt: ....

Land: Mosambik

3

Name: Akina ....

Stadt: ....

Land: Japan

4

Name: .... Smith

Stadt: ....

Land: Neuseeland

C Formell und informell

11a Was sagen die Personen? Schreiben Sie zwei Dialoge.

1 • ....

• ....

• ....

• ....

2 ■ ....

▲ ....

■ ....

Guten Tag, Frau Kern. • Gut. Und Ihnen? • Danke, es geht. • Grüß Gott. Wie geht es Ihnen, Herr Böhm?

Danke, gut. • Servus, Felix! Wie geht es dir? • Gut. Und dir, Hannah?

11b Lesen Sie die Dialoge noch einmal und ordnen Sie zu: formell oder informell?

	Dialog 1	Dialog 2
formell	☐	☐
informell	☐	☐

12 1.09 **Formell oder informell? Hören Sie die Dialoge und kreuzen Sie an.**

	Dialog 1	Dialog 2	Dialog 3	Dialog 4
formell	☐	☐	☐	☐
informell	☐	☐	☐	☐

13 Ergänzen Sie die Dialoge und kontrollieren Sie mit der CD.

1.10

1
- Grüß Gott. Mein Name ist Huber, Anna Huber. Wie heißen ……?
- Guten Tag, Frau Huber. Mein Name ist Hans Meyer.
- Grüß Gott, Herr Meyer. Wie geht es ……………………?
- Danke, gut und ……………………?

2
- Hallo. Wie heißt ……………………?
- Ich heiße Sara. Und ……………………?
- Ich heiße Lukas.

3
- Servus, Lukas, wie geht es ……………………?
- Danke, gut. Und ……………………?

14 Hören Sie. Welches Bild passt? Verbinden Sie.

1.11

A

Dialog 1

Dialog 2

Dialog 3

Dialog 4

B

15 Ordnen Sie die Sätze zu. Kontrollieren Sie dann mit der CD und sprechen Sie nach.

1.12

Wie heißen Sie? • Auf Wiederschauen. • Wie heißt du? • Grüß Gott. • Guten Morgen. • Servus. • Hallo.

1

2

3

……………………

……………………

……………………

16 Was passt? Ergänzen Sie.

du • ihr • Sie • Sie

17a Verben. Markieren Sie die Endungen.

du lernst	ich komme	wir wohnen	ihr macht	Sie heißen
du machst	ich heiße	wir kommen	ihr wohnt	Sie lernen

17b Ergänzen Sie die Tabelle.

	machen	wohnen	lernen	kommen	heißen
ich	mache				
du					
wir					
ihr					
Sie					

18 Verben. Ergänzen Sie die Verben.

1 • Wie .... Sie? • Ich .... Elisabeth Mahler.

2 • Was .... ihr? • Wir .... Deutsch.

3 • Woher .... du? • Ich .... aus Brasilien.

4 • Wo .... Sie? • Ich .... in Graz.

19a Das Verb *sein*. Ergänzen Sie.

ich .... du .... wir .... ihr .... Sie ....

19b Wer ist das? Ergänzen Sie das Verb *sein*.

1
• Wer .... du?
• Ich .... Lin.

2
■ Wer .... Sie?
▲ Wir .... Jan und Maria Kowalski.

3
• Und wer .... Sie?
• Ich .... Erkan Öztürk.

20 Schreiben Sie die Fragen und Antworten.

1 • woher – ihr – kommt – ? ....
• aus dem Iran – wir – kommen – . ...

2 • wie – Sie – heißen – ? ....
• Christian Weber – heiße – ich – . ...

3 • lernst – was – du – ? ....
• lerne – ich – Englisch – . ...

4 • Sie – wohnen – wo – ? ....
• in Innsbruck – ich – wohne – . ...

5 • ihr – wer – seid – ? ....
• Laura und Susanne – wir – sind – . ...

6 • was – ihr – macht – in Wien – ? ....
• wir – Deutsch – lernen – . ...

D Zahlen bis 20

21 Schreiben Sie die Zahlen.

1

2

3

4

5

1 .... 2 .... 3 ....

4 .... 5 ....

22 Hören Sie die Zahlen und sprechen Sie nach.

1.13

9 8 7 6 5 4 3 2 1

19 18 17 16 15 14 13 12 11

E Was sind Sie von Beruf?

23 Berufe: Männer und Frauen. Ergänzen Sie.

	Mann	Frau
1	Lehrer	
2	Ingenieur	
3		Verkäuferin

	Mann	Frau
4		Friseurin
5		Ärztin
6	Altenpfleger	

24 *Sie* oder *du*? Schreiben Sie die Fragen. Kontrollieren Sie dann mit der CD.

1.14

1 Wie heißen Sie? .... Wie heißt du? ....
Mein Name ist Olga Schreiber. Ich heiße Raúl.

2 ....
Ich bin Verkäuferin. Ich bin Ingenieur.

3 ....
Ich komme aus Russland. Ich komme aus Portugal.

4 ....
Ich wohne in Klagenfurt. Ich wohne in Linz.

25a Herr Arslan stellt sich vor. Ergänzen Sie die Verben.

Ich .... Farid Arslan. Ich .... aus Syrien und ich .... neu hier. Ich .... Programmierer von Beruf. Ich .... Deutsch.

25b Und Sie? Schreiben Sie einen Text wie in 25a.

26a Schreibtraining. Korrigieren Sie. Welche Wörter schreibt man groß (10 Wörter)?

Fehler +++ Fehler +++ Fehler

~~w~~W ie heißen sie und woher kommen sie?
ich heiße clara bai. ich komme aus salzburg.
ich wohne schon lange in österreich.

!
Großschreibung:
- Satzanfang
- Vornamen, Familiennamen (Julia Moser)
- geografische Namen (Wien, Österreich, …)
- formelle Anrede (Sie, Ihnen)

26b Schreiben Sie den Text noch einmal richtig.

....

....

....

1.15

27a In der Sprachschule. Hören Sie den Dialog und kreuzen Sie an: Welches Foto passt?

1 ☐

2 ☐

1.15

27b Hören Sie noch einmal und füllen Sie das Anmeldeformular aus.

ASK

ASK Sprachschule
Malerweg 3
5020 Salzburg

www.ask-schule.at
E-Mail: post@ask.at
Tel.: 0662 / 4832205

Anmeldung

Familienname	Vorname	Telefonnummer	
Adresse: *Weineckstraße 17*		Land	Beruf
PLZ	Ort: *Zirl*		Sprachkurs ☐ A1 ☐ A2 ☐ B1

1.16

28 Wie geht's? Ordnen Sie zu und kontrollieren Sie dann mit der CD.

Schlecht. • Gut. • Es geht. • Sehr gut. • ~~Super!~~

1 *Super!* ....

2 ....

3 ....

4 ....

5 ....

1 Wichtige Wörter

wie ....
heißen ....
Wie heißen Sie? ....
Guten Tag. / Grüß Gott. ....
und ....
woher ....
kommen ....
Woher kommen Sie? ....
Ich komme aus … ....

A Guten Tag – Grüß Gott

Guten Morgen. / Grüß Gott. ....
der Name ....
Mein Name ist … ....
neu ....
das Haus ....
Ich bin neu hier im Haus. ....
Entschuldigung, … ....
wohnen ....
schon lang(e) ....
hier ....
Das ist … ....
Hallo. / Servus. ....
wer ....
Wer ist das? ....

B Buchstaben

Wie bitte? ....
schreiben ....
Wie schreibt man das? ....
buchstabieren ....
der Familienname ....
der Vorname ....
das Land ....

C Formell und informell

Frau … ....
Herr … ....
Wie geht es Ihnen? ....
danke ....
gut ....
auch ....
Auf Wiedersehen. /
Auf Wiederschauen ....
Bis bald! / Servus! ....
Es geht so. ....
Tschüss / Servus ....
Bis morgen. ....
was ....
machen ....
Was machst du? ....
lernen ....
Deutsch ....
wo ....

D Zahlen bis 20

die Zahl ....
die Nummer ....
Meine Nummer ist … ....
ja ....
nein ....
Ja, genau. ....
nicht ....

E Was sind Sie von Beruf?

der Beruf	....	der/die Arzt/Ärztin	....
Was sind Sie von Beruf?	....	....	....
der/die Ingenieur/in	....	....	....
der/die Verkäufer/in	....	....	....
		der/die Lehrer/in	....

1 **Schreiben Sie Fragen und Antworten wie im Beispiel.**

Was? • Wer? • Wie? • Wo? • Woher?

Wie? Wie heißen Sie?	Ich heiße Carlos.
Was? Was sind Sie von Beruf?	Ich bin Verkäufer.

2 **Sammeln Sie Wörter und Sätze zu den Themen *Name* und *Beruf*.**

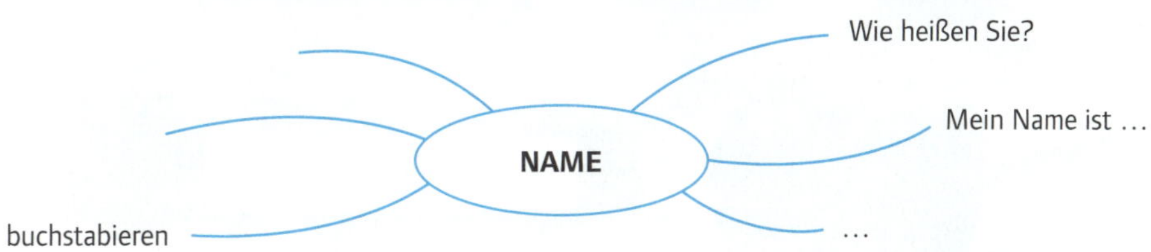

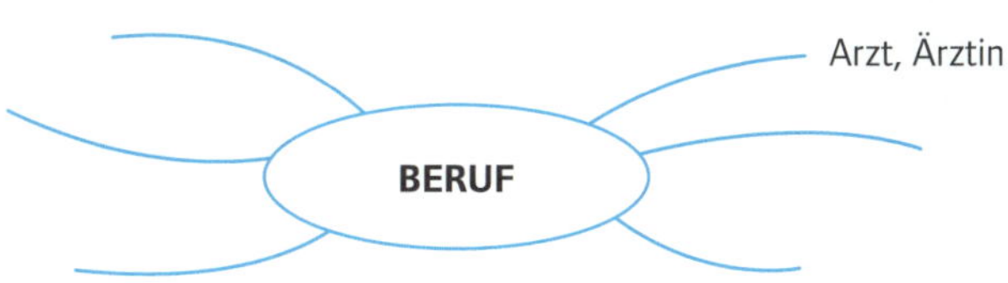

! **Lerntipp**
Sammeln Sie Wörter und Sätze zu einem Thema in Ihrem Vokabelheft.

1.17 **3** **Wörter hören und nachsprechen. Hören Sie und sprechen Sie nach.**

1 hören – schreiben – buchstabieren – lernen – machen
2 Deutsch – Lehrer – Lehrerin – Hausaufgaben
3 Sekretärin – Ingenieur – Ärztin – Verkäufer

Wichtige Wörter

1.18 **4a** **Hören Sie und zeigen Sie das passende Foto.**

1.19 **4b** **Hören Sie und sprechen Sie nach.**

5

6

7

8

1.20 **5** **Hören Sie den Dialog und ergänzen Sie die Informationen zu Foto 5.**

6 **Schreiben und sprechen Sie einen Dialog wie in Foto 5.**

Familienname: ....

Vorname: *Eva* ....

Land: ....

Beruf: ....

2 Alte Heimat, neue Heimat

1a Wie heißen die Kontinente? Schreiben Sie.

 kaAfri ....  roEupa ....

 mekaNordari ....  traAuslien ....

 sienA ....  rimeSüdkaa ....

1.21 **1b** Hören Sie die Kontinente und sprechen Sie nach.

2a Wo liegt …? Finden Sie die Länder auf der Karte und ergänzen Sie.

Kanada • Kenia • China • Österreich • Brasilien

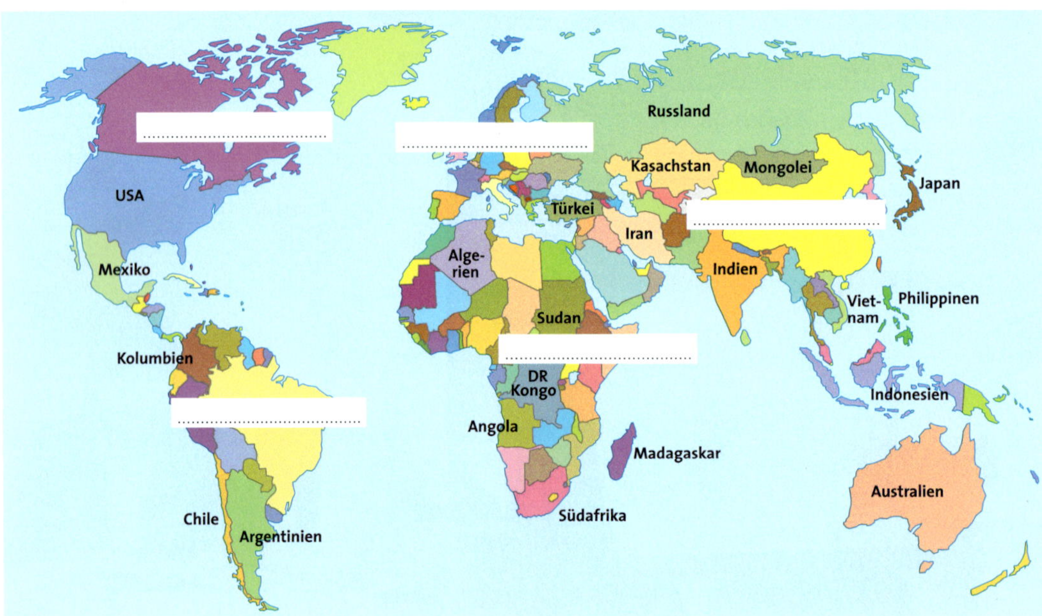

2b Schreiben Sie vier Sätze wie im Beispiel.

1 *Kanada liegt in Nordamerika.*

2 ....

3 ....

4 ....

5 ....

2c Und Sie? Woher kommen Sie? Wo liegt das? Schreiben Sie.

....

....

A Nationalität und Sprachen

3a Ordnen Sie zu und schreiben Sie die Fragen.

1	Woher	A	spricht Herr Bora?
2	Wo	B	heißen Sie?
3	Welche Sprachen	C	wohnt Frau Abiska?
4	Wie	D	kommt Herr Li?

Woher …

1.22

3b Ordnen Sie die Fragen in 3a den Antworten zu. Kontrollieren Sie mit der CD.

Frage ☐ 1 Wir heißen Smith. Martin und Mary Smith.
Frage ☐ 2 Er kommt aus Hongkong.
Frage ☐ 3 Sie wohnt in Eisenstadt.
Frage ☐ 4 Er spricht Türkisch, Deutsch und Englisch.

4 Lesen und ergänzen Sie die Verben.

1 Beatriz de Lima und Enzo Santos ………… (sein) Brasilianer. Sie ………… (wohnen) in Bregenz und ………… (lernen) jetzt Deutsch.

2 Asif Khan ………… (kommen) aus Pakistan. Er ………… (sein) Arzt von Beruf und ………… (suchen) jetzt Arbeit in Österreich. Er ………… (sprechen) schon sehr gut Deutsch.

3 Sie ………… (heißen) Tanja und Oleg Makarenko. Sie ………… (sprechen) Deutsch, Englisch und Russisch. Ihre Muttersprache ………… (sein) Ukrainisch. Sie ………… (arbeiten) in Innsbruck.

5 Ergänzen Sie die Tabelle.

	kommen	suchen	heißen	arbeiten	sprechen	sein
ich	*komme*					
du			*heißt*	*arbeitest*	*sprichst*	
er/sie					*spricht*	
wir						
ihr						*seid*
sie (Pl.)		*suchen*				
Sie (formell)						

6 **Menschen in Österreich. Ergänzen Sie *er*, *sie* oder *sie* (Pl.).**

Das ist Kim Sohyi. .... kommt aus Südkorea.

.... wohnt in Wien.

Das ist Alp Bora. .... kommt aus der Türkei.

.... wohnt in Wien.

Das sind Mirna und Dinko Jukić. .... kommen aus

Kroatien. .... leben in Österreich.

7 **Und Sie? Woher kommen Sie? Was ist Ihre Nationalität? Welche Sprachen sprechen Sie? Schreiben Sie.**

Ich ....

....

B Im Deutschkurs

8 **Im Deutschkurs. Finden Sie acht Wörter und schreiben Sie die Wörter mit Artikel wie im Beispiel.**

~~Ta~~ ter sche Fla Pa Lam dy Fens

Schlüs pe sche ~~fel~~ sel Han pier Ta

1 die Tafel .... 2 .... 3 .... 4 ....

5 .... 6 .... 7 .... 8 ....

9a **Ordnen Sie die Wörter zu und ergänzen Sie den Artikel.**

Heft • Bleistift • Uhr • Tisch • Sessel • Buch • CD • Kugelschreiber

1 .... 2 .... 3 .... 4 ....

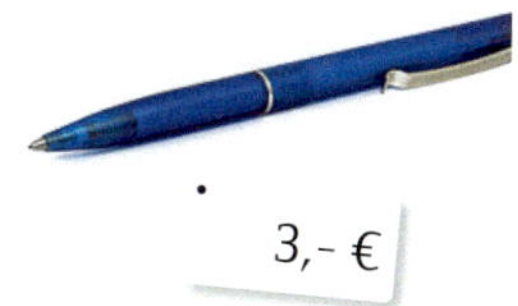

5 .... 6 .... 7 .... 8 ....

9b Was ist das? Wie viel kostet das? Schreiben Sie Sätze wie im Beispiel.

1 *Das ist ein Tisch. Der Tisch kostet 20 Euro.*

2 ....

3 ....

4 ....

5 ....

6 ....

7 ....

8 ....

10a Plural. Was sehen Sie auf dem Bild? Schreiben Sie wie im Beispiel.

der Bleistift , -e • die Brille, -n • das Buch, ¨-er • das Heft, -e • die Lampe, -n • der Schlüssel, - • der Sessel, - • das Tablet, -s • die Tasche, -n • die Uhr, -en

Das sind fünf Bleistifte, ...

....

10b Markieren Sie in 10a die Pluralendungen und schreiben Sie die Wörter in die Tabelle.

-e	-en	-n	–	-s	-er +Umlaut)
das Heft, die Hefte					

C Zahlen, Zahlen, Zahlen

11 Schreiben Sie die Zahlen.

25 ↙↘ .... und ....

49 ↙↘ .... und ....

81 ↙↘ .... und ....

12a Ordnen Sie die Zahlen zu und ergänzen Sie die Buchstaben.

16	ein .... achtund ....
32	.... hundert ....
64	sech ....
128	.... vierund ....
256	zweiund ....
512	zwei .... sechsund ....
1024	vierund ....

1.23 **12b** Hören Sie die Zahlen und sprechen Sie nach.

1.24 **13** Wie viel kostet …? Hören Sie und schreiben Sie die Preise.

1 

2 

3 

4 

14 Wie viel ist …? Ergänzen Sie.

1 Wie viel ist siebzehn plus drei?

Siebzehn plus drei ist .... 17+3=20

2 Wie viel ist dreiunddreißig minus zehn?

Dreiunddreißig minus zehn ist .... 33-10=23

3 Wie viel ist neunhundertneunundneunzig minus neunundneunzig?

Neunhundertneunundneunzig minus neunundneunzig ist

.... 999-99=900

4 Wie viel ist einhundertzwölf plus achtundachtzig?

Einhundertzwölf plus achtundachtzig ist .... 112+88 = 200

15 Telefon-Vorwahlen. Hören Sie die Dialoge und ergänzen Sie die Vorwahlen.

1.25

Graz: .... Klagenfurt: .... Innsbruck: ....

Österreich: .... Deutschland: .... Schweiz: ....

meine Vorwahl: ....

16 Suchen Sie im Telefonbuch oder im Internet die Telefonnummern.

Polizei ....

Feuerwehr ....

17 Hören Sie die Dialoge und korrigieren Sie die Telefonnummern.

1.26

1. 0512 / ~~45~~ 54 67 37
2. 64 63 08
3. 0663 / 25 73 53 482
4. 0316 / 23 90 25

D Wie ist Ihre Adresse?

18 Welche Antwort passt? Lesen Sie und kreuzen Sie an.

1 Wie heißen Sie?
- ☐ **A** Sie heißt Anna.
- ☐ **B** Ich heiße Anna.
- ☐ **C** Sie ist Italienerin.

2 Was ist Paul von Beruf?
- ☐ **A** Ich bin Ingenieur.
- ☐ **B** Sie ist Ingenieur.
- ☐ **C** Er ist Ingenieur.

3 Wie ist Ihre Adresse?
- ☐ **A** Ich komme aus Kufstein.
- ☐ **B** Turmstraße 5 in Kufstein.
- ☐ **C** 05372/452389.

4 Woher kommen Sie?
- ☐ **A** Er kommt aus Italien.
- ☐ **B** Wir kommen aus Italien.
- ☐ **C** Sie kommen aus Italien.

5 Wie alt sind Sie?
- ☐ **A** Ich bin 35.
- ☐ **B** Sie ist 35.
- ☐ **C** Du bist 35.

6 Wo wohnen Sie?
- ☐ **A** Aus der Schweiz
- ☐ **B** Aus Wels.
- ☐ **C** In Wels.

19a Ordnen Sie die Sätze zu und schreiben Sie einen Text.

1 Das ist
2 Er ist Programmierer
3 Er wohnt
4 Die Handynummer ist
5 Er ist

A 0663 / 451232
B 32 Jahre alt.
C von Beruf.
D Michael Leitner.
E in Linz, Friedensstraße 11.

19b Schreiben Sie einen Text wie in 19a.

Das ist Frau Schmidt. Sie ist
25 Jahre alt. Sie ...

Katharina Schmidt
Altenpflegerin

Grillparzerstraße 5 • 9500 Villach • Telefon: 04242/ 23 98 65

19c Und Sie? Schreiben Sie einen Text über sich.

Ich bin ...

20a Schreibtraining: Groß oder klein? Schreiben Sie die Wörter richtig in die Tabelle.

Fehler +++ Fehler +++ Fehler

spanisch • innsbruck • deutsch • ingenieur • der beruf • die telefonnummer • zehn • sprechen • europa • leben • lieben • arbeiten • kommen • martin berger • arzt • wien

groß					klein
Namen von Personen	Namen von Ländern, Kontinenten und Städten	Sprachen	Berufe	Nomen (=Wörter mit Artikel)	andere Wörter

20b Diktat. Hören Sie die Sätze und schreiben Sie.

1.27

21a Wie arbeitet man mit einem Wörterbuch? Ordnen Sie die Wörter nach dem Alphabet.

☐ Schokolade ☐ Pizza ☐ Café ☐ Pass ☐ Oper
☐ Kassa ☑ 1 Apotheke ☐ Formular

21b Suchen Sie die Wörter im Wörterbuch und ergänzen Sie die Wörter.

1 ....

2 ....

3 ....

4 ....

5 ....

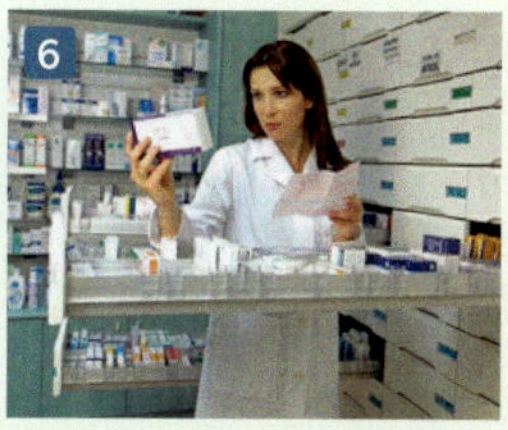

6 ....

7 ....

8 ....

22a Artikel und Plural. Markieren Sie im Wörterbuch den Artikel und den Plural.

Café, das, -s, -s, Kaffeehaus, Konditorei,
→ café au lait, Milchkaffee

Formular, das (-s, -e), Dokument, Schriftstück, Formblatt, ein Formular ausfüllen, ein Formular unterschreiben → Anmeldeformular

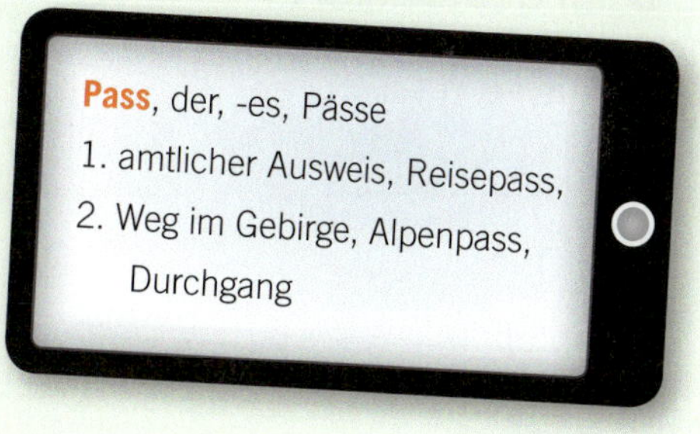

22b Suchen Sie im Wörterbuch die Artikel und den Plural für die Wörter in 21a.

23 Abkürzungen. Ordnen Sie zu.

1 Pl.	**A** Euro
2 m.	**B** Straße
3 f.	**C** Telefonnummer
4 n.	**D** Plural
5 Tel.	**E** Nummer
6 Nr.	**F** neutral
7 €	**G** feminin
8 Str.	**H** maskulin

Aa Bb Cc Dd Ee Ff Gg Hh Ii Jj Kk Ll Mm Nn Oo Pp Qq Rr Ss Tt Uu Vv Ww Xx Yy Zz

2 Wichtige Wörter

die Heimat ....
wo liegt …? ....
in ....

A Nationalität und Sprachen

die Nationalität,-en ....
die Sprache, -n ....
die Muttersprache, -n ....
sprechen, er spricht ....
ein bisschen ....
arbeiten ....
lernen ....
lieben ....
leben ....
suchen ....
die Arbeit ....

B Im Deutschkurs

der Stift, -e ....
der Kugelschreiber, -
der Kuli, -s ....
der Laptop, -s ....
das Tablet, -s ....
der Schlüssel, - ....
der Tisch, -e ....
der Sessel, - ....
das Buch, "-er ....
das Heft, -e ....
das Handy, -s ....
das Fenster, - ....
die Lampe, -n ....
die Brille, -n ....
die CD, -s ....
die Flasche, -n ....
die Tür, -en ....
die Uhr, -en ....
die Tafel, -n ....
die Tasche, -n ....
kosten ....
der Euro, -s ....
richtig ....
kaputt ....
interessant ....

C Zahlen, Zahlen, Zahlen

die Vorwahl, -en ....
die Telefonnummer, -n ....

D Wie ist Ihre Adresse?

die Adresse, -n ....
die Straße, -n ....
die Postleitzahl, -en ....
die E-Mail-Adresse, -n ....
der Kindergarten, "- ....
der Platz, "-e ....
frei ....
schicken ....
das Anmeldeformular, -e ....
Vielen Dank ....
auf Wiederhören ....

....
....
....

1a Verben. Ordnen Sie die Verben zu.

1 arbeiten **2** lernen **3** suchen **4** sprechen

A ☐

B ☐

C ☐
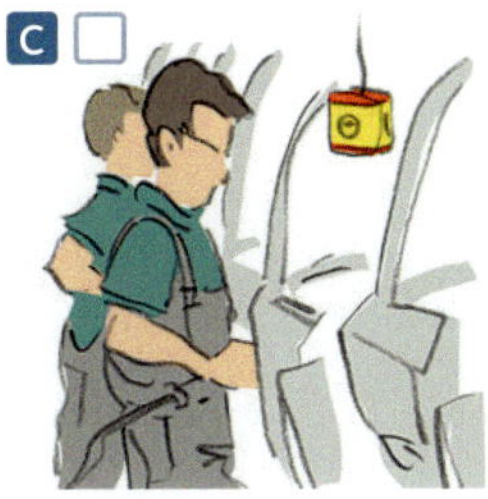

D ☐

1b Ergänzen Sie die Verben aus 1a und kontrollieren Sie dann mit der CD.

1.28

1 Wörter und Grammatik ....

2 ein bisschen Deutsch ....

3 bei UPC ....

4 Arbeit ....

1c Schreiben Sie zu den Verben einen Satz.

lernen
Ich lerne Wörter und Grammatik.

> **Lerntipp**
> Lernen Sie neue Verben im Satz. Schreiben Sie die Verben und Sätze auf Lernkarten.

2 *Der*, *das* oder *die*? Unterstreichen Sie die Nomen blau (*der*), grün (*das*) und rot (*die*) und ergänzen Sie die Artikel wie im Beispiel.

die/eine	Arbeit	....	Adresse
....	Beruf	....	Jahr
....	Land	....	Platz

> **Lerntipp**
> Markieren Sie die Artikel in der Wortliste auf Seite 24 und in Ihrem Vokabelheft:
> der = **blau**, das = **grün**, die = **rot**.

3 Was passt zusammen? Es gibt mehrere Möglichkeiten. Machen Sie Ihre persönlichen Lernkarten.

Vorwahl • Hausnummer • Tür • Nationalität • Bleistift • Anmeldeformular

1 das Papier und der ....

2 der Schlüssel und die ....

3 die Straße und die ....

4 der Kindergarten und das ....

5 das Land und die ....

6 die Telefonnummer und die ....

4 Wörter hören und nachsprechen. Hören Sie zu und sprechen Sie nach.

1.29

1 die Nationalität – die Muttersprache – die Adresse – die Postleitzahl
2 sprechen – lernen – arbeiten – leben – lieben – suchen
3 der Laptop – das Handy – das Tablet – die E-Mail-Adresse

2 Wichtige Wörter

1

2

3

4

9

10

11

12

17

18

die Geldbörse, -n

19

der Radiergummi, -s

20

die Schere, -n

25

die Tasse, -n

26

27

28

5 Ergänzen Sie die Wörter mit Artikel und Plural.

6 Hören Sie die neuen Wörter, lesen Sie mit und sprechen Sie nach. (1.30)

5

der CD-Player, -

6

7

8

13

die Jacke, -n

14

das Lineal, -e

15

der Markierstift, -e

16

das Notizbuch, "-er

21

22

23

24

29

30

31

32

der Zettel, -

1.31 **7** Plural. Hören Sie den Plural und sagen Sie den Singular mit Artikel.

1.32 **8a** Hören Sie Gruppen von Wörtern. Zeigen Sie die Bilder und sprechen Sie nach.

die Zettel

der Zettel

8b Üben Sie zu zweit. A sagt eine Gruppe von Wörtern, B zeigt und spricht nach. Wer kann sich die meisten Wörter mit Artikel merken?

3 Häuser und Wohnungen

1 **Möbel. Ergänzen Sie den Singular mit Artikel.**

der Kasten	die Kästen	....	die Fauteuils	....	die Tische
....	die Regale	....	die Sessel	....	die Sofas
....	die Bilder	....	die Teppiche	....	die Betten
....	die Vorhänge	....	die Lampen	....	die Fernseher

2a **Personalpronomen. Ergänzen Sie.**

der → er das → .... die → .... die (Pl.) → ....

2b **Ordnen Sie die Sätze dem Foto zu und ergänzen Sie *er*, *es*, *sie*, *sie* (Pl.).**

1 [7] Da ist eine Lampe. .... ist modern.
2 [ ] Da ist ein Sessel. .... ist unbequem.
3 [ ] Da ist ein Tisch. .... ist klein.
4 [ ] Da ist ein Sofa. .... ist schön.
5 [ ] Da ist ein Fernseher. .... ist neu.
6 [ ] Da ist ein Regal. .... ist ordentlich.
7 [ ] Da sind Bilder. .... sind klein.
8 [ ] Da ist ein Teppich. .... ist neu.

A Wir brauchen eine Mikrowelle

3 **Ergänzen Sie *ein/eine/–* oder *kein/keine*.**

1  Da ist .... Kasten. 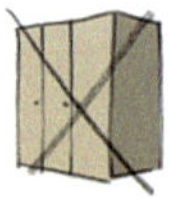 Da ist .... Kasten.

2 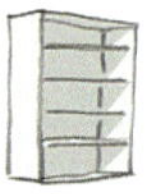 Da ist .... Regal.  Da ist .... Regal.

3  Da ist .... Abwasch.  Da ist .... Abwasch.

4  Da sind .... Bilder. 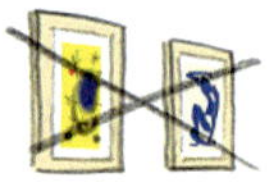 Da sind .... Bilder.

4 Zwei Büros. Ergänzen und schreiben Sie Sätze mit *ein/eine* und mit *kein/keine*.

Im Büro ist .... Tisch und .... Laptop.	*Im Büro ist kein ....*
Da ist .... Lampe und .... Heft.	....
Da sind Bücher und Kugelschreiber.	....

5a Das Verb *haben*. Ergänzen Sie die Tabelle.

	haben		haben
ich		wir	
du		ihr	
er/es/sie		sie/Sie	

5b Ergänzen Sie die Sätze.

1 Ich .... kein Telefon. Ich .... ein Handy.

2 Du .... zwei Handys. Ein Handy ist alt und ein Handy ist neu.

3 Er .... einen Bleistift, sie .... ein Heft.

4 Wir .... keinen Fernseher. Wir .... einen Laptop.

5 .... ihr ein Tablet?

6 Herr Topal und Frau Schmidt .... einen Kühlschrank.

6 Schreiben Sie fünf Sätze.

Maria Ich Du Luciano	brauchen kaufen haben	einen/keinen eine/keine ein/kein -/keine	Kühlschrank Geschirrspüler Sofa Blumen

1. Maria hat kein Sofa.

....

1.33

7a Bei Familie Canfora. Hören Sie das Gespräch. Kreuzen Sie an: Was hat Familie Canfora?

1 ☐ 2 ☐ 3 ☐ 4 ☐ 5 ☐ 6 ☐ 7 ☐ 8 ☐ 9 ☐

7b Was haben Frau und Herr Canfora nicht? Was brauchen sie? Schreiben Sie Sätze mit *ein/eine* und *kein/keine*.

Sie haben kein Regal. Sie brauchen ...

....

....

....

....

....

8 Lesen Sie den Dialog und ergänzen Sie die Artikel. ⚠ Manchmal gibt es keinen Artikel.

- Grüß Gott, ich suche .... USB-Stick.
- Guten Tag, ... USB-Sticks finden Sie dort.
- Danke. Und haben Sie auch .... Kugelschreiber?
- Ja, ... Kugelschreiber liegen hier. Wie viele brauchen Sie?
- Ich brauche .... Kuli. Und noch .... Bleistift.

9 Welche Möbel haben Sie? Welche Möbel brauchen Sie? Schreiben Sie Sätze.

....

....

....

10 Farben. Finden Sie zehn Farben (↓ →) und schreiben Sie sie. ⚠ ß=ss.

O	F	N	B	R	A	U	N
R	S	C	H	W	A	R	Z
A	B	L	A	U	G	R	R
W	E	I	S	S	R	O	T
G	E	L	B	L	Ü	S	S
G	R	A	U	P	N	A	U

1 .... 6 ....
2 .... 7 ....
3 .... 8 ....
4 .... 9 ....
5 .... 10 ....

11 Nominativ oder Akkusativ? Ergänzen Sie den bestimmten Artikel.

1 .... Lehrer schreibt .... Satz. (der Satz)
2 .... Lehrer braucht .... Buch. (das Buch)
3 .... Lehrerin sagt .... Wort richtig. (das Wort)
4 .... Lehrerin hat .... CD. (die CD)
5 .... Student lernt .... Wörter. (Wörter, Pl.)
6 .... Studentin macht .... Hausaufgaben. (Hausaufgaben, Pl.)
7 .... Studenten hören .... Text. (der Text)
8 .... Studenten lesen .... Dialog. (der Dialog)

12 *Den*, *das* oder *die*? Ergänzen Sie den bestimmten Artikel im Akkusativ.

1 • Wie findest du .... Bild? • Langweilig • Hm, ich finde .... Bild interessant.
2 • Was suchst du? • Ich suche .... Handy.
3 • Ich brauche .... Wörterbuch. • Tut mir leid, ich habe .... Wörterbuch auch nicht.
4 • Ich mache .... Hausaufgaben und brauche .... Brille.
• Hier, bitte. • Danke.
5 • Ich kaufe .... Lampe. • Wirklich? Findest du .... Lampe schön?
6 • Ich brauche .... Laptop. • Oh, ich brauche .... Laptop auch.

13 Wie finden Sie das? Was passt? Ordnen Sie zu.

okay • sehr schön • hässlich • ganz schön • super • nicht schlecht • langweilig • toll • nicht schön • furchtbar • schön

☺ ....
😐 ....
☹ ....

14a 1.34 Hören Sie den Dialog. In welcher Reihenfolge sprechen Markus und Irina über die Möbel? Tragen Sie ein.

- [ ] das Bild
- [ ] das Sofa
- [ ] der Fauteuil
- [1] der Tisch
- [ ] die Regale
- [ ] der Kasten

14b 1.34 Hören Sie noch einmal. Welche Möbel findet Irina schön? Unterstreichen Sie in 14a.

14c Wie finden Sie die Möbel? Schreiben Sie sechs Sätze.

1 *Ich finde den Tisch ...* ....
2 ....
3 ....
4 ....
5 ....
6 ....

B Ist das ein Tisch?

15a Was ist das? Ergänzen Sie die Sätze.

1 • Ist das ein Kasten? (der Kühlschrank)
• *Nein, das ist kein Kasten. Das ist ein ...* ....

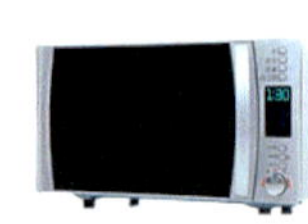

2 • Ist das ein Fernseher? (die Mikrowelle)
• *Nein,* ....

3 • Ist das ein Bild? (das Foto)
• *Nein,* ....

4 • Ist das ein Tisch? (der Sessel)
• *Nein,* ....

5 • Sind das Kugelschreiber? (der Stift)
• *Nein,* ....

15b 1.35 Kontrollieren Sie mit der CD und sprechen Sie nach.

C Ein Mehrfamilienhaus

16 Ein Haus. Was ist wo? Ergänzen Sie.

im ersten Stock • im Dachgeschoss • im Erdgeschoss • im zweiten Stock • im dritten Stock

17 In welchem Stock? Was passt zusammen? Ordnen Sie zu.

1 im EG	**A** im zweiten Stock
2 im 1. Stock	**B** im dritten Stock
3 im 2. Stock	**C** im Dachgeschoss
4 im 3. Stock	**D** im ersten Stock
5 im DG	**E** im Erdgeschoss

18 Wer wohnt wo? Schreiben Sie die Antworten.

1 Wer wohnt unten links? ....

2 Wer wohnt im zweiten Stock rechts? ....

3 Wer wohnt im Erdgeschoss rechts? ....

4 Wo wohnen Anke und Hans Jansen? ....

5 Wo wohnt Familie Zafón? ....

D Eine Wohnung suchen

1.36 **19a** Hören Sie den Text und kreuzen Sie an. Wo wohnt Familie Müller?

19b Hören Sie noch einmal. Kreuzen Sie an: Richtig oder falsch?

1.36

	R	F
1 Herr und Frau Müller wohnen in der Kugelgasse 3 in St. Pölten.	☐	☐
2 Das Haus hat zwei Wohnungen.	☐	☐
3 Herr und Frau Müller haben keinen Balkon.	☐	☐

20 Schreiben Sie die Fragen an Familie Müller. Hier sind die Antworten.

1 • *Wie groß ist ihre Wohnung* ? • Wir haben eine 3-Zimmer-Wohnung.

2 • ……………………………? • Die Adresse ist Kugelgasse 3 in St. Pölten.

3 • ……………………………? • Ja, wir wohnen im ersten Stock.

4 • ……………………………? • Nein, wir haben keine Terrasse.

21 Ein Haus suchen. Ergänzen Sie die Wörter.

Miete • Betriebskosten • 4-Zimmer-Wohnung • Einfamilienhaus

Wir haben eine …………………… .

Wir bezahlen 850 Euro …………………… und 180 Euro …………………… .

Wir haben vier Kinder und die Wohnung ist sehr klein. Wir suchen jetzt ein

…………………… .

22 Wohnungsanzeigen. Was bedeuten die Abkürzungen? Schreiben Sie.

EFH, Villach, 130 m²,
5 Zi., EBK, Bad, ZH,
Miete: 1050 € + 250 € BK

23 Schreibtraining. Lesen Sie den Dialog, ergänzen Sie die Punkte (.) und Fragezeichen (?) und schreiben Sie die Satzanfänge groß.

Fehler +++ Fehler +++ Fehler

- wie wohnen Sie • *Wie* ……………………
- ich wohne in einer 3-Zimmer-Wohnung • ……………………
- ist die Wohnung ruhig • ……………………
- es geht, nicht sehr ruhig • ……………………
- haben Sie einen Balkon • ……………………
- ja, er ist schön groß • ……………………

24 Wohnungssuche. Lesen Sie die Texte und die Zeitungsanzeigen. Welche Wohnung passt für Familie Reder, welche passt für Herrn und Frau Rossi? Ordnen Sie zu.

1 Herr und Frau Reder haben drei Kinder. Sie brauchen viel Platz: drei Kinderzimmer, ein Schlafzimmer, ein Wohnzimmer, eine Küche und ein Bad. Anzeige ☐

2 Herr und Frau Rossi haben ein Einfamilienhaus in Traun in der Nähe von Linz. Jetzt suchen sie eine Wohnung in Linz. Drei Zimmer sind genug. Anzeige ☐

Neue Presse Linz

VERMIETUNGEN

1 **3 Zi.-Whg.** in Traun, 90 m², Kü, Bad, Balkon, ruhig und zentral, 950 € + BK

2 **4-Zi.-Whg.** in Traun, hell, Balkon, 88 m², 1050 € incl. BK

3 **EFH** in Linz, ruhige Lage, 5 Zi, Kü, Bad, Garten, Terrasse, 1900 € + BK

4 **Linz**, 3-Zi.-Wohnung, zentrale Lage, Nähe Bahnhof, 63 m², Bad, EBK, 450 €+BK

5 **Linz**, **130** m², 4 Zi., Kü, Bad, WC, sonnig, 3.OG, 1200 € + BK

MIETGESUCHE

Linz Suche 3-Zimmerwohnung, zentrale Lage, bis 1200 € Warmmiete 6

Nähe Linz, 5-Zi.-Whg. gesucht 7

Neue Presse Linz

Der große Wohnungsmarkt in Linz!

25a Im Möbelhaus. Sehen Sie sich das Foto an. Was macht Familie Weber? Was denken Sie? Schreiben Sie Sätze.

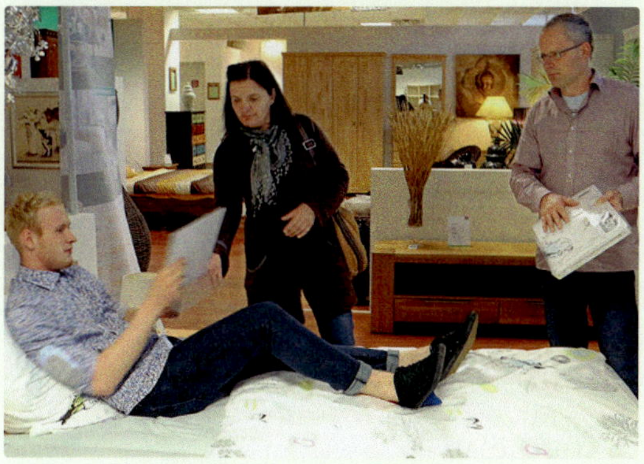

....

....

....

....

....

....

1.37 **25b** Hören Sie den Dialog. Kreuzen Sie an: Wer braucht neue Möbel?

☐ Frau Weber ☐ Stefan Weber ☐ Herr Weber

1.37 **25c** Hören Sie den Dialog noch einmal. Kreuzen Sie an: Richtig oder falsch?

	R	F
1 Stefan kauft keine Lampe.	☐	☐
2 Das Bett kostet 350 Euro.	☐	☐
3 Herr Weber findet das Bett nicht schön.	☐	☐
4 Stefan braucht keinen Kasten.	☐	☐

Wichtige Wörter

die Wohnung, -en
das Wohnzimmer, -
das Schlafzimmer, -
die Küche, -n
die Möbel, Pl.
der Kasten, ″-
der Sessel, -
der/das Fauteuil, -s
das Sofa, -s
das Regal, -e
der Teppich, -e
das Bild, -er
der Vorhang, ″-e
das Bett, -en
der Fernseher, -
der Herd, -e
die Abwasch, ″-en
modern
groß
klein
schön
hässlich
bequem
unbequem
da ist, da sind

A Wir brauchen eine Mikrowelle

haben
brauchen
kaufen
der Kühlschrank, ″-e

die Blume, -n
der Geschirrspüler, -
die Mikrowelle, -n
die Waschmaschine, -n
die Farbe, -n
gelb
rot
rosa
lila
blau
grün
braun
schwarz
weiß
grau
orange
Wie findest du …?
super
toll
gemütlich
ganz schön
schlecht
langweilig
furchtbar

C Ein Mehrfamilienhaus

das Erdgeschoss, -e
der Stock, Pl.: Stockwerke
im ersten/zweiten/ dritten Stock
das Dachgeschoss, -e
oben

unten ....
links ....
rechts ....
das Geschäft, -e ....
es gibt ....

D Eine Wohnung suchen

der Quadratmeter, (m²), - ....
der Balkon, -s/-e ....
der Garten,"- ....
in der Nähe ....
die Zentralheizung, -en ....

bezahlen ....
die Miete, -n ....
die Betriebskosten, Pl. ....
kalt ....
warm ....
hell ....
dunkel ....
laut ....
ruhig ....
günstig ....

1.38

1 Wörterrätsel. Welche Wörter finden Sie? Schreiben Sie die Wörter mit Artikel und kontrollieren Sie dann mit der CD.

~~Fern~~ • Kühl • Re • Ses • So • Ge • Tep • Vor • Wasch • fa • gal • hang • ~~her~~ • ma • spü • schi • ler • ne • schirr • schrank • ~~se~~ • sel • pich

1 *der Fernseher* ....
2 ....
3 ....
4 ....
5 ....
6 ....
7 ....
8 ....
9 ....

Lerntipp
Schreiben Sie Möbelwörter auf gelbe Zettel (Post-it). Kleben Sie die Zettel auf die Möbel zu Hause.

1.39

2 Wörter hören und nachsprechen. Hören Sie zu und sprechen Sie nach.

1 gemütlich – bequem – ruhig – ordentlich – modern
2 im Erdgeschoss – im ersten Stock – im Dachgeschoss
3 der Balkon – die Betriebskosten – die Zentralheizung – zehn Quadratmeter

3 Wichtige Wörter

3a Ergänzen Sie die Wörter mit Artikel.

3b Hören Sie und sprechen Sie nach. 1.40

4 Welche Möbel sind in der Wohnung? Schreiben Sie in Ihr Heft.

Wohnzimmer: ein Regal, ein Sofa,	*Schlafzimmer:*
Kinderzimmer:	*Arbeitszimmer:*
Küche:	*Badezimmer:*
Balkon:	*Keller:*

5

6

7

8

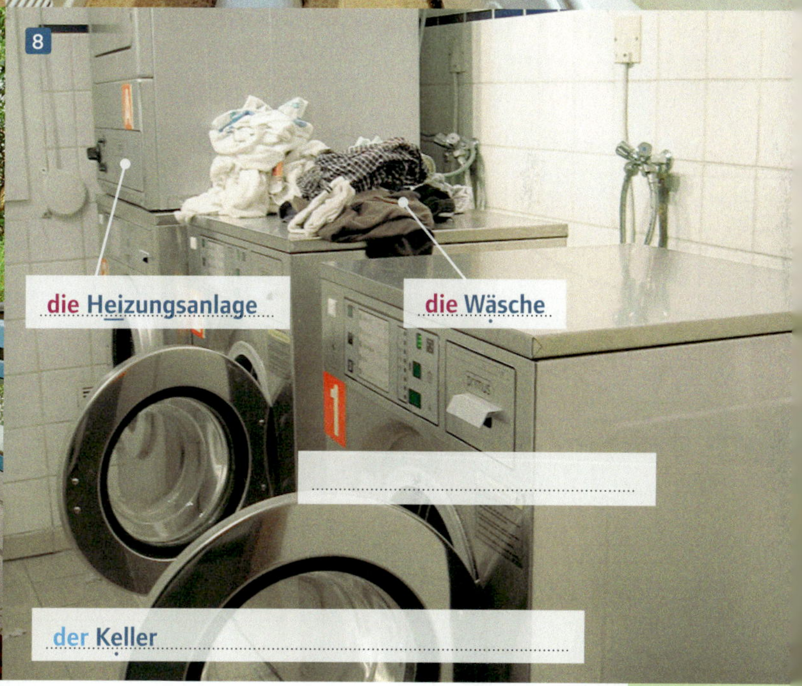

5a Wie sind die Zimmer? Schreiben Sie wie im Beispiel.

groß • klein • hell • dunkel • modern • ordentlich • unordentlich

Das Kinderzimmer ist dunkel. ....

5b Wie finden Sie die Zimmer? Schreiben Sie wie im Beispiel.

schön • nicht schön • hässlich • interessant • langweilig • gemütlich • ungemütlich

Das Kinderzimmer ist dunkel. ....
Ich finde das Zimmer gemütlich. ....

4 Familienleben

1.41 **1** **Was sagen Laura und Tobias? Ergänzen Sie. Kontrollieren Sie dann mit der CD.**

Thomas ist mein Vater und Stephanie ist meine .... Ich habe einen ...., er heißt Tobias. Klara ist meine .... und Peter ist mein .... Sie haben immer viel Zeit, das finde ich toll.

Laura ist meine .... Stephanie und Thomas sind meine .... Und Klara und Peter sind meine ....

2 **Verwandte. Was passt zusammen? Ergänzen Sie.**

1	Großmutter	+	....	= Großeltern
2	....	+	Vater	= ....
3	Schwester	+	....	= ....
4	Tante	+	....	
5	....	+	Cousin	

A Familienfotos

1.42 **3a** **Hören Sie die Dialoge und ordnen Sie zu. Welcher Dialog passt?**

1.43 **3b** **Hören Sie die Dialoge noch einmal. Wer ist wer? Ergänzen Sie.**

1 Alberto: *Bruder* .... Maria: .... Rita: .... Daniel: ....

2 Martin: .... Bianca: .... Caroline: .... Marc: ....

4 **Possessivartikel. Ergänzen Sie die Tabelle.**

ich	Vater	Kind	Mutter	Großeltern
du	*dein* Vater	Kind	Mutter	Großeltern
er/es	*sein* Vater	*sein* Kind	Mutter	Großeltern
sie	Vater	Kind	Mutter	*ihre* Großeltern
Sie	Vater	Kind	Mutter	*ihre* Großeltern

5 **Lesen Sie die Sätze und ergänzen Sie die Possessivartikel.**

1 Ich heiße Anita. .... Bruder heißt Stefan und .... Frau heißt Beate.

2 Frau Sander hat zwei Kinder. .... Tochter ist 13 und .... Sohn ist 15 Jahre alt.

3 • Herr Duman, lebt .... Frau auch in Österreich? • Nein, ... Frau lebt noch in der Türkei.

4 • Was ist .... Mann von Beruf, Sandra? • .... Mann ist Buchhalter.

5 • Was ist .... Frau von Beruf, Herr Klein? • .... Frau ist Musikerin.

6 **Angaben zur Person. Ergänzen Sie *mein/meine* oder *Ihr/Ihre*.**

1 • Wie ist .... Name?
• .... Nachname ist Monti und .... Vorname ist Eva.

2 • Und wie ist .... Adresse?
• .... Adresse ist Naglergasse 16, 1010 Wien.

7 ***Sein/seine* oder *ihr/ihre*? Ergänzen Sie die Sätze.**

1 Das ist Marvin.

.... Schwester heißt Leonie.

Das ist .... Laptop.

Hier liegt .... Heft.

.... Handy ist kaputt.

2 Das ist Leonie.

.... Bruder heißt Marvin.

Das ist .... Laptop.

Hier liegt .... Buch.

.... Brille ist kaputt.

8 **Schreiben Sie zu den Antworten je zwei Fragen: formell und informell.**

1 Meine Eltern wohnen in Peru.
2 Mein Vater ist Arzt.
3 Meine Geschwister heißen Sandra und Piero.
4 Mein Sohn ist drei Jahre alt.

formell	informell
1. Wo wohnen Ihre Eltern?	1. Wo wohnen deine Eltern?
....	....

9 **Und Ihre Familie? Schreiben Sie einen kurzen Text über Ihre Familie.**

....

....

....

B Freizeit mit der Familie

10 **Kreuzworträtsel. Welches Verb passt? Ergänzen Sie. Wie heißt das Lösungswort?**

1 Schokolade — e s s e n
2 Türkisch
3 einen Film
4 ein Buch
5 nach Graz
6 eine Freundin
7 Fußball
8 den Bus

~~essen~~ • lesen • sprechen • treffen • spielen • nehmen • sehen • fahren

Lösungswort: S _ _ _ _ _ _ _

11a Verben mit Vokalwechsel. Ergänzen Sie die Tabelle.

	nehmen	essen	lesen	fahren	schlafen
ich					
du					
er/es/sie					
wir					
ihr					
sie/Sie					

11b Lesen Sie die Dialoge und ergänzen Sie die Verben.

1 • Was macht Georg?
• Er .... (schlafen)

2 • .... Sie das Buch?
• Ja, ich .... es. (nehmen, nehmen)

3 • .... du Frau Rosenberg?
• Nein, sie hat keine Zeit. (treffen)

4 • .... du?
• Nein, ich .... einen Film. (lesen, sehen)

5 • .... Michael nach Salzburg?
• Ja, er .... da einen Freund. (fahren, treffen)

6 • Was macht Tatjana?
• Sie .... Schokolade und .... einen Film. (essen, sehen)

7 Herr Guardiola .... Deutsch, aber seine Muttersprache ist Spanisch. (sprechen)

8 Frau Stanković .... nach Klagenfurt. (fahren)

12 Die Familie von Tom am Sonntag. Wer macht was? Schreiben Sie Sätze.

schlafen • einen Film sehen • ~~spielen~~ • Schokolade essen • Pizza essen • ein Buch lesen • ein E-Mail schreiben

Tom und seine Cousine spielen.

....

....

....

....

13 *Wo* oder *wohin*? *In* oder *nach*? Ergänzen Sie die Fragewörter und die Präpositionen.

1 • .... wohnen Sie? • Ich wohne .... Linz.

2 • Und .... fahren Sie jetzt? • Ich fahre jetzt .... Innsbruck.

3 • Und ich bin jetzt .... Innsbruck und fahre morgen .... Linz.

14 Was ist richtig? Streichen Sie die falschen Wörter.

1 eine Radtour	machen – ~~fahren~~ – ~~gehen~~
2 eine Stadt	kaufen – besichtigen – machen
3 ein Straßenfest	tanzen – besuchen – essen
4 Lebensmittel	leben – gehen – kaufen
5 Sehenswürdigkeiten	besuchen – besichtigen – machen

1.44

15a Graz. Hören Sie das Telefongespräch. Kreuzen Sie an: Was besichtigen Evia und Ivan zuerst?

der Uhrturm

die Herrengasse

das Franziskaner-viertel

die Murinsel

1.44

15b Hören Sie das Telefongespräch noch einmal. Kreuzen Sie an: Richtig oder falsch?

	R	F
1 Zuerst frühstücken Evia und Ivan.	☐	☐
2 Sie besichtigen die Stadt.	☐	☐
3 Evia macht gern Spaziergänge.	☐	☐
4 Sie machen einen Spaziergang im Stadtpark.	☐	☐

16 Was macht Herr Tsoulis am Wochenende? Schreiben Sie Sätze mit *zuerst*, *dann* und *danach*.

1 Lebensmittel kaufen • **2** einen Freund besuchen • **3** zu Mittag essen • **4** einen Kaffee trinken • **5** einen Film sehen

1 Zuerst kauft er ………………………………………………………………………………….

2 Dann ……………… ………………………………………………………………………………….

3 Danach ……………… ………………………………………………………………………………….

4 Dann ……………… ………………………………………………………………………………….

5 Danach ……………… ………………………………………………………………………………….

17 Ergänzen Sie die Antworten mit *kein/keine/keinen*.

1 • Gibt es in Wien eine Festung? • Nein, es gibt .... Festung in Wien.

2 • Gibt es in München einen Hafen? • Nein, es gibt .... Hafen in München.

3 • Gibt es in Salzburg einen Marienplatz? • Nein, es gibt .... Marienplatz in Salzburg.

4 • Gibt es am Wochenende ein Straßenfest? • Nein, es gibt am Wochenende .... Straßenfest.

18 Was machen wir? Schreiben Sie einen Dialog. Die Dialoggrafik hilft.

kommen – wann?

am Samstag / machen – was?

zuerst – einen Freund – besuchen / dann – die Stadt – besichtigen

auch ein Straßenfest – besuchen?

nein, am Samstag – kein Straßenfest

• Hallo, Markus! Wann kommst du?

• ....

....

• ....

....

• ....

• ....

19 Welche Sehenswürdigkeiten gibt es in Ihrem Wohnort? Schreiben Sie einen Dialog wie in 18.

• Hallo Beata! Wann kommst du?

• ....

C Familien früher

20 Früher und jetzt. Was passt? Ordnen Sie die Sätze zu.

Früher war ich ein Kind. • Jetzt habe ich ein Kind. • Jetzt bin ich Mutter. • Früher hatte ich kein Kind.

1 ....

....

2 ....

....

21a *Haben* und *sein* im Präteritum. Ergänzen Sie die Tabelle.

	haben
ich	hatte
du	
er/es/sie	
wir	
ihr	
sie/Sie	

	sein
ich	war
du	
er/es/sie	
wir	
ihr	
sie/Sie	

21b *Haben* oder *sein*? Ergänzen Sie *haben* oder *sein* im Präteritum.

1 • .... du früher Arbeit • Nein, früher .... ich keine Arbeit.

2 • .... deine Großmutter viele Geschwister? • Ja, sie .... vier Brüder.

3 • .... du schon in Warschau? • Nein, aber ich .... schon in Krakau.

4 • .... ihr schon im Burgtheater? • Ja, und beim Stephansdom .... wir auch.

5 • .... Julia schon in Kolumbien? • Nein, aber sie .... schon in Brasilien.

22 Früher und jetzt. Ergänzen Sie *haben* und *sein* im Präsens oder Präteritum.

1 Früher .... die Familien in Österreich groß. Jetzt .... sie oft klein.

2 Früher .... wir viel Zeit. Jetzt .... wir keine Zeit.

3 Früher .... ich eine Wohnung. Jetzt .... ich ein Haus.

4 Früher .... Beata Köchin. Jetzt .... Beata Chefköchin.

23a Schreibtraining. Umlaute. Schreiben Sie die Pluralformen.

der Sohn, ″-e	Plural: die Söhne	die Tochter, ″-	Plural: ....
der Bruder, ″-	Plural:	das Haus, ″-er	Plural: ....

23b Korrigieren Sie den Text und ergänzen Sie die Punkte für die Umlaute (ä, ö, ü).

Fehler +++ Fehler +++ Fehler

Roberto wohnt in Graz. Am Wochenende fahrt er nach Salzburg. Er besucht seine zwei Bruder. Sie leben in Salzburg. Sie besichtigen zusammen viele Sehenswurdigkeiten. Er findet Salzburg schon. Dann gehen sie einkaufen. Roberto kauft drei Bucher. Sie essen zusammen und Roberto schlaft in Salzburg. Am Sonntag fahrt er wieder nach Graz.

1.45

23c Hören und kontrollieren Sie dann mit der CD.

24 Meine Familie. Machen Sie einen Stammbaum.

.... ⚭ .... ⚭ ....

....

Vater .... ⚭ ....

....

.... *Ich:* Mein Foto ....

....

25a Grüße aus Salzburg. Lesen Sie die Karte und beantworten Sie die Fragen.

Hallo Lisa,
endlich bin ich in Salzburg. Die Stadt ist toll! Heute besichtigen Martin und ich die Stadt. Morgen gehen wir zuerst in die Getreidegasse. Dann machen wir einen Spaziergang in den Mirabellengarten.
Am Abend gehen wir in ein Konzert.
Was machst du? Wann kommst du wieder nach Linz?
Viele Grüße
Karina

Lisa Rosenberg
Wiener Straße 27
3105 St. Pölten

1 Wer ist in Salzburg? ....

2 Was machen sie heute? ....

3 Was machen sie morgen? ....

25b Schreiben Sie Karina eine Karte. Schreiben Sie zu jedem Punkt einen Satz.

- Sie waren schon in Salzburg. Sie finden die Stadt schön.
- Ihr Wochenende: eine Freundin / einen Freund in Wien besuchen
- Am Samstag: eine Schifffahrt auf der Donau machen und ins Kino gehen

Liebe Karina, ...

vielen Dank für deine Karte. Ich war ....

....

....

Ich komme im Sommer nach Linz. Jetzt habe ich viel Arbeit und keine Zeit.

Bis bald und viele Grüße. ....

....

Wichtige Wörter

der Vater, ¨-
die Mutter, ¨-
die Eltern, Pl.
der Bruder, ¨-
die Schwester, -n
die Geschwister, Pl.
der Onkel, -
die Tante,-n
der Sohn, ¨-e
die Tochter, ¨-

A Familienfotos

das Foto, -s
zu Hause
studieren

B Freizeit mit der Familie

die Freizeit, Sg.
die Familie, -n
alle
faulenzen
schlafen
essen
lesen
sehen
nehmen
fahren
treffen
die Schokolade, Sg.
die Pizza, -s/Pizzen
der Film, -e
nach: nach Wien
nach Hause
Zeit haben
gern, gerne
die Sehenswürdigkeit, -en
das Wochenende, -n
am Wochenende
bleiben
chillen
der Tag, -e
wo
wohin
die Radtour, -en
der Supermarkt, ¨-e
die Lebensmittel, Pl.
besichtigen
besuchen
das Straßenfest, -e
zu Mittag essen
der Kaffee, Sg.
trinken
kennen
zuerst
dann
danach

C Familien früher

früher
alles anders

1 Familienwörter. Bilden Sie Wortpaare und sprechen Sie sie.

~~Onkel~~ • Schwester • Mutter • Sohn • ~~Tante~~ • Bruder • Tochter • Vater

mein Onkel und meine Tante

Lerntipp
Lernen Sie Familienwörter in Wortpaaren.

2 Was können Sie über Ihre Familie sagen? Schreiben Sie Fragen und Antworten auf Karten. Üben Sie dann zu zweit.

Haben Sie Kinder?

Ja, ich habe zwei Kinder. / Nein, ich habe keine Kinder.

Wie alt ist Ihre Tochter?

Meine Tochter ist fünf Jahre alt.

Wie groß ist Ihre Familie?

Ich habe zwei Brüder. Ich habe keine Geschwister.

Lerntipp
Lernen Sie Minidialoge mit Karten.
Wiederholen Sie die Dialoge oft.

3 Was passt zusammen? Verbinden Sie die Nomen und die Verben und schreiben Sie Sätze.

ein Straßenfest • Sehenswürdigkeiten • Lebensmittel • einen Kaffee • zu Mittag • eine Radtour • meine Freunde

besuchen • treffen • machen • trinken • besichtigen • essen • kaufen

1 ....
2 ....
3 ....
4 ....
5 ....
6 ....

4 Wörter hören und nachsprechen. Hören Sie zu und sprechen Sie nach.

1.46

1 die Lebensmittel – der Supermarkt – die Schokolade – die Sehenswürdigkeit
2 schlafen – sehen – fahren – treffen – nehmen
3 zuerst – dann – danach – früher – jetzt

4 Wichtige Wörter

5 Sehen Sie die Fotos an und ergänzen Sie die Verben.

besuchen • essen • essen • essen • fahren • kaufen • lernen • ~~lesen~~ • machen • machen • machen • besichtigen • nehmen • schreiben • trinken

1.47 **6** Kontrollieren Sie mit der CD. Hören Sie und sprechen Sie nach.

7 Was macht Diego? Was macht Isabel? Sagen Sie Sätze wie im Beispiel.

Isabel besucht ihre Großeltern.

Diego liest eine Zeitung.

1.48

8a Wer macht was wann? Hören Sie und nummerieren Sie die Aktivitäten.

8b Schreiben Sie die Geschichte.

Diego liest zuerst eine Zeitung. Danach macht er ... .

....

9 Was machen Sie gern am Wochenende? Schreiben Sie Sätze.

Ich mache oft eine Radtour. ... .

....

Station 1

1 Lesen Sie und ergänzen Sie in A–I.

✓ ✗

Ich kann auf Deutsch

☐ ☐ **A** sagen, wie es mir geht und fragen, wie es jemandem geht.

1
- Herr Meier, wie .... es ....?
- Danke, ... 🙂. Und Ihnen?
- Auch .... 🙂.

2
- Hallo Susanne, wie .... es ....?
- Danke, ... 🙂. Und ....?
- Es .... 😐.

☐ ☐ **B** meinen Namen, mein Heimatland, meinen Beruf und meine Adresse sagen.

- Wie heißen Sie?
- ....
- Woher kommen Sie?
- ....
- Was sind Sie von Beruf?
- ....
- Wie ist Ihre Adresse?
- ....

☐ ☐ **C** Zahlen verstehen und meine Telefonnummer sagen.

acht: *8*........ vierzig: .... dreizehn: .... zweiunddreißig: .... hundertsechs: ....

- Entschuldigung, wie ist Ihre Telefonnummer?
- *Meine ...*..

☐ ☐ **D** sagen, welche Sprachen ich spreche.

- Welche Sprachen .... Sie?
- Ich .... und ein bisschen ....

☐ ☐ **E** über meine Wohnung sprechen.

Ich wohne im zweiten .... Wir haben eine 3-Z..........................-W.......................... .

Die W.............................. ist 120 m² g..........................! Sie ist aber nicht t.......................... . Ich

brauche noch M.......................... . Im Wohnzimmer habe ich noch kein R..........................

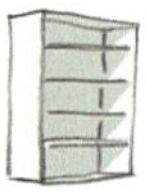

und keine B..........................

✓ ✗

F **nach Preisen fragen und Preise sagen.** ☐ ☐

A

- Wie viel .... das Brot?
- Es .... 1,19€.

B

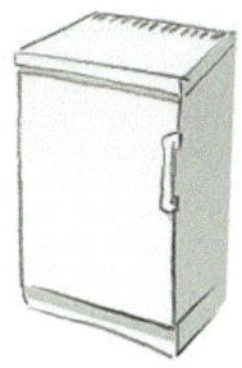

- ....
- .... 249€.

G **sagen, dass mir etwas (nicht) gefällt.** ☐ ☐

1
- .... findest du den Sessel?
- Ich finde den Sessel .... 🙂.
- Oh nein, der Sessel ist .... ☹!

2
- ....
- .... ☹.
- .... 🙂.

H **über meine Familie sprechen.** ☐ ☐

- Wie .... ist Ihre Familie?
- Ich habe .... Geschwister.
- .... Sie Kinder?
- Ja, ich habe .... Kinder. / Nein, ich habe .... Kinder.

I **etwas planen.** ☐ ☐

Lebensmittel kaufen • einen Stadtbummel machen • den Hafen besichtigen • ein Straßenfest besuchen

Zuerst kaufen wir ... .

Dann ... .

....

2 **Kontrollieren Sie mit den Lösungen und markieren Sie ✓ für *kann ich* und ✗ für *kann ich nicht so gut*.**

5 Der Tag und die Woche

1 **Was machen die Leute? Sehen Sie die Fotos an und schreiben Sie Sätze.**

1 *Sie tanzen.* .... 2 .... 3 ....

4 .... 5 .... 6 ....

7 .... 8 .... 9 ....

1.49 **2a** **Was ist ihr Hobby? Hören Sie und kreuzen Sie an: Richtig oder falsch?**

	R	F
1 Peter Böhme findet Fußball langweilig.	☐	☐
2 Georg Aigner surft gern im Internet.	☐	☐
3 Barbara Holzer macht einen Tanzkurs.	☐	☐
4 Birgit Tillner wandert nicht gern.	☐	☐

1.49 **2b** **Hören Sie noch einmal. Was machen die Personen gern, was machen sie nicht gern? Schreiben Sie.**

	🙂	🙁
Peter Böhme	*Fußball spielen*	....
Georg Aigner	....	....
Barbara Holzer	....	
Birgit Tillner	....	....

A Wie spät ist es?

3 Uhrzeiten. Ordnen Sie zu.

halb • Viertel nach • zwanzig nach • zehn vor • zehn nach • Viertel vor • zwanzig vor

Es ist …

4 Wann beginnt …? Hören Sie und kreuzen Sie an.

1.50

1 A ☐ B ☐ 2 A ☐ B ☐ 3 A ☐ B ☐

5 Welche Antwort passt? Ordnen Sie zu.

1 Wann beginnt der Deutschkurs?
2 Und bis wann geht der Kurs?
3 Geht der Kurs also von neun bis zwölf?
4 Und wann kommst du nach Hause?

A Ja, genau.
B Um neun.
C Um halb eins. Dann esse ich.
D Bis zwölf Uhr.

6a Wie spät ist es? Uhrzeiten offiziell und nicht offiziell. Schreiben Sie.

1 halb neun 8:30 / 20:30
2 fünf nach drei ……
3 zehn vor sechs ……
4 Viertel nach vier ……
5 zwanzig vor eins ……
6 dreiviertel zehn ……
7 zwölf Uhr ……
8 zehn nach sechs ……

6b Wie spät ist es? Schreiben Sie die Uhrzeiten offiziell und nicht offiziell.

1 07:45 Es ist sieben Uhr fünfundvierzig. Es ist Viertel vor acht.

2 11:05 ....

3 13:20 ....

4 19:45 ....

5 23:20 ....

7 Das Fernsehprogramm. Ergänzen Sie *um*, *bis* und *von … bis*.

1 • Wann ist heute das Fußballspiel? • Moment, hier steht .... Viertel vor neun.

2 • Heute kommt ein Film. • Ja, aber so spät! Er geht .... zehn .... zwölf.

3 • Bis wann geht der Krimi? • .... Viertel nach acht.

B Was macht Frau Costa am Samstag?

8 Ein Tag von Hannes. Ordnen Sie die Sätze zu und ergänzen Sie dann die Infinitive.

[4] 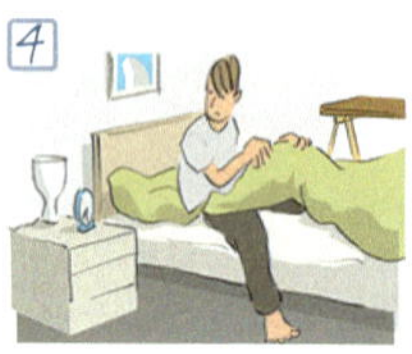 [ ]  [ ]  [ ]  [ ] 

1 Dann kauft er ein. einkaufen

2 Danach sieht er fern. ....

3 Er geht mit Martin aus. ....

4 Hannes steht um halb acht auf. ....

5 Er räumt sein Zimmer auf. ....

9 Was machen Silvia und Sebastian am Samstag? Ergänzen Sie die Verben.

mitnehmen • mitkommen • ~~aufstehen~~ • fernsehen • einkaufen • aufräumen

1 Silvia und Sebastian	stehen	um neun Uhr	auf.
2 Sebastian	....	die Wohnung	....
3 Silvia	....	Lebensmittel	....
4 Sie	....	ihre Tochter	....
5 Dann gehen sie schwimmen. Eine Freundin	....		....
6 Um 20 Uhr	....	sie alle	....

1.51

10 Was macht Claudia Costa am Samstag? Schreiben Sie Sätze wie im Beispiel. Kontrollieren Sie dann mit der CD und sprechen Sie nach.

1 einkaufen	*Claudia kauft ein.*
am Samstag	*Claudia kauft am Samstag ein.*
am Samstag Lebensmittel	*Claudia kauft am Samstag Lebensmittel ein.*
2 anrufen	*Claudia...*
Martin	....
Martin oft	....
3 ausgehen	....
am Samstag	....
am Samstag gern	....

11 Was fehlt? Ergänzen Sie.

an • mit • an • auf • fern • ein

1 • Wann fängt der Film ....? • Um neun Uhr. Danielle kommt auch ....

2 • Kaufst du heute ....? • Ja, und räumst du die Wohnung ....?

3 • Was machst du jetzt? • Zuerst rufe ich Hans .... und dann sehe ich ....

12 Zeitangaben im Satz. Schreiben Sie die Sätze neu. Beginnen Sie mit den Zeitangaben.

1 Julia geht **um halb zwei** spazieren.	*Um halb zwei geht*
2 Sie macht **von zwei bis drei** Hausaufgaben.	*Von zwei*
3 Sie geht **dann** einkaufen.	....
4 Sie isst **um halb sieben** Pizza.	....
5 Sie ruft **um 20 Uhr** ihre Freundin an.	....
6 Sie machen **am Wochenende** einen Ausflug.	....

C Meine Woche

13 Wie heißen die Wochentage? Ergänzen Sie im Wochenplan.

Mo........	Di........	Mi........	Do........	Fr........	Sa......../ So........

14 Die Woche von Maria. Ergänzen Sie die Wochentage.

Montag	Dienstag	Mittwoch	Donnerstag	Freitag	Samstag/ Sonntag
9–12 Uhr: Arbeit	10.30 Uhr: Friseur	ab 19.00 Uhr: Arbeit	10.00 Uhr: Constanza	13.00 Uhr: Arbeit	Innsbruck
	20.30 Uhr: Kino				

1 Am .... trifft Maria eine Freundin.

2 Am .... geht sie ins Kino.

3 Am ...., ... und .... arbeitet sie.

4 Am .... hat sie einen Friseurtermin.

5 Am .... und .... ist sie in Innsbruck.

15 Am Tag und in der Nacht. Ergänzen Sie die Tageszeiten.

in der Früh ....

16 Was passt? Ergänzen Sie die Präpositionen *am* oder *um*.

- Gehen wir .... Donnerstag ins Kino?
- Ja. .... Donnerstag habe ich Zeit. Und .... wie viel Uhr?
- Der Film beginnt .... neun und geht bis halb zwölf.
- So lange? Das ist schlecht. Kommt der Film auch .... Samstag?
- Ja, und schon .... 15 Uhr. Gehen wir am Samstag?

17 Was macht Manuel wann? Lesen Sie den Plan und schreiben Sie Sätze.

Montag
9–12.30 Uhr arbeiten
15.00 Uhr einkaufen
20.00 Uhr Susanne treffen
Dienstag
10.00 Uhr Fahrrad reparieren
12.00 Uhr Ausflug machen mit Susanne
16.00 Uhr schwimmen gehen
20.00 Uhr kochen mit Susanne

Am Montagvormittag arbeitet Manuel.
....
....
....
....
....
....

18a Was machen Sie am Wochenende? Ergänzen Sie den Terminkalender.

essen mit … • arbeiten • Deutsch lernen • … anrufen • … besuchen • …

Freitag	Samstag	Sonntag
9–12.00 Uhr:		
Deutsch lernen		

18b Was machen Sie wann? Schreiben Sie Sätze.

Am Freitagvormittag lerne ich von 9 bis 12 Uhr Deutsch.

D Hast du Zeit?

1.52

19 Textkaraoke. Hören, lesen und sprechen Sie die -Rolle im Dialog.

- …
- Heute habe ich keine Zeit, ich arbeite am Abend.
- …
- Ja, morgen geht es um 18.00 Uhr.
- …
- O.k. Um 19 Uhr?
- …
- Bis morgen.

20 Ist die Antwort positiv oder negativ? Lesen Sie und kreuzen Sie an.

		🙂	🙁
1	• Kommst du heute Abend? • Nein, ich habe keine Lust.	☐	☐
2	• Hast du heute Zeit? • Ja, ich habe Zeit. Was machen wir?	☐	☐
3	• Gehen wir am Sonntag tanzen? • Ja, das geht.	☐	☐
4	• Kannst du am Freitagabend kommen? • Nein, leider nicht.	☐	☐
5	• Fahren wie zusammen nach Wien? • Ja gerne, wann?	☐	☐

21 Schreiben Sie einen Dialog. Die Dialoggrafik hilft.

ins Kino-gehen? → 🙂 wann? → Samstagabend / 20 Uhr? → ☹ Eltern kommen am Wochenende → wann-Zeit? → vielleicht-Sonntagabend / Film-beginnt-wann? → 19 Uhr → geht / Eltern bleiben bis Sonntagmittag → 🙂 bis Sonntagabend

- ● ....
- ● ....
- ● ....
- ● ....
- ● ....
- ● ....
- ● ....
- ● ....
- ● ....
- ● ....

1.53

22a Hören Sie zu und kreuzen Sie an. Was machen Marina und Katrin?

1 ☐

2 ☐

3 ☐

1.53

22b Hören Sie den Dialog noch einmal und kreuzen Sie an: Richtig oder falsch?

		R	F
1	Marina und Katrin wohnen in Graz.	☐	☐
2	Katrin hat heute Abend keine Zeit.	☐	☐
3	Marina trifft am Donnerstag Freunde.	☐	☐
4	Katrin und Marina gehen am Freitag essen.	☐	☐
5	Am Samstag fahren sie nach Villach.	☐	☐

1.54

23 Schreibtraining: Vokal + *h*. Hören Sie und ergänzen Sie.

ah • ah • eh • eh • eh • Ih • ih • oh • oh • äh • üh

1. Wie g.........t es ....nen?
2. Der L.........rer w.........nt in der N.........e.
3. In der Küche ist ein K.........lschrank.
4. Mein S.........n hat ein F.........rrad.
5. N.........mt ....r die S-B.........n?

Vokal+*h*:
Lange Vokale schreibt man oft mit *h*.
Das *h* spricht man nicht.

24 Wann findet was statt? Lesen Sie und ergänzen Sie den Wochenplan.

1 ☐ **SK RAPID WIEN - Wiener Sportklub**
Freitag 14 Uhr Allianz Stadion
Karten: 01/5445440

2 ☐ **China Restaurant Ming**
Kärntner Straße 21, 1010 Wien
01/6213489
Jeden Samstag von 18.00 bis 23.00 Buffet.

3 ☐ **Musikverein**
Gläserner Saal/ Magna Auditorium
Werke von Schumann - Liszt - Donizetti
Freitag, 11.4. 20.00 Uhr

4 ☐ **Literaturhaus Wien**
Seidengasse 13, 1010 Wien
Leseclub: Café und Literatur
Sonntag, 13.4., 20 Uhr

5 ☐ **Burgtheater**
Dr.-Karl-Lueger-Ring 2
1010 Wien
Freitag, 11.04., 19.00 Uhr:
William Shakespeare - Romeo und Julia

6 ☐ **Fiakerball**
Wiener Konzerthaus
Samstag, 12.4.
Saaleröffnung: 20 Uhr

7 ☐ **Österreichisches Filmmuseum**
Samstag, 12.4 und Sonntag,
13.4. um 15.00 Uhr
Der Navigator, Regie: Buster Keaton
USA 1925 Stummfilm mit
Klavierbegleitung
Augustinerstraße 1, 1010 Wien

25 a Hören Sie den Dialog. Über welche Veranstaltungen sprechen Robert und Franka? Kreuzen Sie in 24 an.

1.55

Freitag, 11.4.	Samstag, 12.4.	Sonntag, 13.4.
19 Uhr, Shakespeare -		
Romeo und Julia		

25b Hören Sie den Dialog noch einmal und kreuzen Sie an: Richtig oder falsch?

1.55

		R	F
1	Robert findet Fußball interessant.	☐	☐
2	Franka mag keine Musik.	☐	☐
3	Robert und Franka gehen am Samstag ins Filmmuseum.	☐	☐
4	Robert hat am Sonntag keine Zeit.	☐	☐
5	Robert und Franka kochen zusammen.	☐	☐

Wichtige Wörter

Fußball spielen ....
joggen ....
ein Bild malen ....
tanzen ....
im Internet surfen ....
grillen ....
Musik hören ....
schwimmen ....
das Hobby, -s ....
(nicht) gern, gerne ....

A Wie spät ist es?

spät ....
Wie spät ist es? ....
halb ....
Viertel vor ....
dreiviertel ....
Viertel nach ....
um ....
beginnen ....
Um wie viel Uhr? ....
enden ....
gehen ....
von … bis ....
Der Kurs geht von neun bis zwölf. ....
die Pause, -n ....
der Zug, ″-e ....
der Radiowecker, - ....
klingeln ....
das Flugzeug, -e ....
der Krimi, -s ....

B Was macht Frau Costa am Samstag?

an|rufen ....
das Kino, -s ....
an|fangen ....
auf|hören ....
auf|stehen ....
auf|räumen ....
ein|kaufen ....
mit|nehmen ....
die Zeitung, -en ....
fern|sehen ....
aus|gehen ....
weg|fahren ....
mit|kommen ....
statt|finden ....
aus|fallen ....
ein|kaufen gehen ....
spazieren gehen ....
jeden Tag ....
der Ausflug, ″-e ....
heute ....

C Meine Woche

die Woche, -n ....
der Montag, -e ....
der Dienstag, -e ....
der Mittwoch, -e ....
der Donnerstag, -e ....
der Freitag, -e ....
der Samstag, -e ....
der Sonntag, -e ....

die Hausaufgabe, -n	....
das Fahrrad, ¨-er	....
reparieren	....
am Morgen	....
in der Früh	....
am Vormittag	....
am Mittag	....
am Nachmittag	....
am Abend	....
in der Nacht	....
die Fahrkarte, -n	....
der Dienstagabend, -e	....

D Hast du Zeit?

Schach spielen	....
zusammen	....
vielleicht	....
Lust haben	....
Zeit haben	....
später	....
leider	....
kochen	....
....	....
....	....
....	....

1 **Sammeln Sie trennbare Verben aus der Wortliste auf Seite 62 und 63 und schreiben Sie Minidialoge.**

an|fangen

+ Wann fängt der Film an?
– Um acht Uhr.

ein|kaufen

+ Was kaufen Sie heute ein?
– Lebensmittel.

> **Lerntipp**
> Schreiben Sie trennbare Verben im Satz: Schreiben Sie die Verben auf Karten und markieren Sie die Vorsilben, zum Beispiel: an|fangen. Schreiben Sie dann einen Satz mit den Verben.

2 **Was passt zusammen? Ordnen Sie zu und schreiben Sie Sätze wie im Beispiel.**

ein Bild • im Internet • Musik • einkaufen • Schach • ein Fahrrad • Fußball • spazieren • ins Kino

gehen • gehen • gehen • hören • malen • reparieren • spielen • spielen • surfen

Ich gehe gern einkaufen.

....

3 **Wörter hören und nachsprechen. Hören Sie zu und sprechen Sie nach.** 1.56

1 der Tag – die Woche – das Wochenende
2 das Hobby – im Internet surfen – Musik hören – spazieren gehen
3 anfangen – aufhören – ausgehen – fernsehen

5 Wichtige Wörter

☐ fernsehen	☐ Karten spielen	☐ Musik hören
☐ im Internet surfen	☐ kochen	☐ tanzen
☐ basteln	☐ ausgehen	☐ Karaoke singen
☐ ein Würfelspiel spielen	☐ ein Buch lesen	☐ chillen

4 Sehen Sie die Bilder an und ordnen Sie die Aktivitäten zu.

1.57 **5** Hören Sie die neuen Wörter und sprechen Sie nach.

1.58 **6a** Welche Aktivitäten hören Sie? Unterstreichen Sie im Kasten auf Seite 64 und 65.

1.58 **6b** Hören Sie noch einmal. Wie findet Herr Vorfelder die Hobbys von seiner Frau? Wie findet Frau Vorfelder die Hobbys von ihrem Mann? Schreiben Sie.

- ☐ Volleyball spielen
- ☐ zelten
- ☐ kegeln
- ☐ fotografieren
- ☐ joggen
- ☐ wandern
- ☐ Fußball spielen
- ☐ schwimmen gehen
- ☐ Freunde treffen
- ☐ einen Film sehen
- ☐ schlafen
- ☐ Musik machen

7 Was finden Sie interessant? Was finden Sie langweilig? Was machen Sie (nicht) gerne? Schreiben Sie fünf Sätze.

Ich treffe gerne … ……………………………………

Fotografieren finde ich … ……………………………………

6 Guten Appetit!

1 **Finden Sie zwölf Lebensmittel und ordnen Sie sie zu. Schreiben Sie die Wörter mit Artikel.**

B	I	R	N	E	E	L	B
A	L	B	U	T	T	E	R
K	U	C	H	E	N	M	O
Ä	V	O	S	E	R	I	T
S	A	L	A	T	S	M	A
E	T	I	W	E	I	N	P
K	A	F	F	E	E	H	F
O	B	A	N	A	N	E	E
A	P	M	I	L	C	H	L
J	O	G	H	U	R	T	E

Getränke:

der Kaffee ......

......

......

Backwaren:

......

......

Obst und Gemüse:

......

......

......

......

Milchprodukte:

......

......

......

......

2 **Was essen und trinken Sie gern / nicht gern? Schreiben Sie sechs Sätze.**

☺ Ich esse gern ... ☹ Ich esse nicht gern ...

☺ ...... ☹ ......

☺ ...... ☹ ......

3a **Wie oft? Ordnen Sie die Wörter.**

manchmal • ~~täglich~~ • selten • nie • oft

täglich ....

3b **Schreiben Sie sechs Sätze mit den Wörtern aus 3a.**

Tee trinken • Salat essen • aufräumen • einen Ausflug machen • Auto fahren • Deutsch lernen • Musik hören • Fußball spielen • kochen • …

1 ...... 4 ......

2 ...... 5 ......

3 ...... 6 ......

A Der Einkaufszettel

4 **Was passt? Ordnen Sie zu.**

1 Ich habe Durst.
2 Ich gehe einkaufen.
3 Ich habe Hunger.
4 Wir gehen einkaufen.
5 Wir haben Hunger.
6 Wir haben Durst.

A Dann esst doch eine Banane!
B Dann bringt doch bitte Schokolade mit!
C Dann trinkt doch einen Tee.
D Dann iss doch ein Brot!
E Dann trink doch Wasser.
F Dann vergiss die Butter nicht!

5 **Was ist richtig? Kreuzen Sie an und ergänzen Sie dann die Sätze.**

1 .... doch ein Glas Apfelsaft. ☐ Trink ☐ Trinkst du
2 Bitte .... die Milch nicht. ☐ vergesst ☐ vergessen
3 .... doch nach Salzburg mit. ☐ Fährst du ☐ Fahr
4 .... bitte mit. ☐ Kommen ☐ Kommen Sie
5 .... doch noch hier. ☐ Bleibt ☐ Bleiben
6 .... Sie bitte einen Moment. ☐ Warte ☐ Warten

6 **Ergänzen Sie den Imperativ.**

du	.... bitte Brot! (holen)	.... das Buch nicht! (vergessen)	.... doch einen Salat! (nehmen)
ihr	.... gut! (schlafen)	.... den Lehrer! (fragen)	.... den Text! (lesen)
Sie	.... bitte Reis! (kaufen)	.... bitte langsam! (sprechen)	.... am Vormittag! (kommen)

7 **Sammeln Sie Verben aus den Lektionen 1 bis 5. Machen Sie eine Tabelle im Heft und bilden Sie Imperativ-Sätze wie im Beispiel.**

Infinitiv	du!	ihr!	Sie!	Satz
kaufen	Kauf!	Kauft!	Kaufen Sie!	Kauf bitte ein Brot!
essen	Iss!	Esst!	Essen Sie!	Esst jetzt bitte!
anfangen	Fang an!	...		

8 Vorschläge für das Wochenende. Schreiben Sie die Sätze im Imperativ in der *Sie*-Form.

1 spazieren gehen — Gehen Sie doch spazieren!

2 ein Buch lesen ....

3 nach Wien fahren ....

4 das Straßenfest besuchen ....

9 Lebensmittel und Verpackungen. Ordnen Sie die Lebensmittel zu.

eine Flasche	ein Becher
....	....
....	....
ein Stück	eine Dose
....	....
....	....
ein Packerl	ein Glas
....	....
....	....

10 Was kauft Herr Tolic? Schreiben Sie.

Herr Tolic kauft eine Flasche

Apfelsaft, zwei Semmeln, ...

....

....

....

....

....

11 Was ist hier falsch? Lesen Sie den Dialog und korrigieren Sie.

- Ja, bitte?
- zwei ~~Flaschen~~ Stück Kuchen und ein Glas Käse, bitte.
- Gern. Noch etwas?
- Ja, eine Tafel Spaghetti und drei Dosen Joghurt.
- Ja, hier bitte.
- Und ein Packerl Wasser, bitte.

B Einkaufen

12 Was kaufen Sie wo? Schreiben Sie Sätze.

Obst und Gemüse • Zeitungen • Brot • Wurst • Schokolade • Milch

Ich kaufe Brot im Supermarkt und in der Bäckerei.

im Supermarkt

an der Tankstelle

in der Bäckerei

auf dem Markt

13 Wer sagt was? Ordnen Sie zu.

Danke, das ist alles. • Dann nehme ich zwei Kilo Birnen. • Das Kilo kostet 90 Cent. • Das macht zusammen 6,90 Euro. • Ein Kilo Paradeiser, bitte. • Guten Tag, was möchten Sie? • Haben Sie es genau? • Haben Sie noch einen Wunsch? • Ich hätte gerne 3 Kilo Erdäpfel. • Möchten Sie noch etwas? • Nein, leider nicht. Ich habe nur 20 Euro. • Was kosten die Paradeiser?

Verkäufer / Verkäuferin	Kunde / Kundin

14 Lesen Sie die Antworten und schreiben Sie Fragen.

1 .... Ich hätte gern ein Weißbrot.

2 .... Die Birnen kosten 2,49 €.

3 .... Ja, noch ein Kilo Paradeiser, bitte.

15 Das Verb *möchten*. Ergänzen Sie die richtigen Endungen.

1 • Was möcht...... Sie?
• Ich möcht...... einen Tee und meine Tochter möcht...... einen Apfelsaft.

2 • Möcht...... du Kaffee?
• Nein danke. Ich möcht...... ein Glas Milch.

3 • Möchte...... ihr Wein oder Bier?
• Danke, wir möcht...... Bier.

6

16 Hören Sie und korrigieren Sie die Preise.

1.59

1

....

2

....

3

....

4

....

17 Einkaufsdialoge. Ordnen und schreiben Sie zwei Dialoge. Kontrollieren Sie dann mit der CD.

1.60

Fünf Semmeln, bitte. • Ja, noch ein Bauernbrot, bitte. • Was kosten die Birnen? • ~~Ja, bitte?~~ • Dann nehme ich ein Kilo Birnen und ein halbes Kilo Paradeiser • Haben Sie noch einen Wunsch? • Fünf Semmeln, ein Bauerbrot. Ist das alles? • ~~Grüß Gott, was darf es sein?~~ • Ein Kilo kostet 2,50 € • Ja, das ist alles. Danke.

Dialog 1

- *Grüß Gott, was darf es sein?*
- *Fünf* ....
- ....
- ....
- ....
- ....

Dialog 2

- *Ja, bitte?*
- ....
- ....
- ....
- ....

18 Textkaraoke. Hören, lesen und sprechen Sie die 👄-Rolle im Dialog.

1.61

👂 …

👄 30 Deka Faschiertes, bitte.

👂 …

👄 Ja, ich nehme auch 5 Scheiben Schinken.

👂 …

👄 Ja, vielen Dank.

👂 …

👄 Nein, leider nicht. Ich habe nur 10 Euro.

👂 …

C Das mag ich

19 Was mögen die Personen? Schreiben Sie Sätze wie im Beispiel.

Simon: Schokolade

Patricia: Cola

Eva und Anna: Chips

Sebastian: Käsekuchen

1 *Simon mag Schokolade.* ....
3 ....
2 ....
4 ....

20a Das Verb *mögen*. Ergänzen Sie die Tabelle.

	mögen		mögen
ich		wir	
du		ihr	
er/es/sie		sie/Sie	

20b Magst du … ? Ergänzen Sie die Sätze.

1 • *Magst* du Fisch? • Ja, ich .... Fisch.

2 • .... ihr Spaghetti? • Ja, wir .... Spaghetti.

3 Viele Kinder .... Schokolade, aber mein Sohn .... keine Schokolade.

21 Kreuzen Sie an: *kein, keine, keinen* oder *nicht*.

1 Ich esse … gern Käse.
A ☐ nicht
B ☐ keinen

2 Sie mag … Äpfel
A ☐ nicht
B ☐ keine

3 Sie isst … Butter.
A ☐ keine
B ☐ nicht

4 Trinkst du … Wein?
A ☐ keinen
B ☐ nicht

5 Er isst … Brot.
A ☐ nicht
B ☐ kein

6 Sie essen … gern Orangen.
A ☐ keine
B ☐ nicht

22 Schreiben Sie Antworten mit *nicht* oder *kein*.

1 • Magst du Kaffee? • *Nein,* ....

2 • Siehst du gern fern? • *Nein,* ....

3 • Isst du gern Chips? • *Nein,* ....

4 • Mögen Sie Bier? • *Nein,* ....

D Essen in Österreich

1.62

23a Was essen Herr Matuschek (M), Frau Pichler (P) und Robert (R)? Hören Sie und tragen Sie ein: M, P oder R.

23b Wer isst was? Schreiben Sie Sätze wie Beispiel.

1 *Herr Matuschek isst zum Frühstück ...* ……………………

Er trinkt ……………………

2 *Frau Pichler* ……………………

3 *Robert* ……………………

……………………

24 Frühstück – Mittagessen – Abendessen. Was essen und trinken Sie? Schreiben Sie.

Frühstück: *Zum Frühstück esse ich ...* ……………………

Mittagessen: ……………………

Abendessen: ……………………

1.63

25a Schreibtraining: *ie* und *ei*. Hören Sie und lesen Sie mit.

Sind Sie verheiratet? Was ist Ihre Lieblingsfarbe?
Wie schreibt man „Freitag"? Bleiben Sie lange hier?

> **!**
> *ie* und *ei*
> ie – Man spricht ein langes *i*.
> Das *e* spricht man nicht.
> ei – Man spricht *ai*.

1.64

25b Hören Sie und ergänzen Sie *ie* oder *ei*.

- Gehen S…… ……nkaufen? Dann bringen S…… doch bitte ……n ……s und ……ne Z……tung mit.
- N……n, l……der habe ich k……ne Z……t. Heute ist D……nstag, ich gehe Fußball sp……len.

26a Ein Rezept. Welche Lebensmittel braucht man? Ordnen Sie zu.

Palatschinken mit Zimt und Zucker

- ☐ 4 Eier
- ☐ 15 dag Mehl
- ☐ Salz
- ☐ ¼ Liter Milch
- ☐ 2 Teelöffel Butter und Butter für die Bratpfanne
- ☐ 4 Esslöffel Zucker
- ☐ etwas Zimt

26b Wie macht man Palatschinken? Ordnen Sie die Arbeitsschritte zu.

A ☐

B ☐

C ☐

D ☐

E ☐

F ☐

1 Das Mehl, die Eier, die Milch und das Salz in eine Schüssel geben und alles mischen. • **2** Die Palatschinke wenden und sie noch einmal 1 bis 2 Minuten braten. • **3** Die Butter in der Bratpfanne erhitzen. • **4** Die Palatschinke mit Zimt und Zucker servieren. • **5** Zimt und Zucker mischen. • **6** Etwas Teig in die Pfanne geben und ihn 2 bis 3 Minuten braten.

26c Machen Sie Palatschinken! Schreiben Sie die Sätze aus 26b im Imperativ.

A *Geben Sie das Mehl, die Eier, die Milch und das Salz in eine Schüssel und ...*

B ....

C ....

D ....

E ....

F ....

Wichtige Wörter

Guten Appetit	....	die Orange, -n	....
der Apfel, "-	....	die Spaghetti, Pl.	....
die Banane, -n	....	die Semmel, -n	....
das Brot, -e	....	das Getränk, -e	....
die Butter, Sg.	....	das Bier, -e	....
das Hendl, -	....	der Apfelsaft, "-e	....
der Erdapfel, "-	....	bitte	....
der Käse, Sg.	....	doch	....
die Milch, Sg.	....	vergessen	....
die Nudeln, Pl.	....	holen	....
der Reis, Sg.	....	warten	....
der Salat, -e	....	der Hunger, Sg.	....
der Tee, Sg.	....	Ich habe Hunger.	....
der Fisch, -e	....	der Durst, Sg.	....
der Paradeiser, -	....	Ich habe Durst.	....
das Wasser, Sg.	....	probieren	....
der Wein, -e	....	das Packerl, -n	....
die Wurst, "-e	....	die Dose, -n	....
essen	....	das Glas, "-er	....
trinken	....	der Becher, -	....
täglich	....	die Kiste, -n	....
oft	....	das Stück, Sg.	....
manchmal	....	die Tafel Schokolade	....
selten	....	die Scheibe, -n	....
nie	....	das Deka(gramm), Sg.	....
		das Kilo/Kilogramm, Sg.	....
A Der Einkaufszettel		der Liter, Sg.	....
das Ei, -er	....		
der Zucker, Sg.	....		

B Einkaufen

das Obst, Sg. ....
das Gemüse, Sg. ....
der Kunde, -n ....
die Kundin, -nen ....
der Preis, -e ....
der Markt, ″-e ....
die Fleischhauerei, en ....
die Bäckerei, -en ....
Ich hätte gern … ....
Haben Sie noch einen Wunsch? ....
genau ....

bekommen ....
zurück ....
möchten ....

C Das mag ich

mögen ....

D Essen in Österreich

das Frühstück ....
das Mittagessen ....
das Abendessen ....
frühstücken ....

1 Welches Wort passt nicht? Streichen Sie.

1 Frühstück – Abendessen – Vormittag – Mittagessen
2 Birne – Butter – Käse – Milch
3 Apfel – Orange – Banane – Wurst
4 Hendl – Fisch – Schinken – Salami
5 Tee – Fleisch – Wein – Wasser

Lerntipp
Lernen Sie neue Wörter in Gruppen. Sammeln Sie Wörter zu einem Thema, z. B. *Obst, Gemüse, Getränke, Verpackungen* usw. Schreiben Sie die Wörter in Gruppen in Ihr Vokabelheft.

2 Einkaufsgespräche. Notieren Sie wichtige Sätze auf Karten.

Verkäufer/Verkäuferin:
Grüß Gott,
was möchten Sie?

Kunde/Kundin:
Ich hätte gern …

3 Wörter hören und nachsprechen. Hören Sie zu und sprechen Sie nach.

1.65

1 das Obst – die Banane – der Apfel
2 das Gemüse – der Paradeiser – der Salat
3 die Bäckerei – das Brot – die Semmel – der Kuchen
4 täglich – oft – manchmal – selten – nie

Wichtige Wörter

1

....

2

....

3

....

4

der Karfiol, Sg.

9

....

10

die Erdbeere, -n

11

....

12

....

17

die Margarine, Sg.

18

....

19

das Mehl, Sg.

20

....

25

....

26

das Salz, Sg.

27

....

28

....

4 Ergänzen Sie die Wörter mit Artikel und Plural. Manchmal gibt es keinen Plural.

1.66 **5** Hören Sie die neuen Wörter und sprechen Sie nach.

1.67 **6a** Hören Sie die Dialoge. Was mögen die Leute, was mögen sie nicht? Ergänzen Sie.

Eva findet .... furchtbar.

Erik mag ....

Maria trinkt keinen ....

5

die Fisole, -n

6

7

8

13

14

das Keks, -e

15

der Lauch, Sg.

16

21

22

die Nuss, ¨-e

23

das Öl, Sg.

24

der Pfeffer, Sg.

29

30

31

32

6b **Was passt zusammen? Erfinden Sie weitere Kombinationen.**

Brot mit Wurst und Käse.

6c **Fragen Sie Ihren Partner/Ihre Partnerin.**

Isst du gern ...?

Das passt sehr gut zusammen.

Das schmeckt super.

Das finde ich schrecklich.

7 Arbeit und Beruf

1 Berufe. Ordnen Sie zu.

1 der Ingenieur
2 die Bankkauffrau
3 der Programmierer
4 der Kfz-Mechaniker
5 die Kellnerin

A ☐

B ☐

C ☐

2 Wer arbeitet wo? Ergänzen Sie.

1 *Der Programmierer arbeitet* ………… im Büro.
2 ………… im Restaurant.
3 ………… in der Werkstatt.
4 ………… auf der Baustelle.
5 ………… in der Bank.

D ☐

E ☐

A Das muss ich machen

3 Wer macht was? Ergänzen Sie die Sätze.

Kaffee und Kuchen bringen • Anmeldungen annehmen • ~~Operationen vorbereiten~~ • Autos reparieren • die Post bringen

1 Der Krankenpfleger *bereitet Operationen vor.*
2 Die Sekretärin ………… …………
3 Der Kfz-Mechaniker …………
4 Die Briefträgerin …………
5 Die Kellnerin …………

4 Chaos bei den Verben. Im Text sind sechs Fehler. Korrigieren Sie den Text.

Martina Wagner ~~bleibt~~ *arbeitet* bei der Volksbank. Sie kontrolliert die Kunden und berät die Kassa. Sie muss auch Geld helfen und bei Problemen mit Überweisungen arbeiten. Oft muss sie auch länger wechseln.

5 Die Modalverben *können, müssen* und *wollen*. Ergänzen Sie die Tabelle.

	können	müssen	wollen
ich			
du			
er/es/sie/man			
wir			
ihr			
sie/Sie			

6 Im Deutschkurs. Ergänzen Sie das Verb *können*.

1 .... Sie bitte das Wort buchstabieren?

2 .... du bitte langsam sprechen? Wir .... dich nicht verstehen.

3 • Tim .... schon sehr gut Deutsch sprechen.

• Ja, und er .... auch Französisch.

4 .... ihr das bitte an die Tafel schreiben?

5 • Und die Hausaufgabe bis morgen ist die Übung 8.

• Ich .... heute keine Hausaufgaben machen. Ich muss arbeiten.

7 Was müssen die Personen machen? Ergänzen Sie das Verb *müssen*.

1 Er arbeitet als Reinigungskraft. Er .... im Schichtdienst arbeiten.

2 Sie sind Studenten. Sie .... viel lernen.

3 Sie ist Bankkauffrau. Sie .... Formulare bearbeiten.

4 Sergej und ich sind Taxifahrer. Wir .... viel Auto fahren.

8 Was wollen wir heute machen? Schreiben Sie Sätze mit dem Verb *wollen*.

1 ich – heute – fernsehen Ich will ...

2 wir – Fußball – heute – spielen ....

3 Monika – zu Hause – Musik hören ....

4 ihr – ins Kino – gehen? ....

5 du – einen Tanzkurs – machen? ....

6 Sie – etwas – trinken? ....

9 *Wollen* oder *müssen*? Ergänzen Sie die Verben.

1

2

3

4

10 *Können* oder *müssen*? Schreiben Sie Sätze.

1 Frau Schuster ist Briefträgerin. (früh aufstehen / schon am Mittag nach Hause gehen)

Sie muss früh aufstehen, aber sie kann …

2 Herr Groß ist Kellner. (auch in der Nacht arbeiten / am Vormittag lange schlafen)

…………

3 Herr Umlandt ist Deutschlehrer. (viel erklären / auch viel von den Schülern lernen)

…………

4 Frau Gruber ist Sekretärin. (viel im Büro sitzen / bei der Arbeit Kaffee trinken)

…………

5 Herr Leitner ist Buchhalter. (heute bis 22 Uhr arbeiten / morgen schon um 15 Uhr nach Hause gehen.

…………

11 *Müssen, können* oder *wollen*? Ergänzen Sie und kontrollieren Sie dann mit der CD.

1.68

1 • .... ich bitte ein Eis haben?
• Ja, aber zuerst .... du dein Zimmer aufräumen.

2 • .... du einen Kaffee?
• Ja, ... ich bitte auch Milch haben?
• Hier. .... du auch Zucker?
• Nein danke.

3 • .... Sie Italienisch sprechen?
• Nein, aber ich .... einen Sprachkurs machen. Und Sie?
.... Sie Italienisch?
• Ein bisschen, ich .... noch viel lernen.

12 Was passt? Ordnen Sie zu.

1 Ich will viel Geld — A reisen.
2 Ich will Karriere — B machen.
3 Ich will oft — C arbeiten.
4 Ich will im Team — D verdienen.

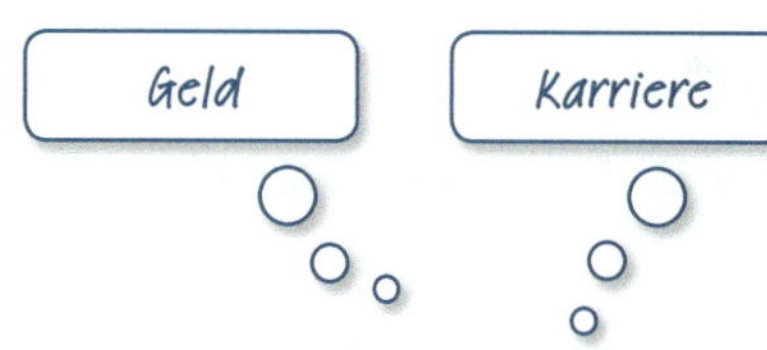

13a Welche Berufe haben die Leute? Hören Sie und schreiben Sie.

1.69

1 Stella Lutter ....
2 Per Kujat ....
3 Franka Stein ....

13b Hören Sie noch einmal und kreuzen Sie an: Richtig oder falsch?

1.69

	R	F
1 Stella Lutter muss um 19 Uhr im Restaurant sein.	☐	☐
2 Sie verdient sehr wenig.	☐	☐
3 Per Kujat verdient gut.	☐	☐
4 Seine Arbeit ist ruhig.	☐	☐
5 Franka Stein arbeitet gern draußen.	☐	☐
6 Franka Stein kann manchmal nicht alles lesen.	☐	☐

14 Schreiben Sie die Sätze mit *nicht*.

1 Sie will mit den Händen arbeiten. — *Sie will nicht mit den Händen arbeiten.*
2 Wir können am Vormittag arbeiten. ....
3 Ich will alleine arbeiten. ....
4 Er muss viel reisen. ....
5 Sie muss früh aufstehen. ....

15 **Was müssen, können, wollen Sie bei Ihrer Arbeit machen? Schreiben Sie drei Sätze.**

....

....

....

B Rund ums Geld

16 **In der Bank. Lesen Sie die Sätze und ergänzen Sie die Wörter.**

1 Ich will Geld an den Fußballverein _b_rw_ _sen, aber ich habe keine B_nkv_rb_ndung.

2 Herr Berger möchte seinen Mitgliedsb_ _tr_g bezahlen.

3 Ich habe bei der Bank ein K_nt_. Meine _B_N_ ist AT61 1200 0105 1009 0911.

4 Der B_nk_m_t ist kaputt.

5 Was sind die G_b_hr_n für den Abendkurs?

1.70

17a **Bei Familie Schneider. Hören Sie den Dialog und kreuzen Sie an: Richtig oder falsch?**

	R	F
1 Stephanie geht einkaufen.	☐	☐
2 Thomas muss Geld überweisen.	☐	☐
3 Der Kindergarten hat ein Konto bei der Bank Austria.	☐	☐

1.71

17b **Hören Sie den Dialog weiter. Ergänzen Sie den Zahlschein.**

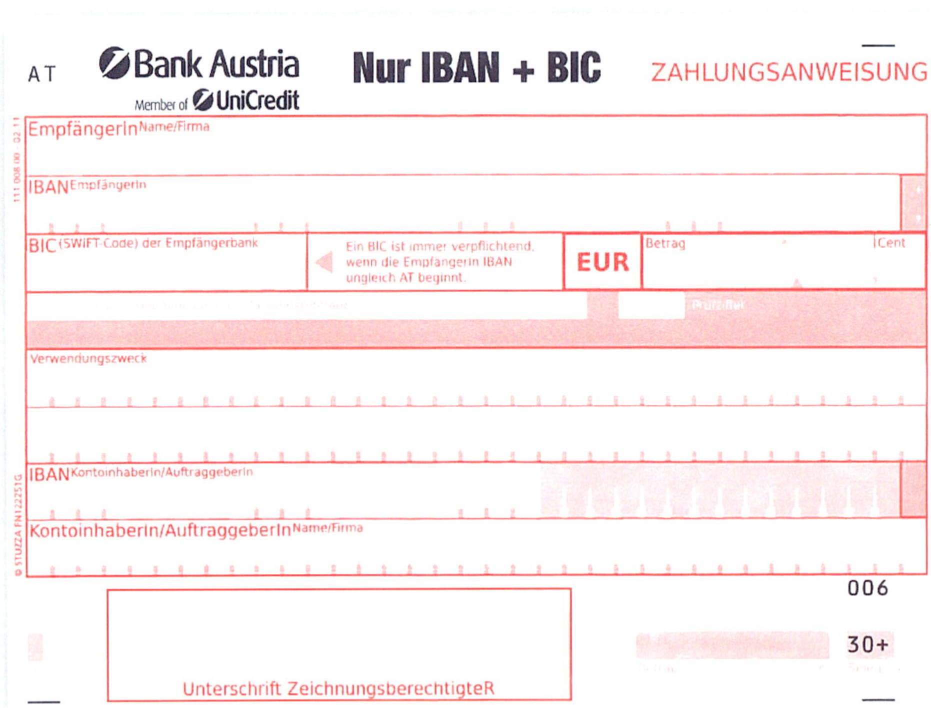
AT Bank Austria
Member of UniCredit
Nur IBAN + BIC
ZAHLUNGSANWEISUNG
EmpfängerIn Name/Firma
IBAN EmpfängerIn
BIC (SWIFT-Code) der Empfängerbank
Ein BIC ist immer verpflichtend, wenn die EmpfängerIn IBAN ungleich AT beginnt.
EUR
Betrag
Cent
Verwendungszweck
IBAN KontoinhaberIn/AuftraggeberIn
KontoinhaberIn/AuftraggeberIn Name/Firma
006
30+
Unterschrift ZeichnungsberechtigteR

C Ein Tag im Leben von Maria Stein

18 Was macht Frau Müller? Ordnen Sie die Sätze zu.

Sie ist beim Friseur. • Sie geht zur Haltestelle. • Sie kommt zurück nach Hause. • Sie geht zum Friseur. • Sie ist bei der Arbeit. • Sie ist zu Hause.

....

....

....

....

....

....

19 Welche Präposition passt? Ergänzen Sie und kontrollieren Sie dann mit der CD.

1.72

aus • bei • zu • zum • mit • nach • vom • vor

Der Samstag ....[1] Familie Kern.

Frau Kern räumt ....[2] den Kindern das Wohnzimmer auf. Herr Kern geht ....[3] Bäcker und kauft ein. Um elf Uhr kommt Herr Kern ....[4] Bäcker zurück. ....[5] dem Mittagessen kochen Herr und Frau Kern zusammen. Am Nachmittag, ...[6] dem Mittagessen schlafen Herr und Frau Kern eine Stunde. Dann gehen sie ....[7] Freunden. Die Freunde kommen ....[8] der Türkei. Um 20 Uhr gehen sie wieder nach Hause.

20 Ergänzen Sie den bestimmten und unbestimmten Artikel im Dativ.

1 mit ..*dem*..... / mit ..*einem*.. Mann

2 mit .... / mit .... Frau

3 mit .... Kind / mit .... Kind.

4 mit .... / mit ....–..... Menschen

21 Lesen Sie die Dialoge und ergänzen Sie die Artikel im Dativ.

1 • Was machst du nach d........ Schule? • Ich fahre zu ein........ Freund.

2 • Und vor d........ Schule? • Ich mache meine Hausaufgaben.

3 • Ich bin von d........ Arbeit zurück, aber ich habe noch einen Termin mit ein........ Kollegen.

4 • Warst du schon bei........ Arzt? • Nein, ich gehe nach d........ Mittagessen.

22 Wo? Woher? Wohin? Schreiben Sie Antworten.

Wo ist Susanne?

Beim Chef.

(der Chef)

Wohin geht Mika?

....

(die Großeltern)

Wo sind die Kinder?

....

(die Freunde)

Woher kommt Florin?

....

(das Reisebüro)

Wohin geht Sabrina?

....

(eine Freundin)

Woher kommt Oleksander?

....

(ein Freund)

23 Ergänzen Sie *Wo* oder *Wohin*.

1 • .... waren Sie gestern? • In Innsbruck.

2 • Und .... fahren Sie jetzt? • Nach Italien.

3 • .... bist du und .... gehst du? • Zu Hause und später gehe ich ins Kino.

24 Schreibtraining. Schreiben Sie die Sätze richtig.

Fehler +++ Fehler +++ Fehler

1 siewollendiewohnungaufräumenunddannzummarktgehen

....

2 erkannenglischsprechenundjetztwillerspanischlernen

....

3 eristingenieurvonberufabererarbeitetjetztalsbriefträger

....

25a Beruf: Programmiererin. Sortieren Sie die Textteile.

A [1] Anna Stadler ist Programmiererin. Sie arbeitet bei einer
B [ ] bis spät abends arbeiten. Sie schreibt
C [ ] Computerprogramme. Die Firma hat viele
D [ ] Computerfirma. Sie beginnt in der Früh um neun Uhr. Sie muss oft
E [ ] Kunden und Anna Stadler hat oft viel Stress.

25b Beruf: Taxifahrer. Schreiben Sie mit den Stichwörtern einen Text.

Martin Schuster • Taxifahrer • in Salzburg wohnen und arbeiten • in der Nacht und am Wochenende arbeiten • in der Nacht gern fahren

....

....

....

26a Lesen Sie die Stellenanzeigen und ordnen Sie die Berufe zu.

Taxifahrer • Sekretärin • Programmiererin • Programmierer • Arzt • Ärztin

Stellenmarkt

1 Wir suchen einen .... /
eine ....
Ordinationszeit: Montag, Mittwoch, Donnerstag 8.00-12.30 Uhr
Kinderarztpraxis Weiß
Römerstraße 38, 4600 Wels
Tel.: 07242 / 67788

2 Gesucht: .... (m/w)
für Nacht- und Wochenendfahrten.
Reisedienst Schweiger.
Tirolerstraße 10, 9500 Villach
Tel.: 04242 / 155 355

3 ABC-Software sucht
eine .... /
einen ....
Sie schreiben Computerprogramme, reparieren Computer und beraten Kunden. Vollzeit, flexible Arbeitszeiten, Bewerbungen per E-Mail an: s.krebs@abc-software.at

4 Telefonieren Sie gern? Arbeiten Sie gern mit dem Computer? Wir suchen eine
.... (m/w).
Sie arbeiten von Montag bis Freitag vormittags oder nachmittags.
Bankhaus Brunner – Hauptstraße 43
4600 Wels • Tel.: 07242 51 32 0
info@bankhaus-brunner.at

26b Lesen Sie die Stellenanzeigen noch einmal und machen Sie Notizen in Ihrem Heft.

Anzeige 1:
Beruf ...
Firma ...
Adresse ...
Telefon/E-Mail ...
Arbeitszeit ...

Anzeige 2:
...

Anzeige 3:
...

Anzeige 4:
...

Wichtige Wörter

der Bankkaufmann,
die Bankkauffrau,
Pl: Bankkaufleute ....

der/die Altenpfleger/in, -/-nen ....

der/die Kellner/in, -/-nen ....

der/die Kfz-Mechaniker/in,-/-nen ....

die Reinigungskraft, "-e ....

der/die Taxifahrer/in, -/-nen ....

der/die Briefträger/in, -/-nen ....

der Koch, "-e ....

die Köchin, -nen ....

die Baustelle, -n ....

die Werkstatt, "-en ....

die Bank, -en ....

das Restaurant, -s ....

das Büro, -s ....

A Das muss ich machen

der/die Kranken-pfleger/in, -/-nen ....

die Krankenschwester, -n ....

der Schichtdienst, -e ....

das Spital, "-er ....

müssen ....

können ....

wollen ....

das Geld, Sg. ....

verdienen ....

wechseln ....

beraten ....

helfen ....

die Überweisung, -en ....

kontrollieren ....

die Kassa, -en ....

das Formular, -e ....

unterschreiben ....

der/die Sekretär/in, -e/-nen ....

die Arbeitszeit, -en ....

anstrengend ....

das Team, -s ....

allein, alleine ....

reisen ....

die Karriere, Sg. ....

draußen ....

drinnen ....

B Rund ums Geld

der Bankomat, -en ....

die Bankomatkarte, -n ....

die Kontonummer, -n ....

der Kontoauszug, "-e ....

die IBAN ....

die Gebühr, -en ....

überweisen ....

die Bankverbindung, -en ....

C Ein Tag im Leben von Maria Stein

aus	....	der Kollege, -n	....
bei	....	die Kollegin,-nen	....
nach	....	der Termin, -e	....
von	....	der/die Chef/in, -s/-nen	....
zu	....	der Kindergarten, "-	....
bedienen	....	die Haltestelle, -n	....
die Mittagspause, -n	....	....	....
	....	....	....

1 **Mit der Wortliste arbeiten. Nomen maskulin, feminin, Plural. Schreiben Sie wie im Beispiel.**

1 der/die Chef/in, -s/-nen *der Chef, die Chefin, die Chefs, die Chefinnen*

2 der/die Taxifahrer/in, -/-nen ....

3 die Reinigungskraft, die "-e ....

2 **Sammeln Sie Wörter zum Thema Arbeit.**

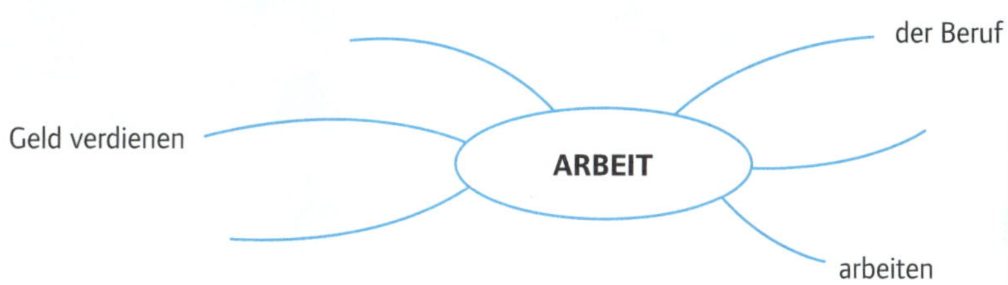

Lerntipp
Lernen Sie Nomen und Verben zusammen.

3 **Was passt? Ordnen Sie zu.**

verdienen • wechseln • beraten • überweisen • bedienen • unterschreiben

1 Kunden ....

2 Geld ....

3 ein Formular ....

1.73 **4** **Wörter hören und nachsprechen. Hören Sie zu und sprechen Sie nach.**

1 der Krankenpfleger – die Reinigungskraft – die Köchin
2 die IBAN – die Kontonummer – die Bankverbindung
3 Geld überweisen – Geld wechseln – Geld verdienen

7 Wichtige Wörter

5 Ergänzen Sie die Wörter mit Artikel.

1.74 **6** Hören Sie die Wörter und sprechen Sie nach.

7a Wer arbeitet wo? Ordnen Sie die Berufe den Orten auf Seite 89 zu.

1.75 **7b** Schreiben Sie Sätze wie im Beispiel und kontrollieren Sie dann mit der CD.

> *Die Verkäuferin arbeitet im Kaufhaus.*
> *Der Gärtner …*

1.75 **7c** Hören Sie noch einmal und sprechen Sie nach.

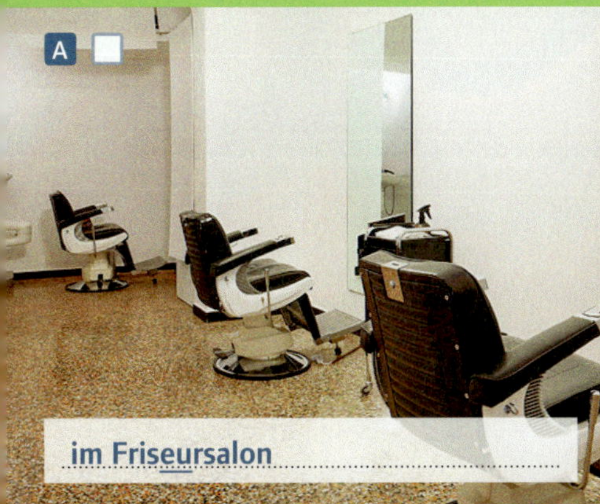

A im Friseursalon

B im Hotel

C im Spital/im Krankenhaus

D im Kaufhaus

E in der Schule

F in der Gärtnerei

G im Altersheim

H im Büro

I in der Werkstatt

8a Wer macht was? Schreiben Sie Sätze.

~~Patienten behandeln~~ • Kunden bedienen • Möbel machen • Termine planen • Gärten pflegen • Zimmer reservieren • alte Menschen betreuen • Haare schneiden • Schüler unterrichten

1 Ein Arzt *behandelt Patienten.*

2 Eine Lehrerin ...

3 Ein Verkäufer ...

4 Ein Friseur ...

5 Eine Hotelfachfrau ...

6 Ein Altenpfleger ...

7 Ein Gärtner ...

8 Eine Sekretärin ...

9 Ein Tischler ...

8b Hören Sie, kontrollieren Sie dann mit der CD und sprechen Sie nach.

1.76

Station 2

1 Lesen Sie und ergänzen Sie in A–I.

✓ ✗

Ich kann auf Deutsch

☐ ☐ **A** **über Hobbys sprechen.**

spiele • gerne • Hobby • findest • jogge • höre • spiele

- Was ist dein ....?
- Ich .... gerne Schach. Und du?
- Ich .... gerne und .... gerne Musik.
- Wie .... du Fußball?
- Ich .... nicht gerne Fußball, aber ich sehe .... Fußball.

☐ ☐ **B** **Zeitangaben verstehen.**

Es ist ....

....

....

☐ ☐ **C** **Termine machen und mich verabreden.**

- Wann gehen wir ins Kino?
- .... Freitag oder .... Samstag.
- .... Freitag geht es. Und um wie viel ....?
- Um sechs ....
- Geht es auch .... halb neun?
- Ja, das geht auch. Dann .... Freitag.

☐ ☐ **D** **sagen, was ich jeden Tag mache.**

treffe • fängt ... an • gehen • machst • Vormittag

- Was .... du morgen?
- Am .... habe ich meinen Deutschkurs. Er .... um neun Uhr ....
- Und am Nachmittag?
- Da .... ich meine Freunde. Wir .... essen.

✓ ✗

E **sagen, was ich gerne esse und trinke.** ☐ ☐

Was essen Sie gerne? ....

Was trinken Sie gerne? ....

Was essen und trinken Sie nicht so gerne? ....

....

F **Einkaufsdialoge führen.** ☐ ☐

- Guten Tag, ich .... ein Kilo Paradeiser.
- Darf es noch etwas sein?

- Wie viel .... die Äpfel?
- 2,90 Euro das Kilo.

- Dann .... ich sechs Stück.

G **über meine Arbeit sprechen.** ☐ ☐

Ich bin .... von Beruf und arbeite bei .... Ich finde meine Arbeit

.... Ich arbeite von .... Uhr bis .... Uhr.

H **sagen, was ich im Beruf oder bei der Arbeit (nicht) kann oder (nicht) will.** ☐ ☐

im Team arbeiten • Karriere machen • am Wochenende arbeiten • am Computer arbeiten • …

Ich kann ....

Ich kann nicht ....

Ich will ....

Ich will nicht ....

I **sagen, wo ich bin und wohin ich gehe.** ☐ ☐

- Woher kommst du?

- .... Friseur. Und du, wo warst du?

- Ich war .... Arzt. Ich muss jetzt noch .... Bank gehen und Geld holen.

2 **Kontrollieren Sie mit den Lösungen und markieren Sie ✓ für *kann ich* und ✗ für *kann ich nicht so gut*.**

8 Gute Besserung!

1 **Beim Arzt. Ordnen Sie die Wörter den Fotos zu.**

Kinderärztin • Zahnärztin • Augenärztin • Hausärztin

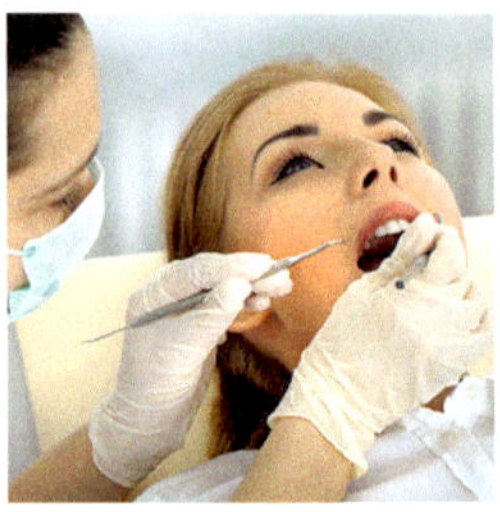

....

2 **Wann hat der Arzt Ordination? Lesen Sie das Praxisschild und ergänzen Sie die Sätze.**

Am • am • am • am • nach • geschlossen • von … bis • von … bis

Der Augenarzt hat .... Montag- und Dienstagvormittag .... 8 .... 12 Uhr Ordination. Er hat .... Montag- und Donnerstag-nachmittag .... 14 .... 18 Uhr Ordination. Er hat .... Freitag Ordination .... Vereinbarung. .... Mittwoch ist die Praxis ....

3 **Was passt? Ordnen Sie zu und schreiben Sie dann Tipps.**

nicht so viel essen • zum Augenarzt gehen • Milch mit Honig trinken • zum Zahnarzt gehen • Sport machen

- Ich habe Zahnschmerzen. — *Dann geh doch …*
- Ich sehe schlecht. — ....
- Ich habe Halsschmerzen. — ....
- Ich habe Bauchschmerzen. — ....
- Ich habe Rückenschmerzen. — ....

A Ein Besuch beim Arzt

2.02 **4** **Einen Termin machen. Ergänzen Sie den Dialog und kontrollieren Sie dann mit der CD.**

> Ionesco • Grüß Gott, mein Name ist Ionesco. Ich brauche bitte einen Termin. • Ja, morgen Vormittag habe ich Zeit. • I O N E S C O • Vielen Dank, auf Wiederhören.

- Ordination Dr. Bombelka. Guten Tag.
- ....
- Einen Moment, bitte. Morgen Vormittag um elf Uhr. Geht das?
- ....
- Sagen Sie doch bitte noch einmal Ihren Namen.
- ....
- Wie schreibt man das?
- ....
- Gut, Frau Ionesco, bis morgen um elf Uhr.
- ....

2.03 **5** **Einen Termin am Telefon machen. Hören Sie und kreuzen Sie an: Was ist richtig?**

1 Wann ist der Termin?

A ☐ Um Viertel vor fünf.
B ☐ Um Viertel vor sechs.
C ☐ Um Viertel vor sieben.

2 Wann ist die Ordination geöffnet?

A ☐ Am Dienstagnachmittag.
B ☐ Am Donnerstagnachmittag.
C ☐ Am Freitagnachmittag.

6 **Körperteile. Was sehen Sie auf den Fotos? Schreiben Sie Sätze wie im Beispiel.**

> das Haar, -e • der Rücken, - • das Auge, -n • die Nase, -n • der Arm, -e • das Bein, -e • die Hand, ¨-e • der Kopf, ¨-e • der Fuß, ¨-e • der Finger, -

1

2
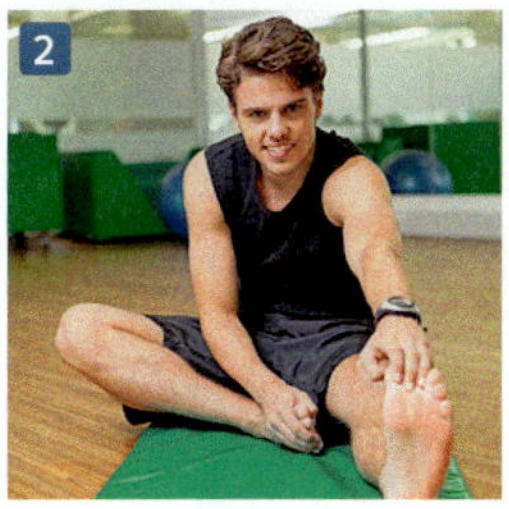

3

4

Auf Foto 1 sehe ich zwei Augen, einen Arm, ...

7 Im Sprechzimmer. Wer sagt was? Ordnen Sie zu.

Was fehlt Ihnen denn? • Vielleicht haben Sie eine Grippe. • Mir geht es nicht gut. • Machen Sie bitte den Mund auf. • Ich habe Fieber. • Sie müssen noch einmal zur Kontrolle kommen. • Mein Rücken tut weh. • Ich bin verkühlt.

Arzt/Ärztin: …

Patient/in: …

8 Was tut weh? Schreiben Sie Sätze wie im Beispiel.

Seine Zähne tun weh.

9 Herr Maurer berichtet seiner Frau. Schreiben Sie die Sätze wie im Beispiel.

1 Ich – viel Tee – soll – trinken
2 viel Obst – soll – essen – Ich
3 bleiben – Ich – eine Woche zu Hause – soll
4 Ich – Halstabletten – soll – nehmen

1	*Ich*	*soll*	*viel Tee*	*trinken.*
2				
3				
4				

10 Ihre Freundin versteht den Arzt nicht. Schreiben Sie Sätze wie im Beispiel.

Bitte arbeiten Sie nicht so viel.

Was sagt der Arzt?

Er sagt, du sollst nicht so viel arbeiten.

1 **Arzt:** Bleiben Sie bitte im Bett. *Er sagt, du …*

2 **Ärztin:** Machen Sie Gymnastik. *Sie sagt, …*

3 **Ärztin:** Bitte essen Sie wenig Fleisch. *Sie sagt, …*

4 **Arzt:** Nehmen Sie keine Tabletten. *Er sagt, …*

B Gesundheit in Österreich

11 **Was ist das? Ergänzen Sie das Kreuzworträtsel. Die Erklärungen auf Seite 86 im Kursbuch helfen.**

1 Wer bekommt die Krankschreibung? Der … oder die Schule.
2 Was brauchen Sie für viele Medikamente? Ein … vom Arzt.
3 Was brauchen Sie für den Facharzt oder das Spital? Eine …
4 Welcher Arzt schreibt Ihnen eine Überweisung? Der …
5 Sie können meistens nicht direkt zum Arzt gehen. Sie müssen erst einen … machen.
6 Was können Sie in einer Apotheke kaufen? Die …
7 Ihr Bauch tut weh, Sie haben …
8 Einige Medikamente müssen Sie selbst bezahlen. Andere bezahlt die …
9 Wo können Sie einen Arzt finden? Im Telefonbuch oder im …
10 Am Mittwoch hat Dr. Bukowski keine …

C Mein Kind ist krank

Mit • St.Pölten • Sohn • Grüßen • Martin Berger • 5.12.2017 • kann • kommen • entschuldigen • hat • Sehr

12a **Ergänzen Sie die Entschuldigung für die Schule.**

…………………, …………………

………………… *geehrter Herr Eder,*

unser ………………… *Jakob* ………………… *heute leider nicht zum Unterricht* ………………….

Er ………………… *eine Grippe.*
Bitte ………………… *Sie das Fehlen von Jakob.*

………… *freundlichen* …………………

…………………

12b **Eine Entschuldigung schreiben. Ordnen Sie die Textteile.**

☐ Mit freundlichen Grüßen
☐ Sehr geehrte Frau Kelderer,
☐ Bitte entschuldigen Sie das Fehlen von Sarafina.
☐ Wien, 3.3.2017
☐ M. Lutter
☐ Sarafina ist heute leider krank und kann nicht in die Schule kommen. Sie hat Fieber.

12c **Schreiben Sie eine Entschuldigung in Ihr Heft.**

Ihr Sohn Luca hat Kopfschmerzen. Seine Lehrerin heißt Sabine Linhuber.

13 **Mein Kind ist krank. Was passt zusammen? Ergänzen Sie die Verben.**

messen • vorlesen • geben • kochen • schreiben • anrufen

1 ☐ Fieber ....
2 ☐ Tee ....
3 ☐ Medikamente ....
4 ☐ ein Buch ....
5 ☐ den Arzt ....
6 ☐ eine Entschuldigung ....

2.04 **14** **Frau Lutter erzählt. Was macht sie? Hören Sie und kreuzen Sie in 13 an.**

15 **Ihre Tochter/Ihr Sohn ist krank. Was machen Sie? Schreiben Sie Sätze.**

....

....

D Im Spital

16 **Personalpronomen im Akkusativ. Ergänzen Sie.**

	Der Arzt untersucht		Der Arzt untersucht
Ich bin krank.	*mich*	Wir sind krank.	....
Du bist krank.	....	Ihr seid krank.	....
Der Mann ist krank.	....	Die Kinder sind krank.	....
Das Baby ist krank.	....	Sind Sie auch krank?	....
Die Frau ist krank.	....		

17 **Formell oder informell? Was ist falsch? Streichen Sie.**

1 Hallo, Ela, soll ich Sie | dich morgen abholen?
2 Frau und Herr Sauter, soll ich Sie | euch morgen anrufen?
3 Bitte sprecht etwas lauter. Ich kann Sie | euch nicht verstehen.

18 Brauchst du …? Ergänzen Sie die Personalpronomen im Akkusativ.

Frau Stein ruft Herrn Stein im Spital an und fragt:

1 • Brauchst du deine Uhr? • Ja, ich brauche sie.

2 • Brauchst du deine Brille? • Ja, du findest .... in meiner Tasche.

3 • Brauchst du deinen Laptop? • Nein, ich brauche .... nicht.

4 • Soll ich deine Bücher mitbringen? • Ja, ich möchte .... gerne lesen.

5 • Soll ich deinen Vater anrufen? • Nein, ich rufe .... morgen an.

19 Ergänzen Sie die Personalpronomen im Akkusativ.

1 Ihr seid in Österreich. Das ist toll. Bitte besucht .... doch einmal. (wir)

2 Wo ist Robert? Siehst du ....? (er)

3 Leider habe ich jetzt keine Zeit. Kann ich .... morgen anrufen? (du)

4 Es ist schon spät. Ich fahre .... nach Hause. (ihr)

5 Lukas und Marie sind bei Onkel Hans. Holst du .... ab? (sie)

6 • Holen Sie .... ab? (ich) • Ja, ich hole .... gleich ab. (Sie)

7 • Kennst du das Kind von den Nachbarn? • Nein, ich kenne .... nicht. (es)

20 Herr Luger ist krank. Schreiben Sie eine kleine Geschichte. Die Wörter helfen.

Halsschmerzen haben • besuchen • Tee trinken • untersuchen • Medikamente in der Apotheke holen • im Bett bleiben • zum Arzt gehen

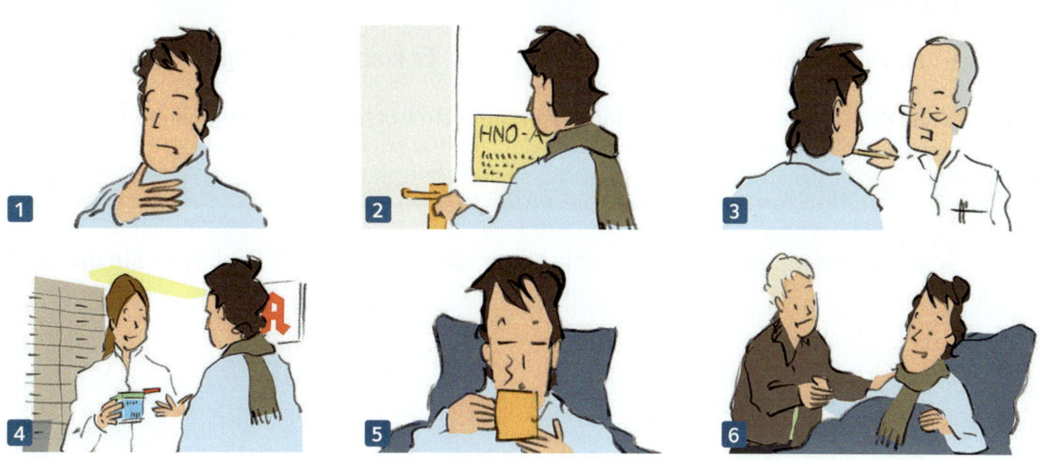

Herr Luger ist krank. Er hat ...

....

....

....

E 112 – Der Notruf

2.05

21 Ergänzen Sie die Wörter und kontrollieren Sie dann mit der CD.

Wo • Wie • Wann • Wie viele • Wie

1 • .... ist der Unfall? • In der Klostergasse, Hausnummer 27.

2 • .... heißen Sie? • Raman, Abdul Raman.

3 • .... Personen sind verletzt? • Ich glaube, drei.

4 • .... sind die Personen verletzt? • Ich weiß es nicht genau.

5 • .... kommt der Notarzt? • In fünf Minuten ist er da.

2.06

22 Ein Unfall. Ergänzen Sie den Dialog. Kontrollieren Sie dann mit der CD.

dringend • erklären • Notarzt • Unfall • verletzt • verletzt • warten

- Mein Name ist Carter. Hier gibt es einen ....
- Wo sind Sie?
- Ich bin in der Burgstraße, vor der Post.

- Wie viele Personen sind .... ?
- Zwei: Ein Mann und eine Frau.
- Wie sind die Personen .... ?
- Ich kann es nicht genau .... Bitte kommen Sie schnell.
  Es ist ....
- Ja, ich schicke den .... Er kommt in wenigen Minuten.
  Bitte .... Sie. Sagen Sie bitte noch einmal Ihren Namen.

23 Schreibtraining. Briefe korrekt schreiben. Groß oder klein? Ergänzen Sie die Buchstaben.

...ien, 20.04.2017

...ehr ...eehrter ...err ...ischer,

mein ...ohn Erkan ist leider ...rank. ...r hat ...alsschmerzen und kann nicht in die Schule ...ommen. ...itte entschuldigen ...ie das Fehlen von ...rkan.

...it ...reundlichen ...rüßen

Sevilay Ogur

Großschreibung
- Satzanfang
- formelle Formen (Sie, Ihnen, Ihre, ...)
- Nomen und Namen

24a **Lesen Sie den Zeitungsartikel. Unterstreichen Sie alles, was Sie verstehen.**

Gesundheitsmagazin 14

Gesund essen – fit bleiben

Fertigpizza, Hamburger, Chips, Süßigkeiten und süße Getränke machen uns dick und häufig auch krank. In Österreich haben über 59 % der Männer und 42 % der Frauen zu viel Gewicht. Auch 17 % der Kinder sind schon zu dick.

Was kann man tun?

Jeder und jede kann selbst etwas machen. Die Ärzte empfehlen, gesund zu essen und regelmäßig Sport zu treiben. Jeden Tag fünf Portionen Obst und Gemüse essen, wenig Fleisch und Süßigkeiten essen und viel Bewegung halten fit – bis ins hohe Alter. Und natürlich soll man nicht rauchen und nicht viel Alkohol trinken.

24b **Suchen Sie drei unbekannte Wörter im Wörterbuch und schreiben Sie sie auf Karten.**

24c **Lesen Sie den Text noch einmal. Kreuzen Sie an: Richtig oder falsch?**

	R	F
1 In Österreich sind 17 % der Menschen zu dick.	☐	☐
2 Die Ärzte sagen, man soll wenig essen.	☐	☐
3 Die Ärzte sagen, man soll Sport machen.	☐	☐
4 Die Ärzte sagen, man soll nicht rauchen.	☐	☐

2.07

25 **Für wen ist gesundes Essen wichtig? Hören Sie und kreuzen Sie an.**

	1	2	3	4
A wichtig	☐	☐	☐	☐
B nicht wichtig	☐	☐	☐	☐

Wichtige Wörter

Gute Besserung! ....
der Hausarzt, ¨-e ....
die Hausärztin, -nen ....
der Zahnarzt, ¨-e ....
die Zahnärztin, -nen ....
die Ordinationszeiten, Pl. ....
nach Vereinbarung ....
die Zahnschmerzen, Pl. ....
das Zahnweh, Sg. ....
die Halsschmerzen, Pl. ....
das Halsweh, Sg. ....
die Bauchschmerzen, Pl. ....
das Bauchweh, Sg. ....

A Ein Besuch beim Arzt

die Praxis, Praxen ....
am Apparat ....
am nächsten Montag ....
sagen ....
der Kopf, ¨-e ....
das Auge, -n ....
die Nase, -n ....
der Mund, ¨-er ....
das Ohr, -en ....
der Hals, ¨-e ....
das Bein, -e ....
der Fuß, ¨-e ....
der Arm, -e ....
der Finger, - ....
der Rücken, - ....
der Bauch, ¨-e ....

Was fehlt Ihnen? ....
erkältet/verkühlt sein ....
der Schnupfen, Sg. ....
der Husten, Sg. ....
weh|tun ....
das Fieber, Sg. ....
auf|machen ....
die Erkältung, -en ....
die Grippe, -n ....
die Kontrolle, -n ....
die Tablette, -n ....
sollen ....

B Gesundheit in Österreich

die Gesundheit, Sg. ....
die Krankenkasse, -n ....
regelmäßig ....
die Zahnkontrolle, -n ....
die e-card, -s ....
die Krankschreibung, -en ....
der/die Arbeitgeber/in, -/-nen ....
das Medikament, -e ....
geben ....
das Rezept, -e ....
die Apotheke, -n ....

C Mein Kind ist krank

krank ....
sofort ....
Fieber messen ....
die Entschuldigung, -en ....

Sehr geehrte Frau … / Sehr geehrter Herr … ....
Mit freundlichen Grüßen ....
der Unterricht, Sg. ....

D Im Spital

untersuchen ....
operieren ....
es geht mir besser ....

E 112 – Der Notruf

der Notruf, -e ....
der Notfall, ″-e ....
der Notarzt, ″-e ....
der Unfall, ″-e ....
Was ist passiert? ....
verletzt sein ....
dringend ....
die Minute, -n ....
die Ecke, -n ....
das Feuer, Sg. ....
die Feuerwehr, -en ....
der Krankenwagen, - ....
....
....

1 **Sammeln Sie Wörter zum Thema Gesundheit in Österreich.**

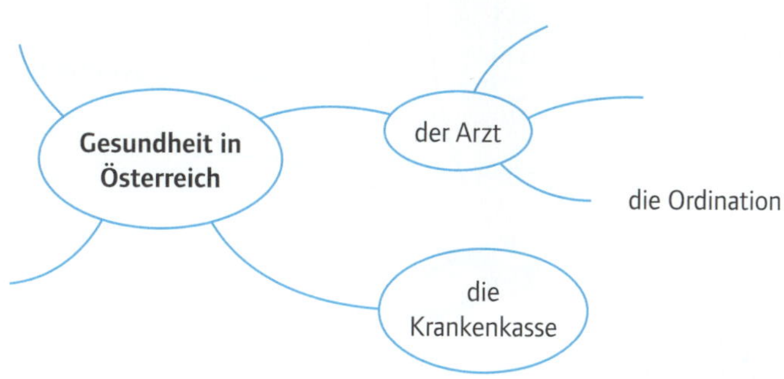

2 **Was passt? Ergänzen Sie.**

die Medikamente • die e-card • die Krankschreibung • das Rezept • die Entschuldigung

1 Das brauchen Sie beim Arzt: ....
2 Das bekommen Sie vom Arzt: ....
3 Das schreiben Sie, wenn Ihr Kind krank ist: ....
4 Das geben Sie dem Arbeitgeber: ....
5 Das bekommen Sie in der Apotheke: ....

2.08 **3** **Wörter hören und nachsprechen. Hören Sie zu und sprechen Sie nach.**

1 die Halsschmerzen – die Bauchschmerzen – die Kopfschmerzen
2 die Krankenkasse – die e-card – die Krankschreibung
3 die Apotheke – das Rezept – das Medikament – die Tablette

Wichtige Wörter

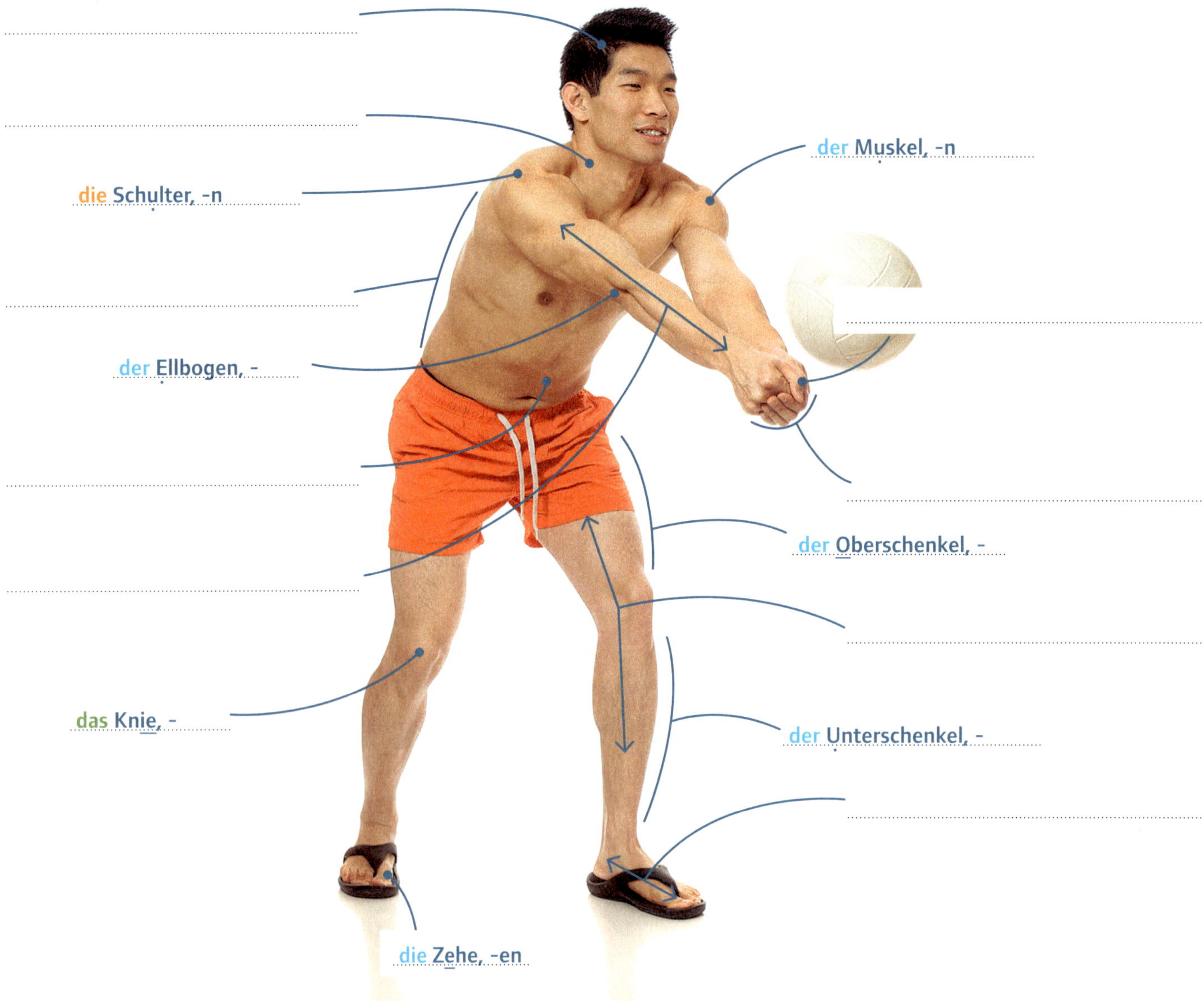

4 **Schreiben Sie die Körperteile mit Artikel und Plural.**

2.09 **5** **Hören Sie die neuen Wörter und sprechen Sie nach.**

2.10 **6** **Wortpaare. Was passt zusammen? Ergänzen Sie. Es gibt mehrere Möglichkeiten. Vergleichen Sie dann mit der CD.**

1 der Arm und *das Bein* ....
2 der Fuß und ....
3 der Rücken und ....
4 der Oberschenkel und ....
5 die Lippen und ....
6 der Finger und ....
7 die Wimpern und ....
8 die Wirbelsäule und ....

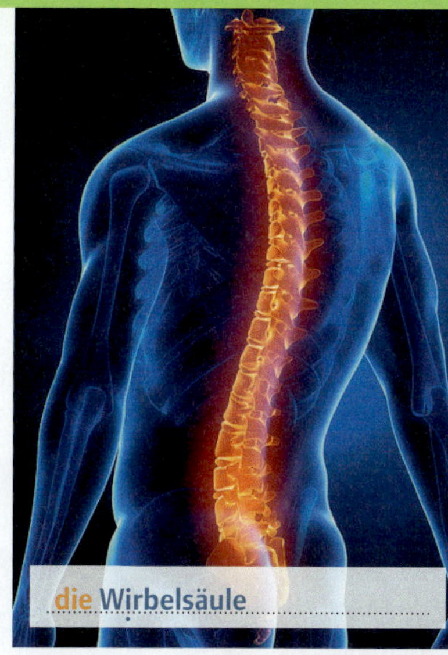

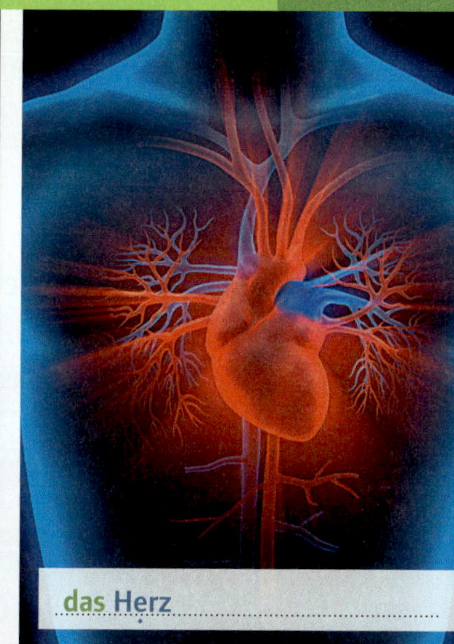

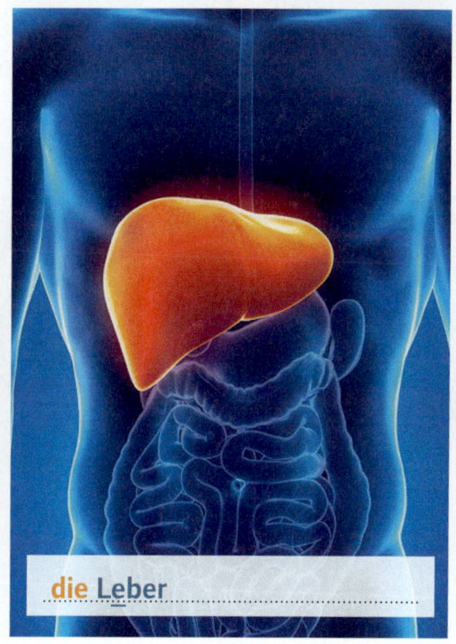

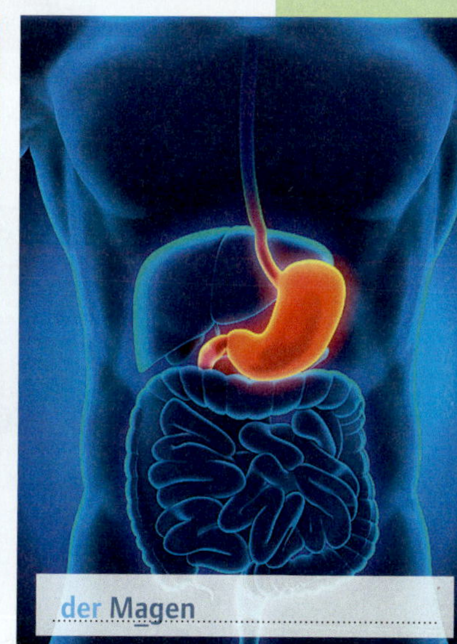

7 Welche Körperteile passen? Schreiben Sie.

hören: ....

sehen: ....

essen: ....

gehen: ....

Sport machen: ....

8 Welches Wort passt nicht? Streichen Sie das Wort.

1 der Finger – der Rücken – die Hand
2 die Schulter – die Zehe – der Rücken
3 der Ellbogen – der Kopf – der Arm
4 das Herz – die Augenbraue – die Lippe
5 die Leber – die Stirn – der Magen

9 Wege durch die Stadt

1a **Wie heißen die Verkehrsmittel? Schreiben Sie.**

das Fahrrad • der Bus • das Auto • der Zug • die Straßenbahn • die U-Bahn

1 ....

2 ....

3 ....

4 ....

5 ....

6 ....

2.11 **1b** **Welches Verkehrsmittel benutzen die Personen? Hören Sie und tragen Sie ein: P (Pedro), S (Susanne) oder MP (Magda und Pavel).**

2a ***Gehen, fahren* oder *fliegen*? Ergänzen Sie die Verben.**

1 Ich *fahre* mit dem Auto.
2 Wir .... immer zu Fuß.
3 Jasmin .... mit der U-Bahn.
4 Robert .... mit dem Zug.
5 Herr Smith nimmt oft das Flugzeug. Er .... oft nach London.
6 Wir .... mit dem Schiff.
7 Ich .... mit dem Fahrrad.

2b **Wie kommen Sie zu … / nach …? Schreiben Sie.**

1 Sie möchten einkaufen: *Ich fahre manchmal mit dem Fahrrad, manchmal …*

....

....

2 Sie möchten nach Paris fahren: ....

....

....

2.12 **3a** **Wie finden die Leute die Verkehrsmittel? Hören Sie und ergänzen Sie die Adjektive.**

billig • teuer • gesund • schnell • praktisch • bequem

1 Frau Dettinger findet das Fahrrad ...., ... und ....

2 Herr Scolari findet das Auto ...., aber auch sehr ....

3 Herr Alexandrov findet die U-Bahn ....

2.12 **3b** **Hören Sie noch einmal und kreuzen Sie an: Richtig oder falsch?**

	R	F
1 Familie Dettinger hat kein Auto.	☐	☐
2 Herr Dettinger fährt nur mit dem Fahrrad.	☐	☐
3 Herr Scolari benutzt sein Auto nur am Wochenende.	☐	☐
4 Familie Scolari macht die Ausflüge mit dem Zug.	☐	☐
5 Herr Alexandrov kann nicht Fahrrad fahren.	☐	☐
6 Herr Alexandrov fährt in der Stadt oft mit der U-Bahn.	☐	☐

A Der Weg in die Arbeit

2.13 **4** **Hören Sie und kreuzen Sie an: Was ist richtig? Hören Sie den Dialog zweimal.**

1 Wie lange braucht Frau Keintzel in die Arbeit?
- A ☐ Eine halbe Stunde.
- B ☐ Eine Viertelstunde.
- C ☐ Eine Stunde.

2 Wie kommt Frau Keintzel in die Arbeit?
- A ☐ Mit der U-Bahn.
- B ☐ Mit dem Auto.
- C ☐ Mit dem Zug.

3 Wo arbeitet Frau Keintzel?
- A ☐ In einem Museum.
- B ☐ In einer Schule am Bahnhof.
- C ☐ In einer Schule in Wien.

Linda Keintzel

5 ***Stunde* oder *Uhr*? Ergänzen Sie.**

1 • Wie spät ist es?
• Es ist drei ....

2 • Wie lange brauchst du in die Arbeit?
• Eine halbe ....

3 • Ist die .... neu?
• Ja, wie findest du sie?

4 • Wie lange haben wir Unterricht?
• Eine ....

6 **Wie kommen Sie zum Deutschkurs? Schreiben Sie.**

....

....

....

B In der Stadt

7 **Sie suchen … Schreiben Sie Sätze wie im Beispiel.**

1 *Entschuldigung, ich suche den Bahnhof.*
Entschuldigung, wie komme ich zum Bahnhof?

2 ....

....

3 ....

....

4 ....

....

8 **Ergänzen Sie den Dialog. Lesen Sie den Dialog dann laut.**

Vielen Dank. • Und wie muss ich fahren? • Entschuldigung, wie komme ich zum Hauptpostamt? • Also, die U4 Richtung Hütteldorf und dann vier Stationen.

- ....
- Das ist ganz einfach. Nehmen Sie die U-Bahn. Da vorne ist die U-Bahnstation.
- ....
- Nehmen Sie die Linie 4 Richtung Hütteldorf. Fahren Sie vier Stationen bis zum Schwedenplatz, da ist das Hauptpostamt.
- ....
- Ja, genau.
- ....

9 Wie komme ich zum Karlsplatz? Ergänzen Sie die Verben.

nehmen • umsteigen • sind • fahren • komme • nehmen • fahren

- Entschuldigung, wie .... ich zum Karlsplatz?
- .... Sie die U6 und .... Sie eine Station bis zur Längenfeldgasse. Dann müssen Sie .... Sie die U4 Richtung Heiligenstadt. .... Sie vier Stationen, dann .... Sie am Karlsplatz.

10 Lesen Sie die Dialoge und ergänzen Sie die Präpositionen und Artikel.

zum • zum • zur • zu • mit dem • mit dem • mit dem • mit dem • mit der • mit der

1 • Die Kinder müssen morgen um 15.30 Uhr .... Fußballtraining. Bringst du sie .... Auto?
  • Nein, ich habe keine Zeit, sie müssen .... U-Bahn fahren.

2 • Wie kommen Sie nach Prag? .... Zug?
  • Nein, ich fliege .... Flugzeug.

3 • Fährst du heute .... Bus .... Apotheke?
  • Nein, ich gehe .... Fuß.

4 • Fährst du auch .... Bahnhof?
  • Ja, klar. Wir können .... Straßenbahn fahren.

11 Was kann man hier machen? Schreiben Sie Sätze wie im Beispiel.

~~Filme sehen~~ • Fahrkarten kaufen • Brot und Semmeln kaufen • Medikamente kaufen • Lebensmittel einkaufen • Kaffee trinken • Geld wechseln

1 Kino: *Im Kino kann man Filme sehen.*
2 Bahnhof: ....
3 Apotheke: ....
4 Bank: ....
5 Bäckerei: ....
6 Supermarkt: ....
7 Café: ....

12 Wo ist die Fliege? Ergänzen Sie die Präposition und den Artikel.

1 *vor den* Augen — 2 ………… den Gläsern — 3 ………… Rücken — 4 ………… Fenster

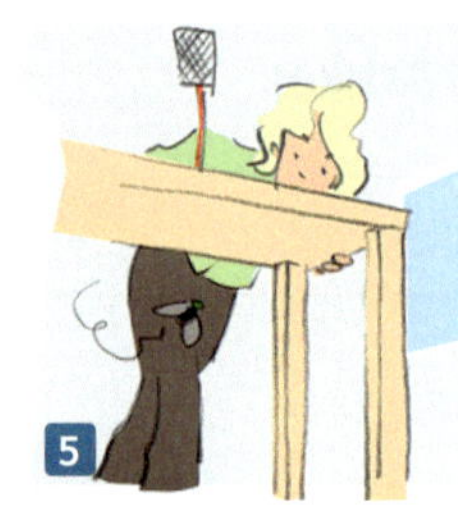

5 ………… Tisch — 6 ………… Tisch — 7 ………… Tisch — 8 ………… Suppe

13 Zwei Zimmer. Was ist anders? Finden Sie fünf Unterschiede und schreiben Sie Sätze.

1. Links ist die Blume auf dem Fauteuil. Rechts ist sie …

…………

…………

…………

…………

14 Auf der Straße. Ergänzen Sie die Präpositionen und Artikel.

auf dem • Auf der • an der • An der • im • Vor dem

1 ………… ………… Haltestelle warten viele Menschen. Der Bus kommt nicht.

2 Samstags sind viele Leute ………… ………… Markt.

3 ………… ………… Haus stehen viele Autos.

4 Ich war gestern mit Max ………… Kino.

5 ………… ………… Straße sind jetzt viele Autos. Sie müssen lange ………… ………… Ampel warten.

15 **Wegbeschreibung. Ergänzen Sie den Dialog.**

Also hier geradeaus und an der zweiten Kreuzung links. • Vielen Dank. • Entschuldigung, wie komme ich zum Bahnhof? • Nein, ich fahre mit dem Auto.

- ……………………………………………
- Zum Bahnhof? Hm … Gehen Sie zu Fuß?
- ……………………………………………
- Fahren Sie zuerst diese Straße geradeaus und an der zweiten Kreuzung links. Dann kommen Sie zum Bahnhof.
- ……………………………………………
- Genau, der Bahnhof ist dann rechts.
- ……………………………………………

2.14 **16** **Hören Sie den Dialog und zeichnen Sie den Weg in den Plan ein.**

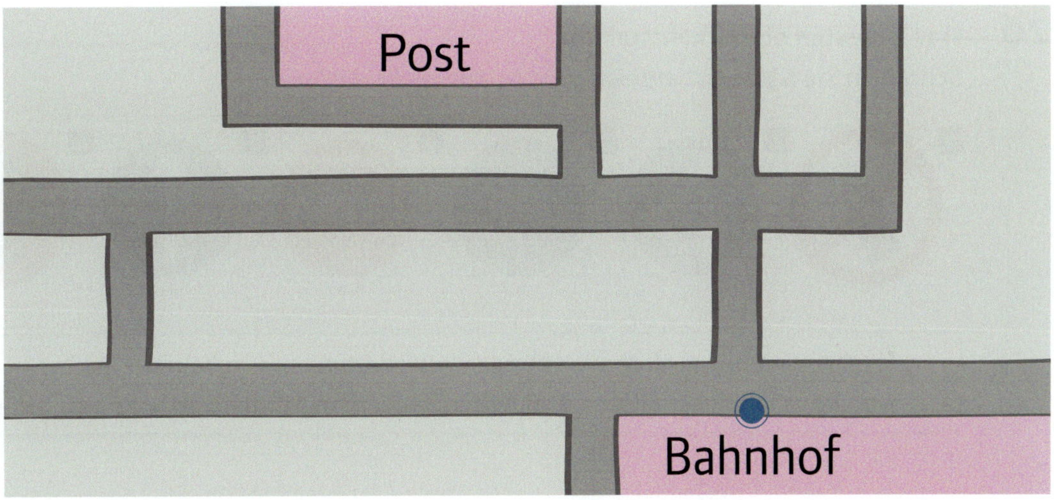

C Der Führerschein

17 **Wer darf zuerst fahren? Wer muss warten? Schreiben Sie.**

Das Auto ………………………………………

……………………………………………

……………………………………………

……………………………………………

18 *Müssen* und *dürfen*. Schreiben Sie die Sätze wie im Beispiel.

1 Das Auto – an der Ampel – muss – warten *Das Auto muss an der Ampel warten.*

2 Der Bus – darf – fahren – zuerst ....

3 fahren – Dann – darf – das Fahrrad ....

4 nach rechts – abbiegen – Das Auto – muss ....

19 Lesen Sie die Dialoge und ergänzen Sie *müssen* und *dürfen*.

1 • Papa, ... wir fernsehen? • Ihr .... zuerst Hausaufgaben machen, dann .... ihr eine Stunde fernsehen.

2 • Mama, ... Paul am Wochenende hier schlafen? • Ja, aber du .... dein Zimmer aufräumen.

3 • .... ich spielen? • Ja, aber zuerst .... du zu Mittag essen.

20 Was bedeuten die Verkehrstafeln?
Schreiben Sie Sätze mit *müssen*, *dürfen* und *nicht dürfen*.

telefonieren • nach rechts abbiegen • weiterfahren • anhalten • parken • geradeaus fahren • mit dem Rad fahren • mit dem Auto fahren • zu Fuß gehen

Bei Nummer 1 darf man nicht …

21 Schreibtraining. Ergänzen Sie die Verben an der richtigen Position. Schreiben Sie dann den Text noch einmal in Ihr Heft.

brauche • gehe • nehme • fahre • ~~ist~~ • nehme • muss • steige

Fehler +++ Fehler +++ Fehler

Mein Weg in die Arbeit *ist* weit. Ich erst zwanzig Minuten zu Fuß. Dann ich die S-Bahn. Ich 50 Minuten mit der S-Bahn. Am Bahnhof ich aus. Dort ich die U-Bahn und ich auch noch einmal 20 Minuten mit der U-Bahn fahren. Manchmal ich zwei Stunden.

22a Lesen Sie den Fahrplan und ordnen Sie die Erklärungen zu.

A Man kann im Zug sein Fahrrad mitnehmen. • **B** Von Montag bis Samstag • **C** Der Zug fährt nicht jeden Tag. • ~~**D** Am Sonntag und an Feiertagen~~ • **E** Man kann im Zug Getränke bekommen. • **F** Es gibt einen Raum für Babys (Stillabteil)

1 D
2 ☐
3 ☐
4 ☐
5 ☐
6 ☐

8:39 †	***REX*** 3013 🚲	Seekirchen am Wallersee 8:51 – Steindorf bei Straßwalchen 9:02 – Straßwalchen 9:08 – Vöcklabruck 9:48 – Attnang-Puchheim 9:53 – Wels Hbf 10:35 – Linz Hbf 11:00
8:42 tgl	***S3*** 5061 🚲	"alpendorf.com" Salzburg Taxham Europark 8:50 – Freilassing 8:54
8:49)	***S3*** 5852 🚲	Hallein 9:14 – Golling-Abtenau 9:27) an ⚒, am 8.Dez.
8:57 tgl	***RB*** 27084 🚲	Freilassing 9:05 – Mühldorf (Oberbay) 10:14 – Landshut (Bayern) Hbf 11:21
9:01 tgl	***railjet*** 61	Linz Hbf 10:09 – Wien Westbahnhof 11:44 – Wien Meidling 12:07 – Budapest-Keleti pu. 14:49
9:02 tgl	***railjet*** 260	München Hbf 10:30
9:06 tgl	***railjet*** 660	"Powered by VAMED Vitality World" Wörgl Hbf 10:26 – Innsbruck Hbf 10:59 – Landeck-Zams 11:48
9:09 tgl	***RE*** 79018 🚲	Freilassing 9:17 – Rosenheim 10:28 – München Hbf 11:11
9:10 tgl	***ÖBB*** 2376 ***IC*** 861 🚲	🍸✕🍼♿ Vöcklabruck 9:51 – Attnang-Puchheim 9:57 – Wels Hbf 10:14 – Linz Hbf 10:28 – Wien Westbahnhof 12:18
9:10 tgl	***REX*** 1504 🚲	Hallein 9:25 – Golling-Abtenau 9:33 – Bischofshofen 9:54 – Schwarzach-St. Veit 10:10 – Zell am See 10:46 – Saalfelden 10:56 – Wörgl Hbf 12:23
9:12 tgl	***S3*** 5853 🚲	Salzburg Taxham Europark 9:20 – Freilassing 9:24 – Bad Reichenhall 9:45

22b Suchen Sie im Fahrplan einen passenden Zug für die Personen. Ergänzen Sie.

1 Frau Morhino möchte nach Wels fahren. Es ist Sonntag acht Uhr.
Sie kann den Zug um .... nehmen.

2 Herr Wang möchte nach Linz fahren. Es ist Montag, Viertel nach acht. Er kann den Zug um .... nehmen.

3 Fabian und Pavel machen eine Fahrradtour. Sie möchten mit Fahrrädern nach Zell am See fahren. Es ist Samstag, kurz vor neun. Sie können den Zug um .... nehmen.

9 Wichtige Wörter

der Weg, -e

die Stadt, ¨-e

der Bus, -se

die Straßenbahn, -en

die U-Bahn, -en

die S-Bahn, -en

der Zug, ¨-e

das Schiff, -e

das Motorrad, ¨-er

das Flugzeug, -e

der/die Fußgänger/in, -/-nen

fahren

fliegen

zu Fuß gehen

teuer

schnell

praktisch

A Der Weg in die Arbeit

in der Früh

das Schwimmbad, ¨-er

das Rathaus, ¨-er

die Bibliothek, -en

B In der Stadt

der Hauptbahnhof, ¨-e

weit

die U-Bahn-Station, -en

die Linie, -n

die Richtung, -en

der Zoo, -s

die Station, -en

um|steigen

der Flughafen, ¨-

die Stadtmitte, Sg.

die Haltestelle, -n

die Monatskarte, -n

das Café, -s

der Platz, ¨-e

der Baum, ¨-e

der Spielplatz, ¨-e

die Bank, ¨-e

der Hund, -e

in

an

auf

unter

über

vor

hinter

neben

zwischen

die Ampel, -n

parken

der Parkplatz, ¨-e

der Park, -s

der Fluss, ¨-e

(nach) links

(nach) rechts

geradeaus

die Kreuzung, -en

auf der linken Seite

gegenüber ....

in der Nähe ....

C Der Führerschein

der Führerschein, -e ....

die Führerscheinprüfung, -en ....

an|erkennen ....

dürfen ....

Vorrang haben ....

die Vorrangtafel, -n ....

der Lkw, -s ....

der Gehsteig, -e ....

die Verkehrstafel, -n ....

an|halten ....

ab|biegen ....

hupen ....

weiter|fahren ....

blinken ....

Vorrang achten ....

1 Was passt zusammen? Ordnen Sie zu.

1 anhalten	**A** schnell fahren
2 rechts abbiegen	**B** die Stopptafel
3 abbiegen	**C** weiterfahren
4 langsam fahren	**D** geradeaus fahren
5 die Vorrangtafel	**E** links abbiegen

2 Welche Präposition passt? Ergänzen Sie.

....

....

3 Wörter hören und nachsprechen. Hören Sie zu und sprechen Sie nach.

2.15

1 nach links – nach rechts – geradeaus – in der Nähe – gegenüber

2 die Haltestelle – die Station – der Hauptbahnhof – der Flughafen

3 das Rathaus – die Bibliothek – der Parkplatz – das Schwimmbad

9 Wichtige Wörter

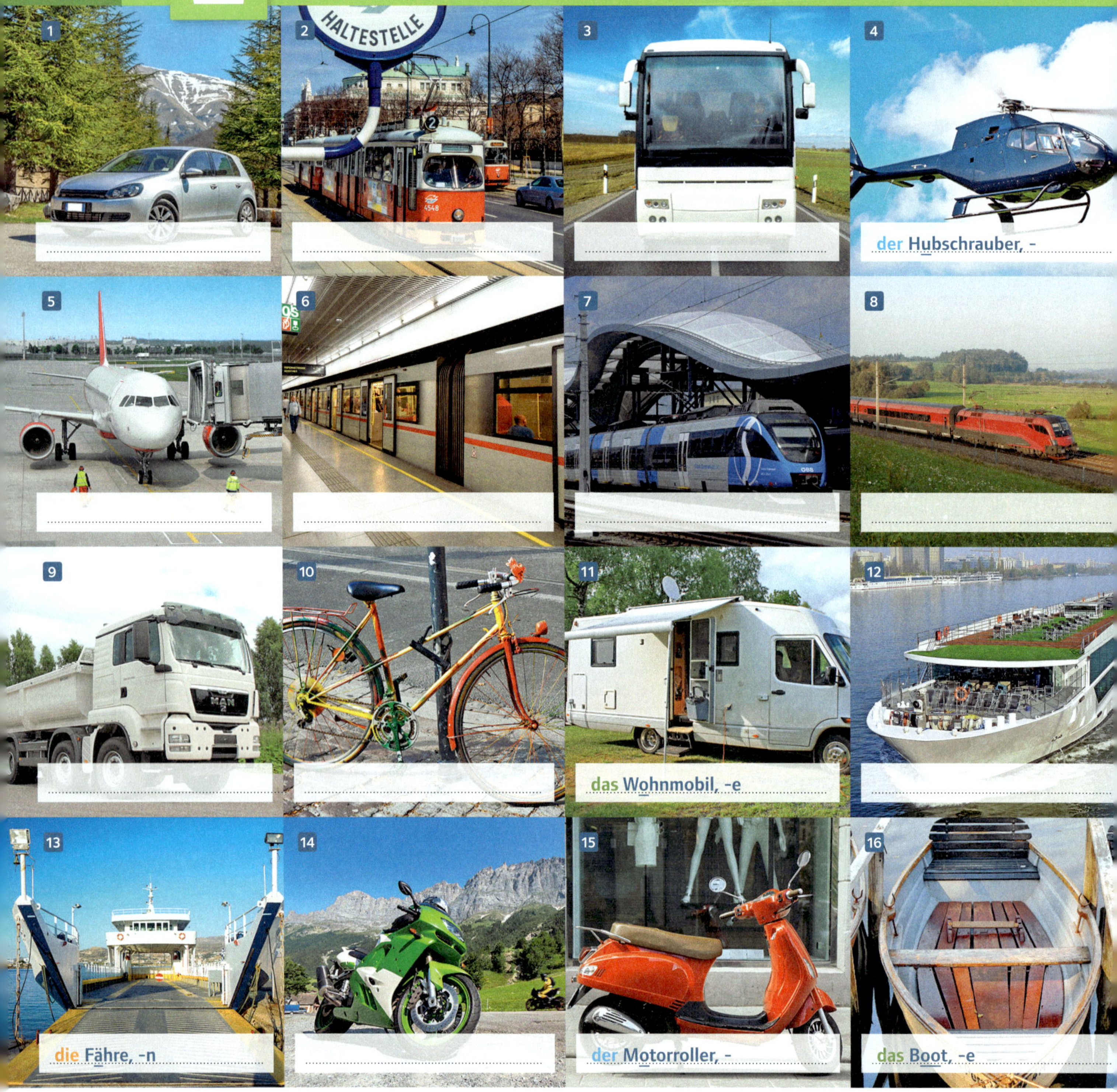

4 Ergänzen Sie die Verkehrsmittel mit Artikel und Plural.

5 Hören Sie die neuen Wörter und sprechen Sie nach. (2.16)

6 Welches Wort passt nicht? Streichen Sie das Wort.

1 das Boot – die Fähre – das Fahrrad
2 der Lkw – der Zug – das Auto
3 das Flugzeug – der Motorroller – der Hubschrauber

der Hafen, ¨-

....

die Straßenbahnhaltestelle, -n

der Campingplatz, ¨-e

der Busbahnhof, ¨-e

....

7 **Ihre Wege. Schreiben Sie Sätze wie im Beispiel.**

zum Hafen • zur Haltestelle • zum Bahnhof • zum Busbahnhof • zum Flughafen • zur U-Bahnstation …

Ich gehe zu Fuß zum Bahnhof und fahre mit dem Zug nach …

2.17 **8a** **Hören Sie das Interview. Wie oft benutzt Frau Haidiri die Verkehrsmittel? Ergänzen Sie.**

täglich	oft	manchmal	selten	nie

2.17 **8b** **Welche Verkehrsmittel benutzt Frau Haidiri? Hören Sie noch einmal und notieren Sie.**

Arbeit: … *Einkäufe: …* *Ausflüge: …* *Eltern besuchen: …*

10 Mein Leben

1a **Silbenrätsel. Welche Wörter fehlen? Ergänzen Sie die Sätze.**

Füh • den • dig • ge • hei • le • ra • rer • schie • schein • tet • ver

1 Frau Dorsová lebt allein und ist nicht verheiratet. Sie ist ……………………….

2 Ihr Bruder ist nicht mehr verheiratet. Er ist jetzt ……………………….

3 Johanna hat einen Mann. Sie ist ……………………….

4 Sie darf mit dem Auto fahren. Sie hat einen ……………………….

1b **Fragen an Juan Rodríguez. Schreiben Sie die Fragen in der *Sie*- und *Du*-Form.**

1 ………………………… Nein, ich bin ledig.

…………………………

2 ………………………… Nein, mein Bruder ist geschieden.

…………………………

3 ………………………… Ja, ich habe einen Führerschein.

…………………………

4 ………………………… Nein, ich wohne in einer Kleinstadt.

…………………………

Juan Rodríguez, 35 Jahre

2 **Früher und heute. Ergänzen Sie das Präteritum von *haben* und *sein*.**

Esra Marzouki, 28 Jahre

Früher ……………… Esra in Tunesien. Jetzt ist sie in Österreich. Sie wohnt in St. Pölten.

Früher ……………… sie ein Kind. Heute hat sie zwei Kinder.

In Tunesien ……………… sie keine Arbeit. Heute hat sie Arbeit, sie arbeitet als Buchhalterin.

Früher ……………… sie oft im Kino. Heute ist sie am Abend meistens zu Hause.

3 **Und Sie? Schreiben Sie Sätze wie in 2.**

Früher war ich … ……………………………

Heute … ……………………………

……………………………

A Gestern und heute

4a **Familie Oliveira. Ordnen Sie zu.**

A Mittagessen machen • **B** mit den Kindern spielen • **C** Musik hören •
D ein Bild malen • **E** die Wohnung aufräumen • **F** im Supermarkt einkaufen

4b **Schreiben Sie Sätze zu den Bildern.**

1 *Herr Oliveira räumt die Wohnung auf.* ……
2 ……
3 ……
4 ……
5 ……
6 ……

2.18 **4c** **Schreiben Sie die Sätze im Perfekt. Kontrollieren Sie mit der CD und sprechen Sie nach.**

gehört • aufgeräumt • gemalt • gespielt • gemacht • eingekauft

1	*Er*	*hat*	*die Wohnung*	*aufgeräumt.*
2				
3				
4				
5				
6				

5 Verben. Ergänzen Sie das Partizip.

machen	....	arbeiten	....	lernen	....
suchen	....	abholen	....	träumen	....
reden	....	kochen	....	einkaufen	....

6a Schreiben Sie Fragen und Antworten.

Fragen:

1 am Sonntag – Was – gemacht – Sie – haben – ?
2 heute schon – du – Hast – eingekauft – ?
3 Wann – gemacht – du – hast – den Kuchen – ?
4 gestern – sie – hat – Wie lange – gearbeitet – ?

1	Was	haben	Sie am Sonntag	gemacht?
2	....	....	....	....
3	....	....	....	....
4	....	....	....	....

Antworten:

A Nein, ich – Geld von der Bank – geholt – habe – .
B Musik – gehört – habe – Ich – .
C gestern bis 23 Uhr – Sie – hat – gearbeitet – .
D gemacht – Ich – habe – ihn heute vor der Arbeit – .

A	Nein, ich	habe	Geld von der Bank	geholt.
B	....	....	....	....
C	....	....	....	....
D	....	....	....	....

2.19

6b Ordnen Sie Fragen und Antworten zu. Kontrollieren Sie dann mit der CD.

1 ☐ 2 ☐ 3 ☐ 4 ☐

7 Schreiben Sie Sätze und markieren Sie die Verben wie im Beispiel.

1 Sylvia hat Musik gehört. (gestern lange)

....

2 Tom hat die Kinder abgeholt. (am Nachmittag von der Schule)

....

3 Wir haben geredet. (vor zwei Tagen sehr lange mit dem Chef)

....

8 Was hat Enrico gestern gemacht? Schreiben Sie Sätze.

arbeiten	Deutsch lernen	Fußball spielen	Karten spielen

Am Vormittag	....	....	....
Am Nachmittag	....	....	....
Dann	....	....	....
Am Abend	....	....	....

B Unterwegs

9 *Ich habe* oder *ich bin*? Was passt? Ergänzen Sie.

1 .... heute Nacht gut geschlafen.

2 .... gestern schon früh eingeschlafen.

3 .... am Sonntag einen Film gesehen.

4 .... gestern nicht lange bei meinem Onkel geblieben.

5 .... am Wochenende nach Bregenz gefahren.

6 .... noch nicht gegessen.

7 .... am Sonntag einen Ausflug gemacht. .... nach Villach gefahren.

8 .... nach Wien mitgekommen.

10 Infinitiv und Partizip. Ergänzen Sie das Partizip und *haben* oder *sein*.

Infinitiv		Partizip
essen	*hat*	*gegessen*
bleiben	*ist*	*geblieben*
fahren		
gehen		
aufstehen		
aufräumen		
abholen		

Infinitiv		Partizip
trinken		
sehen		
schlafen		
lesen		
kommen		
mitkommen		
lernen		

11 *Haben* oder *sein*? Schreiben Sie Sätze im Perfekt.

1 Leila – gestern – nach Paris – fahren – .

Leila ist ...

2 Robert – nicht gut – schlafen – .

3 heute Morgen – er – früh – aufstehen – .

4 ihr – heute – mit dem Fahrrad – in die Arbeit – fahren – ?

5 wir – das Auto – nehmen – .

12 Lesen Sie das E-Mail und ergänzen Sie die Verben im Perfekt und *haben* oder *sein*.

sehen • arbeiten • kommen • essen • gehen • aufräumen • aufstehen • einkaufen

Von: danielle.moritani@xs4all.at

Hallo Marinela,
wie geht es dir? Mein Wochenende war toll! Am Freitag ………… ich lange ………… – bis 20 Uhr! Aber dann ………… Alexandra ………… und wir ………… in die Disko ………… . Am Samstag ………… ich erst um halb eins ………… und ………… dann schnell im Supermarkt ………… . Danach ………… ich eine Pizza ………… und die Wohnung ………… . Am Abend war ich auf der Geburtstagsparty von Sebastian. Und da ………… ich ihn …………: Simon: Groß, tanzt super und sieht toll aus. Heute Nachmittag gehen wir zusammen spazieren!
Morgen schreibe ich mehr. 🙂

Deine Danielle

13 Und Sie? Schreiben Sie mit den Verben je einen Satz im Perfekt.

1 einschlafen: Ich ...

2 schlafen:

3 aufstehen:

4 essen:

5 lesen:

6 gehen:

14 **Was haben Sie am Wochenende gemacht? Schreiben Sie einem Freund/einer Freundin ein E-Mail.**

Liebe/r ....,

....

....

....

....

Viele Grüße

....

C Mein Leben früher und heute

15a **Schreiben Sie Fragen zu Frau Tran.**

Name: Hung Tran
Heimatland: Vietnam
Beruf: Bankkauffrau
Familienstand: verheiratet
Kinder: 2
Hobby: schwimmen, kochen
In Österreich: seit 2014

Wie? | Woher? | Was? | Ist sie …? | Hat …? Wie viele? | Was? | Seit wann?

1 *Wie heißt sie?* ....
2 ....
3 ....
4 ....
5 ....
....
6 ....
7 ....

15b **Schreiben Sie einen Text über Frau Tran.**

Das ist Frau Tran. Ihr Vorname ist … ....

....

....

....

....

16 Wie heißen die Jahreszahlen? Ergänzen Sie.

1 siebzehnhundertzwölf ... 1712 ...
2 achtzehnhundertneunundneunzig ...
3 neunzehnhunderteinunddreißig ...
4 ... 2015
5 ... 2001
6 ... 1987

17 Hören Sie das Interview zweimal und ergänzen Sie die Jahreszahlen.

2.20

Pavel Kowalski

Herr Kowalski ist ... in Polen geboren. Er ist von ... bis ... in die Schule gegangen. Er hat ... geheiratet und ist ... nach Österreich gekommen.

In den Jahren ... und ... hat er Deutschkurse an einer Sprachschule gemacht. Bis ... war er Hausmeister in einer Schule in Bregenz. Seit ... lernt er den Beruf Altenpfleger.

18a Schreibtraining. Ergänzen Sie die Verben an der richtigen Position. Schreiben Sie den Text noch einmal in Ihr Heft.

haben • haben • haben • haben • haben • ~~sind~~ • sind • war • ist • war

Fehler +++ Fehler +++ Fehler

sind

Am Wochenende wir zusammen zu Freunden nach Wien gefahren. Das super! Am Samstagmorgen wir mit dem Bus eine Stadtrundfahrt gemacht. Danach wir im Restaurant gegessen und dann wir einen Kaffee getrunken. Am Nachmittag wir eingekauft und am Abend wir zusammen Essen gemacht und dann wir ins Kino gegangen. Der Film leider langweilig, aber Wien toll.

Liebe Grüße
Maria

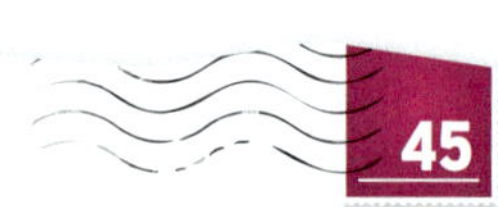

Beata Schneider
Sonnengasse 12
6800 Feldkirch

18b Kontrollieren Sie dann mit der CD. Hören Sie den Text noch einmal und sprechen Sie nach.

2.21

Ein Gespräch mit der Lehrerin in der Schule
Usha ist neu in Österreich. Sie muss jetzt in Österreich in die Schule gehen. Sie war in Indien in der 3. Klasse. Die Eltern haben einen Termin mit der Lehrerin.

2.22
19a Hören Sie das Gespräch und beantworten Sie die Fragen.

1 Wie alt ist Usha?
2 Hat sie früher Probleme in der Schule gehabt?
3 Welche Noten hat sie gehabt?
4 Wie gut kann Usha Deutsch?

1. Usha ist neun ...
2. ...

2.22
19b Hören Sie noch einmal. Was fragt die Lehrerin? Ergänzen Sie die Fragen.

	Das antworten die Eltern:
1 •	• Vor drei Jahren.
2 •	• Nein, sie ist gern in die Schule gegangen.
3 •	• Ja, sie hat schon Deutsch gelernt.
4 •	• Nein, sie kann nicht alles verstehen.

20a Lesen Sie den Flyer und beantworten Sie die Fragen.

1 Wer arbeitet im Verein *Gute Schüler*?
2 Wie wollen sie den Schülern helfen?

Verein *Gute Schüler*

Wer? Wir sind Pensionisten, pensionierte Lehrer und Lehrerinnen, Eltern und viele andere mehr.

Was? Wir wollen Schülern helfen. Ihre Kinder können mit uns Lesen, Schreiben und Rechnen üben.

Wann und wo? Mo.–Do.: 14 Uhr – 16 Uhr, Sigmund-Freud-Schule, Raum 216

Kontakt: E-Mail: guteschüler@web.at

Telefon: 0644 238 44 262

2.23
20b Hören Sie das Gespräch weiter. Die Lehrerin hat ein Angebot für Usha und ihre Eltern. Kreuzen Sie an: Was ist richtig?

1 Der Verein *Gute Schüler* hilft
A ☐ nur ausländischen Schülern.
B ☐ österreichischen und ausländischen Schülern.

2 Der Verein arbeitet „ehrenamtlich“. Das bedeutet:
A ☐ Die Mitarbeiter im Verein bekommen kein Geld.
B ☐ Das Angebot vom Verein ist nicht teuer.

Wichtige Wörter

früher ....

heute ....

verheiratet ....

ledig ....

geschieden ....

die Großstadt, ¨-e ....

die Kleinstadt, ¨-e ....

A Gestern und heute

träumen ....

reden ....

mit Freunden reden ....

Karten spielen ....

Sport machen ....

das Radio, -s ....

Radio hören ....

B Unterwegs

unterwegs ....

die Postkarte, -n ....

Liebe Claudia ....

Lieber John ....

Liebe Grüße ....

ein|schlafen ....

müde ....

auf|wachen ....

der Autoschlüssel, - ....

finden ....

C Mein Leben früher und heute

auf dem Land leben ....

in der Stadt leben ....

am Anfang ....

zuerst ....

zuletzt ....

seit ....

seit wann ...? ....

wie lange ...? ....

arm ....

schwer ....

das Taxiunternehmen, - ....

der/die Angestellte, -n/-n ....

wichtig ....

Perfekt – unregelmäßige Verben

trinken	–	ich habe getrunken
schlafen	–	ich habe geschlafen
sehen	–	ich habe gesehen
fern|sehen	–	ich habe ferngesehen
lesen	–	ich habe gelesen
essen	–	ich habe gegessen
gehen	–	ich bin gegangen
kommen	–	ich bin gekommen
fahren	–	ich bin gefahren
ein|schlafen	–	ich bin eingeschlafen
auf|wachen	–	ich bin aufgewacht
auf|stehen	–	ich bin aufgestanden
bleiben	–	ich bin geblieben

1a Perfekt. Schreiben Sie zu den Verben Sätze im Präsens und Perfekt auf Karten.

arbeiten • spielen • aufräumen • fahren • gehen • einkaufen • träumen • kochen • machen • reden • abholen • hören • lernen • aufstehen • trinken • essen • schlafen • bleiben • sehen • lesen

lernen
Ich lerne Deutsch.

lernen
Ich habe Deutsch gelernt.

trinken
Ich trinke einen Tee.

trinken
Ich habe einen Tee getrunken.

Lerntipp
Lernen Sie das Perfekt im Satz. Schreiben Sie Infinitive und Sätze im Präsens und Perfekt auf Karten.

1b Was haben Sie letztes Wochenende gemacht? Schreiben Sie einen kleinen Text im Perfekt mit den Verben aus 1a.

Am Samstag bin ich um ... Uhr aufgestanden. Dann ...

2a Was passt? Orden Sie zu. Es gibt mehrere Möglichkeiten.

1	Deutsch	**A**	☐ hören
2	Radio	**B**	☐ lernen
3	Karten	**C**	☐ spielen
4	mit Freunden	**D**	☐ trinken
5	am Computer	**E**	☐ leben
6	Sport	**F**	☐ machen
7	in der Stadt	**G**	☐ reden
8	einen Kaffee	**H**	☐ arbeiten

2b Wie heißen die Wörter? Schreiben Sie die Wörter mit Artikel.

Taxi • Groß • Post • Auto • karte • schlüssel • unternehmen • stadt

1 ....

3 ....

2 ....

4 ....

2.24

3 Wörter hören und nachsprechen. Hören Sie zu und sprechen Sie nach.

1 ledig – verheiratet – geschieden
2 in der Großstadt leben – in der Kleinstadt leben – auf dem Land leben
3 seit wann? – seit 1998 – seit 2009 – seit 2016

10 Wichtige Wörter

in Wien ankommen

einen Spaziergang zum Schloss Belvedere machen

das Burgtheater sehen

eine Stadtrundfahrt machen

in ein Konzert gehen

einen Kaffee trinken

2.25

4a **Eine Wochenendreise nach Wien. Was haben Fatima und Simon gemacht? Hören Sie und bringen Sie die Fotos auf Seite 126 und 127 in die richtige Reihenfolge.**

4b **Was haben sie gemacht? Schreiben Sie die Geschichte.**

ankommen – sind angekommen • wohnen – haben gewohnt • (den Bus) nehmen – haben (den Bus) genommen • (eine Stadtrundfahrt) machen – haben (eine Stadtrundfahrt) gemacht • fahren – sind gefahren • sehen – haben gesehen • trinken – haben getrunken • gehen – sind gegangen • (spät) aufstehen – sind (spät) aufgestanden • sitzen – sind gesessen • (einen Spaziergang) machen – haben (einen Spaziergang) gemacht • essen – haben gegessen

den Donauturm sehen

in einem Hotel wohnen

in den Prater gehen

auf dem Balkon sitzen

den Stephansdom sehen

in einem Restaurant essen

Am Freitagabend sind Fatima und Simon in Wien angekommen.

....

....

....

....

....

....

....

2.25 **4c** **Hören Sie die Geschichte noch einmal und vergleichen Sie Ihren Text mit der CD.**

11 Ämter und Behörden

1a **Wie heißen die fünf Ämter? Ordnen Sie zu und schreiben Sie die Wörter mit Artikel.**

☐ 

☐ 

☐ 

☐ 

☐ 

1 .... Arbeits..

2 .... Mel..

3 .... Kfz-..stelle

4 .... Fin..

5 .... Stan..

1b **Was kann man wo machen? Schreiben Sie Sätze wie im Beispiel.**

1 sich anmelden

Beim Meldeservice kann man sich anmelden.

2 Familienbeihilfe beantragen

....

3 eine Berufsberatung bekommen

....

4 heiraten

....

5 ein Auto anmelden und abmelden

....

2 **Welche Verben passen? Kreuzen Sie an.**

	anmelden	abmelden	beantragen	bekommen
Familienbeihilfe	☐	☐	☐	☐
eine Berufsberatung	☐	☐	☐	☐
ein Auto	☐	☐	☐	☐
einen Termin	☐	☐	☐	☐

A Beim Meldeservice

3a **Ein Formular ausfüllen. Was ist falsch? Markieren Sie wie im Beispiel.**

MELDEZETTEL					
Anmeldung der Unterkunft in			**Abmeldung der Unterkunft in**		
am: *Schwaz Haus und Wohnung*			Straße, Hausnr., Stiege, Tür Nr. *Kapfweg 17, Stiege 1, Tür Nr. 2*		
Straße, Hausnr., Stiege, Tür Nr. *Husslstraße 12, Stiege 2, Tür Nr. 1*			Ort, Bundesland *6410 Telfs, Tirol*		
Ort, Bundesland *29.07.81*					
Vermieter *01.05.2017*					
Ist diese Unterkunft Hauptwohnsitz?	ja	*X*	nein		
Familienname *Selmi*	Vorname *Gabes, Tunesien*		männl.	*X*	Geburtsdatum *6130 Schwaz, Tirol*
			weibl.		
Geburtsort; Bundesland, Staat *Albert*	Personenstand *Tunesien*				Staatsangehörigkeit *ledig*

3b **Ergänzen Sie die Informationen aus 3a richtig.**

MELDEZETTEL					
Anmeldung der Unterkunft in			**Abmeldung der Unterkunft in**		
am:			Straße, Hausnr., Stiege, Tür Nr. *Kapfweg 17, Stiege 1, Tür Nr. 2*		
Straße, Hausnr., Stiege, Tür Nr. *Husslstraße 12, Stiege 2, Tür Nr. 1*			Ort, Bundesland *6410 Telfs, Tirol*		
Ort, Bundesland					
Vermieter *Schwaz Haus und Wohnung*					
Ist diese Unterkunft Hauptwohnsitz?	ja	*X*	Nebenwohnung		
Familienname *Selmi*	Vorname		männl.	*X*	Geburtsdatum
			weibl.		
Geburtsort; Bundesland, Staat	Personenstand				Staatsangehörigkeit

4 **Wann hat … Geburtstag? Schreiben Sie.**

1 Janka: am ersten Ersten *am 1.1.*
2 Martin: am dritten Zweiten ....
3 Tim: am vierten Dritten ....
4 Sonja: am fünften Vierten ....
5 Sarah: am neunten Fünften ....
6 Alois: am zehnten Sechsten ....
7 Julia: am elften Siebten ....
8 Oskar: am zwölften Achten ....
9 Frank: am zwanzigsten Neunten ....
10 Lana: am einundzwanzigsten Zehnten ....
11 Paul: am neunundzwanzigsten Elften ....
12 Lin: am dreißigsten Zwölften ....

5 Jahreszahlen. Schreiben Sie die Zahlen in Ihr Heft.

1 neunzehn(hundert)fünfundsiebzig
2 neunzehn(hundert)einundneunzig
3 zweitausendvier
4 zweitausendfünfzehn
5 2019
6 1873
7 2011
8 1986

1. 1975
5. zweitausend...

6 Hören Sie das Interview und ergänzen Sie das Datum.

2.26

1 Stefan Riegler ist am 14.5.1977 geboren.
2 Seine Frau ist am .... geboren.
3 Stefan und Katrin sind am .... nach Graz gezogen.
4 Sie haben am .... geheiratet.
5 Ihr Sohn Tim ist am .... geboren.
6 Stefan hat am .... den Führerschein gemacht.
7 Er arbeitet seit dem .... als Taxifahrer.

Familie Riegler

7 Lesen Sie und füllen Sie das Formular aus.

Heute ist der siebzehnte November und Maja Grabowski möchte sich im Basketballverein in Dornbirn anmelden. Sie wohnt in Dornbirn, in der Forachstraße 29. Sie hat ein Konto bei der Raiffeisenbank. Sie ist am 24.10.1991 geboren. Sie möchte den Mitgliedsbeitrag alle drei Monate überweisen. Sie möchte sich heute anmelden.

Anmeldeformular Basketballverein Dornbirn

Name:
Vorname: Maja
Geburtsdatum:
Telefon: 05572/32169
Straße, Hausnummer: Forachstraße 29
Wohnort: 6850
Unterschrift: M. Grabowski

Monatsbeitrag:
15 € ☐ Kinder bis 12 Jahre 5 € ☐

Zahlungswunsch:
monatlich ☐ vierteljährlich ☐ halbjährlich ☐

Bankverbindung:
IBAN: AT07 7602 6000 0023 4914
Bank:
Datum:

B Einen Antrag stellen

8 ***Mein Zuhause GmbH*** **stellt sich vor. Lesen Sie die Internetseite und die Sätze. Kreuzen Sie an: Richtig oder falsch?**

		R	F
1	*Mein Zuhause GmbH* bietet teure Eigentumswohnungen an.	☐	☐
2	Bei der *Mein Zuhause GmbH* kann man ein Haus kaufen.	☐	☐
3	Bei der *Mein Zuhause GmbH* kann man keine Wohnungen mieten.	☐	☐
4	Die Formulare bekommt man mit der Post.	☐	☐

9a **Ergänzen Sie die Personalpronomen im Dativ.**

ich .... du .... wir .... ihr .... Sie ....

9b **Verben + Dativ. Ergänzen Sie die Personalpronomen im Dativ.**

1 Ich muss mein Fahrrad reparieren. Mein Bruder hilft ....

2 Frau Kolasinac, die Tasche ist doch schwer! Wir helfen ....

3 Was versteht ihr nicht? Kann ich .... helfen?

4 Musst du noch viel machen? Anna hilft .... doch gern.

5 Wir finden die Hausaufgaben schwer. Wer kann .... helfen?

6 Herr Schneider, Sie haben .... sehr geholfen. Wir danken ....

7 • David, gehört das Buch ....? • Nein, es gehört .... nicht.

8 • Laura und Anja, hat Tom .... das Geld gegeben? • Ja, er hat es .... heute gegeben.

10 Formell oder informell? Ordnen Sie die Sätze zu und ergänzen Sie.

1 • Gehört .... die Haube? • Ja, kannst du mir die Haube geben?

2 • Guten Tag, Herr Schmid, kann ich .... helfen? • Oh, sehr freundlich, Laura. Ich danke ....

3 • Hallo, Frau Bachmann. Wie geht es .... ? • Na ja, es geht. Und ...., Frau Groß?

4 • Hallo Tim und Pia, wie geht es .... ? • Danke, es geht .... sehr gut.

C Können Sie mir helfen?

2.27

11 Textkaraoke. Hören, lesen und sprechen Sie die 👄-Rolle im Dialog.

👄 Entschuldigung, können Sie mir helfen?

👂 …

👄 Ich habe hier ein Formular und verstehe das Wort *berufstätig* nicht.

👂 …

👄 Ja, ich bin Verkäufer.

👂 …

👄 Ah, okay, vielen Dank.

2.28

12 Ordnen Sie den Dialog. Kontrollieren Sie dann mit der CD.

☐ Ja, natürlich.
☐ 1 Darf ich Sie etwas fragen?
☐ Die Kursgebühr ist das Geld für den Kurs.
☐ Ich möchte hier an der Sprachschule einen Deutschkurs machen.
☐ Gerne. Es gibt noch viele freie Plätze.
☐ Super. Aber ich habe eine Frage. Ich verstehe das Wort *Kursgebühr* nicht.
☐ Ach so, vielen Dank.

13 Welche Antwort passt? Kreuzen Sie an.

1 Ich habe eine Frage.
☐ **A** Danke, mir geht es gut.
☐ **B** Ja, bitte.
☐ **C** Vielen Dank.

2 Guten Tag, ich suche das Büro von Herrn König.
☐ **A** Das ist nicht Herr König.
☐ **B** Wo ist Herr König?
☐ **C** Herr König sitzt im ersten Stock, Zimmer 14.

3 Haben Sie einen Termin?
☐ **A** Ja, um 11.00 Uhr
☐ **B** Ja, gern.
☐ **C** Nein, danke.

4 Entschuldigung, wo bekomme ich eine Wartenummer?
☐ **A** Hier rechts an der Tür.
☐ **B** Ich warte schon lange.
☐ **C** Das ist eine Wartenummer.

D Was braucht man für …?

14 Artikel im Akkusativ. Ergänzen Sie die Endungen.

1 • Was braucht man für d........ Berufsberatung? • Man braucht ein........ Termin.

2 • Was braucht man für d........ Einkauf? • Man braucht ein........ Tasche.

3 • Was brauchst du für d........ Meldeservice? • Ich brauche d........ Pass.

4 • Was braucht man für d........ Deutschkurs? • Man braucht ein........ Buch.

15a Was brauchen Sie? Ordnen Sie die Fotos zu und schreiben Sie Sätze.

☐

☐

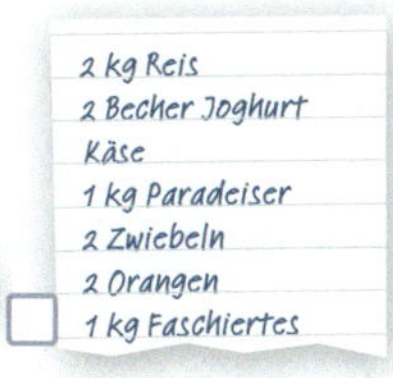

☐

☐

1 Hochzeit ....

2 Fest: ....

3 Arztbesuch: ....

4 Einkauf: ....

15b Ergänzen Sie die bestimmten und unbestimmten Artikel und schreiben Sie vier Sätze wie im Beispiel.

Für	d.......... Balkon d.......... Wohnzimmer d.......... Schlafzimmer d.......... Küche	brauche ich	Blumen ein.......... Herd ein.......... Sofa ein.......... Kommode ein .... Bett

Für den Balkon brauche ich ...

16 Lesen Sie die Dialoge und ergänzen Sie die Pronomen im Akkusativ.

1 • Frau Kubelka, ich habe ein Paket für ...., • Vielen Dank.

2 • Für wen ist die Pizza? • Die Pizza ist für ...., Pedro! • Für ....? Vielen Dank.

3 • Wo ist Lisa? Ich habe ein Buch für .... • Sie kommt gleich.

4 • Ist heute Post für .... gekommen? • Nein, Herr Lindemayr, für .... ist leider nichts gekommen.

17a Schreibtraining. Groß oder klein? Schreiben Sie die Wörter aus der Wortschlange in das Formular.

ANNARIEGELSCHLOSSSTRAßE5INNSBRUCKVERHEIRATETÖSTERREICH

Vorname	Familienname
Straße	Wohnort
Personenstand	Staatsangehörigkeit

2.29

17b Diktat. Hören Sie und schreiben Sie in Ihr Heft.

Heute geht Herr Gruber ...

Großschreibung
Groß schreibt man:
Satzanfang,
Namen und Nomen

18 **Das Magistratische Bezirksamt. Lesen Sie die Informationstafel und die Situationen. Wohin müssen die Personen gehen? Wann können sie hingehen? Ergänzen Sie.**

		Zimmer
3. Stock	Bezirksvorsteher, Sekretariat und Anmeldung	301
2. Stock	Standesamt, Sekretariat und Anmeldung	207
	Wohnungsamt	205 und 206
1. Stock	Passservice A-K	110 und 111
	Passservice L-Z	112 und 113
	Meldeservice A-K	102 und 103
	Meldeservice L-Z	104 und 105
	Wohnungsamt	205 und 206
Erdgeschoss	Stadtinformationszentrum	
	Fundamt	
	Sprachschule	07
	Anmeldung	06

Amtsstunden:

Mo	08.00–12.00 Uhr und 14.00–16.00 Uhr
Di	08.00–12.00 Uhr
Mi	08.00–12.00 Uhr
Do	08.00–12.00 Uhr und 14.00–19.00 Uhr
Fr	08.00–12.30 Uhr

Anmeldung Sprachschule:
Mo–Do 8.00–12.00 Uhr

1 Herr Polt braucht einen Pass. Er arbeitet von Montag bis Donnerstag von 8.00-17.00 Uhr.

Stockwerk: 1. Stock .... Zimmer: 112 oder 113 ....

Zeit: Donnerstag nach 17 Uhr oder Freitag 8–12.30 Uhr ....

2 Karin und Lukas Ebner sind neu in der Stadt. Sie haben nur am Freitag Zeit.

Stockwerk: 1. Stock .... Zimmer: ....

Zeit: ....

3 Herr Aigner möchte sich zu einem Spanischkurs anmelden. Er arbeitet von 8.00 bis 16.00 Uhr. Am Mittwoch hat er frei.

Stockwerk: .... Zimmer: ....

Zeit: ....

4 Beate Sommer und Martin Groß wollen heiraten. Sie arbeiten immer von 7.30 bis 16.30 Uhr.

Stockwerk: .... Zimmer: ....

Zeit: ....

11 Wichtige Wörter

das Amt, ″-er

die Amtsstunden, Pl.

die Behörde, -n

das Arbeitsmarktservice (AMS)

die Familienbeihilfe, -n

das Standesamt, ″-er

die Kfz-Zulassungsstelle,-n

der Warteraum, ″-e

heiraten

an|melden

ab|melden

beantragen

die Berufsberatung, -en

das Bürgeramt, ″-er

das Visum, Visa

verlängern

A Beim Meldeservice

das Meldeservice

der Ort, -e

das Geburtsdatum, -daten

der Geburtsort, -e

der Personenstand, Sg.

männlich

weiblich

berufstätig

die Staatsangehörigkeit, -en

geboren sein

das Datum, Daten

der Einzug, Sg.

die Hauptwohnung, Sg.

der/die Vermieter/in, -/-nen

mieten

um|ziehen

B Einen Antrag stellen

der Antrag, ″-e

einen Antrag stellen

die Eigentumswohnung, -en

gehören

wem gehört …?

ein Formular ausfüllen

verstehen

der/die Sachbearbeiter/in, -/-nen

der Tipp, -s

die Informationsbroschüre, -n

danken

nett

C Können Sie mir helfen?

Verzeihung

die Kursgebühr, -en

die Wartenummer, -n

der Eingang, ″-e

erklären

Herzlichen Dank!

D Was braucht man für …?

die Geburtsurkunde, -n

der Pass, ″-e

der Mietvertrag, ″-e

die Gehaltsabrechnung, -en	....	der Ring, -e ....
der Antrag auf Familienbeihilfe	....	das Fest, -e ....
der Arztbesuch, -e	....	....
die Hochzeit, -en	....	....

1 Auf dem Amt. Welche Verben passen? Ergänzen Sie.

1 Guten Tag, ich möchte einen Antrag .... (stellen/machen)

2 Kann ich hier Familienbeihilfe ....? (beantragen/bestellen)

3 Ich möchte meine Wohnung .... (anmelden/angeben)

4 Können Sie bitte das Formular ....? (einfüllen/ausfüllen)

5 Kann ich hier meinen Pass ....? (verlängern/anmelden)

Lerntipp
Lernen Sie Nomen und Verben immer zusammen.

2 Behördensprache. Schreiben Sie die Wörter in das Formular.

Familienname • Personenstand • ~~Vorname~~ • Straße und Hausnummer • Wohnort • Geburtsort • PLZ • Geburtsdatum • Staatsangehörigkeit

Anmeldebestätigung

....	*Vorname*	
Hadimitriou	*Georgios*	
....	....	....
Spechtgasse 7	*2340*	*Mödling*
....	....	....
23.7.1986	*Athen*	*Griechenland*

....	berufstätig		männl.	weibl.
verheiratet	Ja X	Nein ☐	X	☐

3 Wörter hören und nachsprechen. Hören Sie zu und sprechen Sie nach.

2.30

1 das Bürgeramt – das Wohnsitzfinanzamt – das Arbeitsmarktservice
2 der Geburtsort – das Geburtsdatum – der Personenstand – die Staatsangehörigkeit
3 der Mietvertrag – die Familienbeihilfe – die Kursgebühr

11 Wichtige Wörter

4 **Im Bezirksamt. Lesen Sie die Sätze A-I und die Sätze 1-9. Was passt? Ordnen Sie zu.**

1 Das war am 14. Oktober, also vor zehn Tagen.
2 Wartenummern finden Sie rechts am Eingang.
3 Sie ist in Zimmer 313.
4 Ich möchte den Französischkurs A2 machen
5 Wann und wo haben Sie Ihre Uhr verloren?
6 Ja natürlich, gerne.
7 Dann brauche ich Ihren Mietvertrag und eine Gehaltsabrechnung.
8 Einen Moment, die muss ich noch holen.
9 Wir haben noch am 21. oder 22. Dezember Termine frei. Passt Ihnen zum Beispiel der 22. Dezember um 11?

5 2.31-38 **Hören Sie die Minidialoge und kontrollieren Sie mit der CD.**

6 2.31-38 **Hören Sie die Dialoge noch einmal und sprechen Sie nach.**

7 **Spielen Sie Minidialoge.**

Station 3

1 Lesen Sie und ergänzen Sie in A–H.

✓ ✗

Ich kann auf Deutsch

☐ ☐ **A** Körperteile benennen.

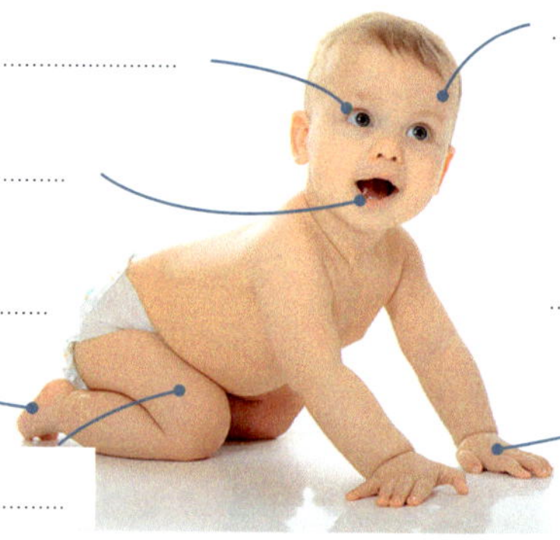

☐ ☐ **B** einen Termin machen.

- Ordination Dr. Hayek, Anne Koffler, grüß Gott.
- Guten Tag, mein .... ist Masetti. Ich hätte gern einen ....
- Ja, können Sie am Mittwoch um 15.30 Uhr?
- Nein, am Mittwoch .... ich nicht. Geht es vielleicht am Freitag?
- Ja, um 10 Uhr.
- Ja, das .... Vielen .... Auf ....

☐ ☐ **C** über Krankheiten sprechen.

- Wie geht es Ihnen?
- Danke, nicht so .... Mein Hals .... und ich habe ....

☐ ☐ **D** nach dem Weg fragen und den Weg beschreiben.

- Entschuldigung, wie .... ich zum Bahnhof?
- Gehen Sie .... und an der zweiten .... nach .... Dort ist der Bahnhof.
- Vielen Dank!

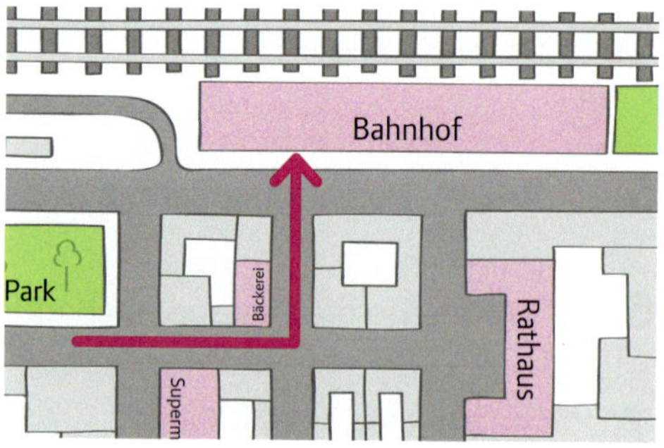

✓ ✗

E **über früher und heute sprechen.** ☐ ☐

bin • bin • habe ... gesprochen • war • wohne • habe ... gemacht

Antonia Souza erzählt:

Früher .... ich Lehrerin von Beruf. Heute .... ich Sekretärin bei Swarovski Optik. Ich .... seit 2010 in Österreich und ich .... seit 2011 in Absam. Am Anfang .... ich kein Deutsch .... Dann .... ich einen Deutschkurs ....

F **erzählen, was ich gestern / am Wochenende gemacht habe.** ☐ ☐

- Was haben Sie am Wochenende gemacht?
- Am Samstag .... ich Lebensmittel .... Am Abend .... wir einen Film im Kino .... Und am Sonntag .... wir nach Linz ....

G **Formulare mit Angaben zu meiner Person verstehen und ausfüllen.** ☐ ☐

Vorname	Familienname
Straße, Hausnummer, Stiege, Tür	**Ort, Bundesland**
Personenstand	**Staatsangehörigkeit**

H **um Hilfe bitten und sich dafür bedanken.** ☐ ☐

Verkäufer • Entschuldigung • danke • verstehe • helfen

- ...., können Sie mir ....? Ich .... das Wort *berufstätig* nicht.
- Haben Sie eine Arbeit?
- Ja, ich bin ....
- Dann sind Sie berufstätig.
- Ich .... Ihnen.

2 **Kontrollieren Sie mit den Lösungen und markieren Sie ✓ für *kann ich* und ✗ für *kann ich nicht so gut*.**

12 Im Kaufhaus

1 **Kleidung. Was ist das? Schreiben Sie die Wörter mit Artikel und Plural.**

2a **Singular oder Plural? Ergänzen Sie *gefallen* oder *gefällt*.**

1 Der Anzug auf Foto 1 .... mir überhaupt nicht. Er ist altmodisch.

2 Die Schuhe auf Foto 1 .... mir gut. Ich finde sie schick.

3 Die Jacke auf Foto 2 .... mir gut. Sie ist elegant.

4 Der Rock auf Foto 2 .... mir nicht so gut. Ich finde ihn langweilig.

2b **Wie finden Sie die Kleidung auf Foto 3? Schreiben Sie Sätze wie in 2a.**

Die Jean links gefällt mir ...

....

....

3 ***Mir, dir* oder *Ihnen*? Lesen Sie die Dialoge und ergänzen Sie die Sätze.**

1 • Anne, wie gefällt ...... das Kleid? • Hm, nicht so. Aber der Rock gefällt ...... gut.

2 • Grüß Gott, Frau Müller, wie geht es ......? • Danke, gut und ......?

3 • Können Sie ...... bitte helfen? • Ja, gern. • Ich danke ......

A Kleidung kaufen

4a Ergänzen Sie den Dialog.

Mein Sohn mag Grün nicht. • Elf Jahre. • Ja, die ist gut. Die nehme ich. • Ja, bitte. Ich suche eine Hose. Haben Sie Hosen für Buben?

- Grüß Gott, kann ich Ihnen helfen?
- ....
- Wie alt ist der Bub?
- ....
- Hosen für Buben sind hier. Wie gefällt Ihnen die grüne Hose?
- ....
- Dann vielleicht die graue Hose hier?
- ....

2.39

4b Ordnen Sie den Dialog. Kontrollieren Sie dann mit der CD.

- [ ] Ja, bitte. Ich suche einen Rock.
- [ ] Dann nehme ich die schwarzen Socken und den roten Rock.
- [ ] Ja, hier. Die schwarzen Socken sind im Angebot.
- [ ] Der ist nicht schlecht, den nehme ich. Haben Sie auch Socken?
- [1] Guten Tag, kann ich Ihnen helfen?
- [ ] Röcke haben wir hier. Wie finden Sie den roten Rock?

- *Guten Tag, kann ich Ihnen helfen?*
- ...

5 Im Kleidergeschäft. Ergänzen Sie den Dialog.

brauchen • suche • helfen • nehme • nehme • finden • anprobieren • gefällt

- Können Sie mir bitte ....?
- Ja, gern. Was .... Sie?
- Ich .... einen Pullover und einen Rock.
- Pullover sind hier. Wie .... Sie den roten Pullover?
- Super, der .... mir gut, den .... ich. Und kann ich den schwarzen Rock ....?
- Ja, natürlich. Hier ist die Umkleidekabine.
- Ja, der Rock ist gut. Den .... ich auch.

6 Nominativ und Akkusativ. Ergänzen Sie die Endungen.

	Nominativ	Akkusativ
1	Der blau....... Mantel gefällt mir gut.	Ich nehme den blau....... Mantel.
2	Das weiß....... Hemd ist elegant.	Ich möchte auch das weiß....... Hemd.
3	Die lang....... Hose ist bequem.	Ich finde die lang....... Hose gut.
4	Die schwarz-weiß....... Socken sind schick.	Ich nehme die schwarz-weiß....... Socken.

2.40

7 Ergänzen Sie die Endungen. Kontrollieren Sie dann mit der CD und sprechen Sie nach.

1 • Wir suchen ein Regal.
• Wie finden Sie das schwarz....... Regal?
• Das schwarz....... Regal finde ich gut. Aber das weiß....... ist auch nicht schlecht. Was kosten die Regale?
• Das schwarz....... Regal kostet 130 Euro und das weiß....... Regal kostet 122 Euro.
• Gut, dann nehme ich das weiß....... Regal.

2 • Grüß Gott, ich suche eine Lampe.
• Kommen Sie bitte mit. Lampen sind hier.
Wie finden Sie die klein....... Lampe hier?
• Ja, die klein....... Lampe ist praktisch.

3 • Entschuldigen Sie, ich brauche einen Tisch.
• Wie finden Sie den braun....... Tisch?
• Nein, ich suche einen Tisch für ein Kinderzimmer.
• Wie gefällt Ihnen der klein....... rot....... Tisch?
• Gut. Ja, ich nehme den klein....... Tisch.

4 • Und ich brauche auch noch Sessel.
• Sessel haben wir hier. Wie finden Sie die weiß....... Sessel?
• Na ja, der Tisch ist rot, ich nehme lieber die rot....... Sessel. Danke.

8 Adjektiv mit Endung oder ohne Endung? Was passt? Ergänzen Sie die Sätze.

1 • Die .... Schuhe sind super. Kann ich die anprobieren? (rot/roten)
• Ja, natürlich. Die sind auch sehr .... (bequem/bequemen)

2 • Das grüne Sweatshirt finde ich .... (schön/schöne)
• Wirklich? Mir gefällt das .... Sweatshirt. (schwarz/schwarze)
• Und wie findest du das .... Sweatshirt? (blau/blaue)

2.41

9a Wo kaufen die Personen ein? Hören Sie und ordnen Sie zu.

Karin Partl: ....

Rolf Schubeck: ....

Denise Berger: ....

2.41

9b Hören Sie noch einmal und kreuzen Sie an: Richtig oder falsch?

	R	F
1 Karin Partl kauft Kleidung für die Kinder in Boutiquen.	☐	☐
2 Karin Partl kauft gerne Sonderangebote im Schlussverkauf.	☐	☐
3 Herr Schubeck findet Einkaufen interessant.	☐	☐
4 Frau Schubeck kauft die Kleidung für ihren Mann.	☐	☐
5 Denise Berger geht gerne shoppen.	☐	☐
6 Denise Berger hat viel Geld.	☐	☐

10 Fragen mit *welcher, welches, welche, welchen*. Ergänzen Sie die Dialoge.

1 • Der Mantel ist schick. • .... Mantel? Der lange oder der kurze Mantel?

2 • Ich nehme den Mantel. • .... Mantel? Den braunen oder den schwarzen Mantel?

3 • Das Sweatshirt ist cool. • .... Sweatshirt? Das rote Sweatshirt?

4 • Die Bluse ist elegant. • .... Bluse? Die weiße oder die schwarze Bluse?

5 • Die Schuhe sind bequem. • .... Schuhe? Die braunen?

11 Welch-? Schreiben Sie Fragen zu den Antworten.

1 • .... • Ich nehme den blauen Pullover.

2 • .... • Der schwarze Pullover gefällt mir gut.

3 • .... • Das rote T-Shirt ist super.

4 • .... • Die braunen Schuhe sind teuer.

5 • .... • Die neue Brille von Julia ist schick.

12 2.42 Textkaraoke. Hören, lesen und sprechen Sie die -Rolle im Dialog.

…

Ja, bitte. Ich suche einen Mantel.

…

Kann ich den weißen Mantel anprobieren?

…

Ach nein, der gefällt mir nicht. Haben Sie auch Jacken?

…

Gelb? Nein, ich möchte die braune Jacke anprobieren.

…

Ach nein, die gefällt mir auch nicht.

…

Nein, danke. Ich gehe erst einmal einen Kaffee trinken.

B Im Kaufhaus einkaufen

13 Lange Wörter (Komposita). Welche Wörter sind das? Schreiben Sie.

die Dame + ... =

....n............

das Leder + ... =

....

das Baby + ... =

....

14 Welche Wörter sind in den Wörtern? Schreiben Sie. Ergänzen Sie auch den Plural.

1 die Kinderhose → das Kind, die Kinder + die Hose, die Hosen

2 der Herrenmantel → .... + ...

3 die Hausnummer → .... + ...

4 die Handynummer → .... + ...

5 der Familienname → .... + ...

6 der Kinderarzt → .... + ...

7 die Straßenbahn → .... + ...

8 die Kursgebühr → .... + ...

2.43

15 Welche Reaktion ist richtig? Hören Sie die Fragen und kreuzen Sie an.

1
- ☐ A Ja, ich suche Schuhe.
- ☐ B Nein, ich kann es auch nicht.
- ☐ C Ja, ich helfe Ihnen.

2
- ☐ A Im 2. Stock.
- ☐ B Gut.
- ☐ C Danke, nein.

3
- ☐ A Die Kassa ist im Erdgeschoss.
- ☐ B Das ist sehr teuer.
- ☐ C Wie viel kostet das?

4
- ☐ A Morgen haben wir geöffnet.
- ☐ B Nein, jetzt haben wir geschlossen.
- ☐ C Bis 20 Uhr.

16 Im Kaufhaus. Ergänzen Sie den Dialog.

Okay. Die Bluse ist aber zu groß. Haben Sie die auch in 42? • Ja, bitte. Haben Sie diese Bluse auch in Schwarz? • Danke. Ich gehe noch einmal in die Umkleidekabine. • Ja, die Bluse in 42 ist gut, die nehme ich. Wo ist die Kassa?

- Kann ich Ihnen helfen?
- ....
- Nein, tut mir leid, nur in Blau. Möchten Sie die blaue Bluse anprobieren?
- ....
- Ja, hier ist die Bluse in Größe 42.
- ....
- Und, gefällt sie Ihnen?
- ....
- Die Kassa ist im Erdgeschoss.

17 Schreiben Sie Minidialoge zu den Bildern.

1 Wo? – im Erdgeschoss hinten links
- *Entschuldigung, wo finde ich Damenschuhe?*
- *Damenschuhe sind im Erdgeschoss hinten links.*

2 Wo? – Da vorne rechts.
- ....
- ....

3 In Größe 40? – nur mehr in Größe 42.
- ....
- ....

4 Wie lange? – Mo.-Fr. bis 19 Uhr, Sa. bis 18 Uhr.
- ....
- ....

18a Schreiben Sie die Preise und lesen Sie laut.

1 .... 2 .... 3 ....

18b Hören Sie und kreuzen Sie an: Was ist richtig?

2.44

1 Wie viel kostet der schwarze Pullover?
- A ☐ 24,50 €
- B ☐ 24,90 €
- C ☐ 34,50 €

2 Welche Größe hat die Frau?
- A ☐ Größe 40
- B ☐ Größe 42
- C ☐ Größe 44

19 Zahlen wiederholen. Was ist das? Hören Sie und verbinden Sie die Zahlen.

2.45

20a Schreibtraining. Welche Wörter schreibt man zusammen? Korrigieren Sie (9 Fehler).

Fehler +++ Fehler +++ Fehler

Ich habe heute einen Winter mantel gekauft. Ich bin nach dem Deutsch kurs ins Kauf haus in der Stadt mitte gegangen. In der Damen abteilung ist in dieser Woche Winter schluss verkauf. Für meinen Sohn habe ich auch eine Winter hose gekauft und ein Computer spiel.

20b Diktat. Hören Sie die Sätze und schreiben Sie in Ihr Heft.

2.46

21a Eine Bestellung im Internet. Lesen Sie die Rechnung. Was hat Frau Gül bestellt? Kreuzen Sie an.

☐ 

☐ 

☐ 

☐ 

Sehr geehrte Frau Gül,

vielen Dank! Wir haben Ihre Online-.................. vom 13.05.2017 erhalten!

Bestellnummer	....	....	....	**Einzelpreis**	....
TS 305 188 T-Shirt (blau)	S	2	1–2 Tage	€8,95	€17,90
H 219 275 Hose (schwarz)	M	1	1–2 Tage	€19,95	€19,95

Warenwert	€37,85
Versandkosten	€4,50
20%	€8,47
Gesamt-Bestellwert	**€50,82**

Ihr Zahlungswunsch: **Rechnung**

Ihre ....:
Sevilay Gül
Turmgasse 5
6020 Innsbruck

Benötigen Sie eine ....? Drucken Sie Ihre .... online aus.
Bei Fragen und Wünschen stehen wir Ihnen gerne zur Verfügung!

Mit freundlichen Grüßen

Ihr Mode-Online-Team

21b Lesen Sie die Rechnung noch einmal und ergänzen Sie die Wörter.

~~Bestellnummer~~ • Größe • Gesamtpreis • Rechnungsadresse • Rechnung • Rechnung • Bestellung • Menge • Lieferzeit • Mwst. (Mehrwertsteuer)

21c Lesen Sie die Rechnung noch einmal und beantworten Sie die Fragen.

1 Wann hat sie bestellt?
2 Wie viel muss sie bezahlen?
3 Wie viel kostet die Lieferung?

12 Wichtige Wörter

das Kaufhaus, ¨-er
der Anzug, ¨-e
das Hemd, -en
die Hose, -n
das Kleid, -er
der Mantel, ¨-
der Pullover, -
der Rock, ¨-e
der Schuh, -e
die Jean/Jeans, -
das T-Shirt, -s
das Sweatshirt, -s
die Bluse, -n
der Socke, -n
die Unterwäsche, Sg.
gefallen
Gefällt dir das Kleid?
die Kleidung, Sg.
schick
altmodisch
gar nicht
überhaupt (nicht)
komisch

A Kleidung kaufen

aus|sehen
passen
Die Schuhe passen nicht.
an|probieren
die Umkleidekabine, -n
der Secondhandladen, ¨-
der Flohmarkt, ¨-e
die Boutique, -n
günstig
teuer
angenehm
stressig
kompliziert
cool
an|ziehen
welcher, -s, -e

B Im Kaufhaus einkaufen

das Computerspiel, -e
der Schmuck, Sg.
die Toilette, -n
der Ausgang, ¨-e
die Größe, -n
eine Hose in Größe M
nach|sehen
die Abteilung, -en
hinten, dort hinten
vorne, da vorne
direkt neben
die Rolltreppe, -n
das Mädchen, -
der gleiche Preis
Tut mir leid.
der Vorteil, -e
der Nachteil, -e

1 Was tragen Sie gerne und was tragen Sie nicht gerne? Schreiben Sie je drei Kleidungsstücke mit Artikel.

🙂 ....

😐 ....

☹️ ....

2a Ordnen Sie die Gegenteile zu.

1 angenehm	**A** uncool
2 modern	**B** teuer
3 unkompliziert	**C** stressig
4 günstig	**D** langweilig
5 bequem	**E** altmodisch
6 interessant	**F** kompliziert
7 cool	**G** unbequem

2b Lesen Sie die Kombinationen laut.

der günstige Anzug

das günstige Sonderangebot

das interessante Kleid

der stressige Sommerschlussverkauf

die coole Krawatte

das komplizierte Einkaufen im Internet

die bequemen Schuhe

die angenehme Verkäuferin

3 Sie möchten Kleidung kaufen. Sammeln Sie wichtige Wörter und Sätze.

Kleidung einkaufen
Entschuldigung, wo gibt es Jeans?

Kleidung einkaufen
Ich habe Größe M.

Lerntipp
Sammeln Sie wichtige Sätze zu einem Thema und lernen Sie die Sätze auswendig.

2.47 **4** Wörter hören und nachsprechen. Hören Sie zu und sprechen Sie nach.

1 das T-Shirt – das Sweatshirt – die Jeans
2 die Boutique – der Secondhandladen – die Umkleidekabine
3 stressig – kompliziert – bequem – günstig – cool

Wichtige Wörter

1

2

3

4

9

10

11

12

das Sakko, -s

17

18

19

20

25

26

der Anorak, -s

27

der Hut, "-e

28

die Kappe, -n

5 Ergänzen Sie die Wörter mit Artikel und Plural.

2.48 **6** Hören Sie die neuen Wörter und sprechen Sie nach.

7 Wie sind die Kleidungsstücke? Sagen Sie zu jedem Bild einen Satz.

modern • schick • elegant • bequem • schön • bunt • rot • dunkelrot • blau • hellblau • praktisch • langweilig • hässlich • altmodisch • …

Die Sportschuhe sind modern.

Ich finde das Hemd langweilig.

Das Sweatshirt ist dunkelrot und schwarz.

5

die Haube, -n

6

7

der Stiefel, -

8

die Sandale, -n

13

der Sportschuh, -e

14

der Strumpf, ″-e

15

16

die Strumpfhose, -n

21

22

23

der Schal, -s

24

der Handschuh, -e

29

die Regenjacke, -n

30

der Regenschirm, -e

31

die Jogginghose, -n

32
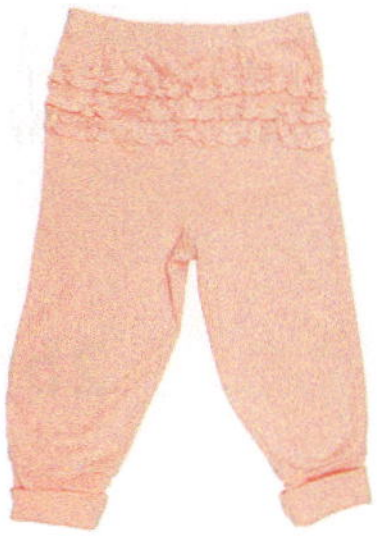

8 **Artikel üben. Arbeiten Sie zu zweit. A fragt, B schließt die Augen und antwortet.**

Rock

der Rock

9 **Kofferpacken – ein Spiel. Spielen Sie mit zwei oder mehr Personen. Machen Sie den Satz immer länger. Wer kann sich die meisten Kleidungsstücke merken?**

Ich packe meinen Koffer und nehme ein T-Shirt mit.

Ich packe meinen Koffer und nehme ein T-Shirt und einen Hut mit.

Ich packe meinen Koffer und nehme ein T-Shirt, einen Hut und ... mit.

13 Auf Reisen

1 Was ist das? Schreiben Sie die Wörter mit Artikel und Plural in die Zeichnung.

2a Wo kann man Urlaub machen? Ergänzen Sie.

am • am • am • auf dem • im • im • im • in den • in der

1	.... Bergen	4	.... Wald	7	.... Meer
2	.... Dorf	5	.... See	8	.... Stadt
3	.... Bauernhof	6	.... Strand	9	.... Park

2b Lesen Sie den Dialog und ergänzen Sie die Präpositionen und Artikel. Bei einigen Sätzen braucht man keinen Artikel.

- Wo waren Sie schon auf Urlaub?
- Ich liebe das Wasser. Ich war schon oft .... Meer. Ich liege gern .... Strand und faulenze. Und Sie?
- Ich war einmal .... Bauernhof. Ich bin .... Bergen gewandert. Und ich war schon oft in Graz, ich bin gern .... Stadt. Da kann ich einkaufen und .... Park spazieren gehen.

3 Wo machen Sie gern Urlaub? Was kann man dort machen? Schreiben Sie.

....

....

....

....

A Unterwegs mit dem Zug

4 Eine Fahrkarte kaufen. Ergänzen Sie den Dialog.

Wie viel kostet eine Fahrkarte für die erste Klasse? • Grüß Gott, ich brauche eine Fahrkarte von Linz nach Salzburg. • Oh, das ist teuer. Dann nehme ich eine Fahrkarte für die zweite Klasse. • Ja, bitte für den Zug um 11.32 Uhr.

- ....
- Erste oder zweite Klasse?
- ....
- 46,80 Euro.
- ....
  ....
- Mit Reservierung?
- ....
- Eine Fahrkarte von Linz nach Salzburg mit Reservierung. Das macht 29,70 Euro.

5 Durchsagen. Was ist richtig? Hören Sie und kreuzen Sie an.

2.49

1 Der Regionalexpress fährt heute
- **A** ☐ später ab.
- **B** ☐ von Bahnsteig 4 ab.
- **C** ☐ von Bahnsteig 22 ab.

2 Der Railjet
- **A** ☐ fährt nach Linz.
- **B** ☐ kommt von Wien.
- **C** ☐ fährt nach Budapest.

6 Textkaraoke. Hören, lesen und sprechen Sie die 👄-Rolle im Dialog.

2.50

👂 …

👄 Guten Tag. Ich hätte gern eine Fahrkarte von Wels nach Wien.

👂 …

👄 Ich möchte morgen früh fahren. Ab 8 Uhr.

👂 …

👄 Muss ich umsteigen?

👂 …

👄 Zweite Klasse, bitte.

👂 …

👄 Ja, ich habe eine Vorteilscard Classic.

👂 …

👄 Ja, mit Reservierung, bitte.

👂 …

👄 Kann ich mit Bankomatkarte bezahlen?

👂 …

7a Mit dem Zug fahren. Ergänzen Sie die Fragen.

…viele Tunnel gefahren? • … die Fahrt gedauert? • … umgestiegen? • … mit dem Zug gefahren? • … Sie dort geblieben?

1 Wohin sind Sie zuletzt ……………………

2 Wie lange sind ……………………

3 Sind Sie ……………………

4 Wie lange hat ……………………

5 Sind sie durch ……………………

7b Beantworten Sie die Fragen für sich. Schreiben Sie die Antworten in Ihr Heft.

8 Ordnen Sie die Sätze den Bildern zu und ergänzen Sie *um* und *durch*.

1 Die Wanderer gehen ………… den Berg.

2 Der Radfahrer fährt ………… den Park.

3 Sie laufen ………… den kalten Fluss.

4 Er fährt ………… das kleine Dorf.

9 Was macht die Katze? Schreiben Sie Sätze.

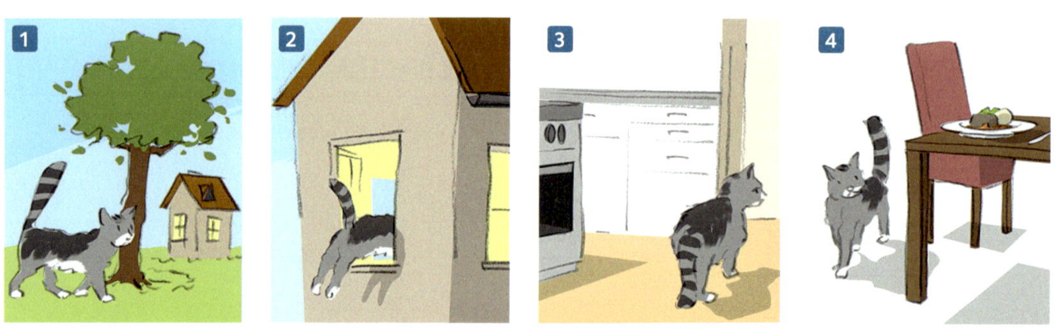

1 um – der Baum – laufen *Die Katze läuft …*

2 durch – das Fenster – springen *Sie springt …*

3 durch – die Küche – laufen ……………………

4 um – der Tisch – laufen ……………………

B Das Wetter

10 Was passt? Ordnen Sie die Sätze zu.

Es schneit. • Es ist heiß. • Es ist nass. • Es regnet. • Es ist bewölkt. • Die Sonne scheint. • Es ist windig. • Es ist bewölkt • Es ist sonnig. • Es ist kalt.

11 Das Pronomen *es*. Schreiben Sie Sätze.

1 ist – es – warm – Heute ....

2 es – bewölkt – Gestern – war ....

3 In der Nacht – geschneit – es – hat ....

4 regnet – es – Vielleicht – morgen ....

5 ist – Es – kalt und windig ....

6 hat – Gestern – es – auch – geregnet ....

2.51

12 Hören Sie. Wie ist das Wetter heute? Wie war es gestern? Schreiben Sie.

Heute ist ...

Gestern ...

13a Welche Himmelsrichtung ist das? Ergänzen Sie.

Norden / im Norden

Nordwesten / im Nordwesten

13b Wo liegt …? Schreiben Sie Sätze wie im Beispiel.

1 *Klagenfurt liegt im Süden.*
2 ....
3 ....
4 ....
5 ....

13c Wie ist das Wetter in den Städten? Schreiben Sie.

Im Norden / In Linz regnet es.

14a Städte vergleichen. Ergänzen Sie *genauso … wie* oder *als*.

Villach: 60.000 Einwohner

Wels: 60.000 Einwohner

Wien: 1,8 Millionen Einwohner

Graz: 282 000 Einwohner

Bregenz: viel Regen

Linz: wenig Regen

Rita mag Innsbruck.

Rita mag auch Salzburg.

1 Villach ist .... groß .... Wels.
2 Wien ist größer .... Graz.
3 In Linz gibt es weniger Regen .... in Bregenz.
4 Sie möchte .... gerne nach Innsbruck .... nach Salzburg.

14b Komparativ. Ergänzen Sie die Adjektive.

1 *kalt* – kälter
2 .... – wärmer
3 .... – kürzer
4 .... – länger
5 .... – heller
6 .... – schwieriger
7 groß – ....
8 klein – ....
9 interessant – ....
10 gut – ....
11 viel – ....
12 gern – ....

15 Vergleichen Sie und schreiben Sie die Sätze in Ihr Heft.

1 Österreich – China: groß
2 der Mond – die Sonne: hell
3 Regen – Schnee: kalt
4 Wien (18 °) – Graz (25 °): warm
5 ich – Reis essen – Nudeln essen: gern

C Die Jahreszeiten

16a Wie heißen die Monate? Ergänzen Sie.

Deutschkurs A1			Deutschkurs A2		
Jänner	....	....	....	**Mai**	....
Deutschkurs B1	Ferien	Deutschkurs B1		Deutschkurs B2 (bis Jänner)	
....	**August**	....	....	....	**Dezember**

16b Wann finden die Kurse statt? Ergänzen Sie die Dialoge.

1 • Wann machst du den Deutschkurs A1?
- • Der Kurs beginnt im Jänner und endet im ....

2 • Fängt der Deutschkurs A2 im März an?
- • Nein, er fängt im .... an und endet im ....

3 • Entschuldigung, wann ist der Deutschkurs B1?
- • Er beginnt im .... Im .... sind aber Ferien und der Kurs geht im .... weiter.

2.52 **17** Lesen und ergänzen Sie. Kontrollieren Sie dann mit der CD.

Regen • sitzen • scheint • lang • heiß • hell • kalt

Schnee • regnet • schneit • kalt • dunkel

Sommer und Winter in Österreich

Im Sommer ist es in Österreich oft .... und die Sonne .... Aber es gibt auch .... und manchmal ist es .... Im Sommer sind die Tage ...., am Abend bleibt es lange .... Man kann gut in einem Kaffeehausgarten draußen ....

Im Winter ist es .... und oft .... es. Dann sind die Städte und Dörfer ganz weiß. Von November bis Februar sind die Tage sehr kurz, es ist am Abend schon früh .... Die Kinder lieben den .... Sie spielen draußen und machen einen Schneemann. Manchmal ist es im Winter auch nicht so kalt und es ....

18 Vergleichen Sie die Monate und Jahreszeiten. Schreiben Sie Sätze.

1 Juni/Jänner: die Tage lang sein — *Im Juni sind die Tage länger als ...*

2 Winter/Sommer: die Tage kurz sein ....

3 Juli/Dezember: die Abende hell sein ....

4 Sommer/Winter: die Sonne viel scheinen ....

D Urlaub

19a Was passt? Ergänzen Sie die Verben.

gehen • treffen • besichtigen • machen • übernachten • besuchen

1 ein Konzert ....

2 eine Stadt ....

3 eine Radtour ....

4 auf dem Campingplatz ....

5 spazieren ....

6 Freunde und Verwandte ....

19b Was ist für Sie wichtig im Urlaub? Besichtigen Sie gerne eine Stadt oder lieben Sie Urlaub auf dem Land? Machen Sie gerne Aktivurlaub? Schreiben Sie in Ihr Heft.

2.53

20a Schreibtraining. Auf Endungen achten. Hören Sie genau zu und ergänzen Sie die Endungen.

1 der wunderschön...... Urlaub

2 der hoh...... Berg

3 die interessant...... Großstadt

4 durch den lang...... Tunnel fahren

5 um den schön...... See wandern

6 die warm...... Sonne

7 das nasskalt...... Wetter

8 die preiswert...... Übernachtung

2.54

20b Vier Endungen fehlen. Hören Sie genau zu und korrigieren Sie.

Der Urlaub war wunderschön...... und das Wetter war fantastisch...... . Zuerst sind wir mit dem Zug nach Obertraun gefahren. Die Fahrt war interessant...... . In Hallstatt haben wir dann das preiswert...... Hotel *Seeblick* gefunden. Die Zimmer waren gemütlich......, aber sehr klein...... . Am nächsten Tag haben wir eine Wandertour an den wunderschön...... See gemacht und sind auf einen Berg gestiegen. Oben war es windig...... und wir haben den warm...... Pullover und die lang...... Jacke angezogen. Leider ist der Urlaub schon zu Ende, wir sind wieder zu Hause und hier ist das Wetter nasskalt...... und windig...... .

21 **Einen Urlaub planen. Lesen Sie die Situationen und die Anzeigen. Was passt? Ordnen Sie zu.**

1 ☐ Herr und Frau Melcher, 74 Jahre, möchten eine Woche Urlaub machen. Sie lieben Musik.
2 ☐ Marko und Ilya haben eine Woche Urlaub. Sie sind sehr sportlich.
3 ☐ Familie Lefert hat drei kleine Kinder. Sie möchten Urlaub auf dem Bauernhof machen.
4 ☐ Frau Heinemann hat jetzt keinen Urlaub, aber sie macht gerne Städtetouren am Wochenende.

www.urlaub-für-alle.at

Urlaub für alle

Last Minute | Städtereisen | Flug | Hotel | Auto

a Urlaub auf dem Bauernhof

Tiere, Natur und gutes Essen. Wollen Sie Ihren Urlaub auf einem Bauernhof verbringen? Es gibt keine Autos, nur Pferdekutschen. Kinder haben viel Platz zum Spielen.
Sie können wandern oder auf Pferden reiten.
Weitere Informationen finden Sie unter
www.bauernhofurlaub-oesterreich.at

b Graz – die Stadt im Süden

2 Tage Graz: Fahrt mit einem bequemen Reisebus, einer Übernachtung, einem Abendessen und einer Stadtrundfahrt. Außerdem gibt es einen Besuch im Schloss Eggenberg.
Anreise: Am Freitag oder Samstag.

c Salzburg lädt ein

Die Salzburger Festspiele – ein besonderer Genuss für alle Musikfreunde.
Künstler, Orchester und Besucher aus der ganzen Welt kommen zu den Salzburger Festspielen. Konzertkarten und günstige Hotels finden Sie unter:
http://www.salzburgerfestspiele.at/

d Tiroler Oberland

Klettern, Kanu fahren oder Drachenfliegen – im Tiroler Oberland finden Sie viele Möglichkeiten für aktive Urlauber. Günstige Übernachtungen gibt es auf Campingplätzen oder in Pensionen.

Wichtige Wörter

die Reise, -n ....
der Berg, -e ....
der Bauernhof, ¨-e ....
der Wald, ¨-er ....
die Wiese, -n ....
das Meer, -e ....
der See, -n ....
der Strand, ¨-e ....
wandern ....
auf dem Land ....

A Unterwegs mit dem Zug

die Abfahrt ....
die Ankunft ....
die Reservierung, -en ....
die Erste/Zweite Klasse ....
ab|fahren ....
an|kommen ....
der Bahnsteig, -e ....
die Verspätung, -en ....
die Landschaft, -en ....
fantastisch ....
die Brücke, -n ....
ungefähr ....
der Kilometer, - ....
übernachten ....
zurück|kommen ....
durch ....
um ....

B Das Wetter

das Wetter, Sg. ....
die Sonne, Sg. ....
Die Sonne scheint. ....
heiß ....
sonnig ....
der Regen, Sg. ....
regnen ....
nass ....
der Wind, -e ....
windig ....
die Wolke, -n ....
bewölkt ....
der Schnee, Sg. ....
schneien ....
der Norden, Sg. ....
der Osten, Sg. ....
der Süden, Sg. ....
der Westen, Sg. ....
20 ° (Grad) Celsius ....
genauso … wie ....

C Die Jahreszeiten

die Jahreszeit, -en ....
der Frühling ....
der Sommer ....
der Herbst ....
der Winter ....
der Monat, -e ....

der Jänner	....	der November	....
der Februar	....	der Dezember	....
der März	....	**D Urlaub**	
der April	....	das Tier, -e	....
der Mai	....	der Campingplatz, ″-e	....
der Juni	....	die Stadtrundfahrt, -en	....
der Juli	....	preiswert	....
der August	....	das Hotel, -s	....
der September	....	....	
der Oktober	....	....	

1 **Sehen Sie sich das Bild eine Minute an. Decken Sie dann das Bild zu. Was ist auf dem Bild? Schreiben Sie.**

das Dorf, ...

Lerntipp
Arbeiten Sie mit Bildern und spielen Sie im Kurs. Wer hat die meisten Wörter aufgeschrieben?

2 **Gegenteile. Suchen Sie die Gegenteile in der Wortliste.**

1 abfahren – .... **4** kalt – ....

2 die Ankunft – .... **5** teuer – ....

3 bewölkt – .... **6** genau – ....

2.55

3 **Wörter hören und nachsprechen. Hören Sie zu und sprechen Sie nach.**

1 die Ankunft – ankommen – die Abfahrt – abfahren – die Verspätung – zu spät
2 der Regen – es regnet – der Schnee – es schneit
3 das Wetter – die Monate – die Jahreszeiten

Wichtige Wörter

die Jahreszeiten

4 Ergänzen Sie die Wörter.

2.56 **5** Hören Sie die Wörter und Sätze und sprechen Sie nach.

6 Was passt zu welcher Jahreszeit? Sagen Sie Sätze wie im Beispiel.

Im Winter ist es oft glatt.

Im Herbst braucht man oft einen Regenschirm.

Im Frühling regnet es manchmal.

7a Was macht man wann? Ordnen Sie zu. Es gibt mehrere Möglichkeiten.

Man kann Fahrrad fahren. • Man bleibt lieber zu Hause. • Man kann Schi fahren. • Man kann eine Kanutour machen. • Man kann gut spazieren gehen. • Man kann gut schwimmen gehen. • Man isst gerne ein Eis.

7b Sprechen Sie wie im Beispiel.

Ich mag den Winter. Dann kann man Schi fahren.

Im Winter bleibe ich lieber zu Hause. Oft sind die Straßen sehr glatt.

14 Zusammen leben

1a **Im Haus und vor dem Haus. Schreiben Sie die Wörter mit Artikel.**

1 .... H....sn....mm....
2 .... K....nd....rw....g....n
3 .... St....g....
4 .... M....llt....nn....
5 .... H....nd
6 .... T....rgl....ck....

1b **Das neue Haus. Ergänzen Sie.**

neben mir • links • Mietshaus • ~~im zweiten Stock links~~ • rechts • im ersten Stock • im Erdgeschoss links • rechts

Ich wohne in einem .... Meine Wohnung ist *im zweiten Stock links.* .... wohnt eine Familie aus Kuba. Sie heißt García. .... ist ein Friseur und .... ist eine Bäckerei. .... sind Büros: .... ist die Immobilienfirma Heinz und .... ist das Büro von der Firma ArtDesign.

2.57 **2a** **Wer wohnt wo? Hören Sie und ordnen Sie die Namen zu.**

Leitner • Anne und Mirja • ~~René Böhm~~ • Weber • Karner • Semra

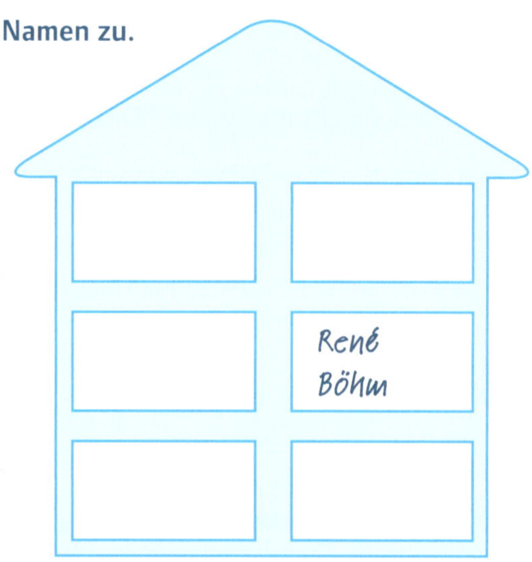

2.57 **2b** **Hören Sie noch einmal und korrigieren Sie die falschen Sätze.**

1 Familie Leitner hat drei Kinder.
2 Herr Böhm findet Frau Leitner nicht nett.
3 Herr Böhm kennt die Familie Weber sehr gut.
4 Herr Karner wohnt im Erdgeschoss links.

3a Unser Haus. Was ist wo? Sehen Sie das Bild in 3b an und beantworten Sie die Fragen.

1 Was ist auf dem Dach? *Auf dem Dach ist eine Katze.* ......

2 Was ist vor dem Haus? ......

3 Was ist links neben dem Haus? ......

4 Was ist rechts neben dem Haus? ......

5 Was ist unter dem Balkon? ......

6 Wer ist auf dem Balkon? ......

3b Ergänzen Sie die Präpositionen und Artikel.

Auf dem • Auf der • Neben dem • Im • Im • Im • Im • über • unter • Vor dem

.... Haus ist eine Straße. .... Straße fahren und parken viele Autos. .... Haus ist ein Spielplatz. .... Spielplatz spielen viele Kinder. ...... Haus wohnen viele Leute. ...... zweiten Stock wohnt Familie Koller. ...... Dachgeschoss ...... Familie Koller wohnen Herr und Frau Pirker. ...... ersten Stock ...... Familie Koller wohnt Familie Erfani.

4 Fragen zum Thema Wohnen. Schreiben Sie Fragen.

Zimmer? Nachbarn? Miete? Lift? Balkon/Terrasse?

Wie viele Zimmer hat Ihre Traumwohnung? ......

......

......

......

......

5 **Wo möchten Sie gerne wohnen? Wie sieht Ihr Traumhaus aus?**

....

....

....

A Die Nachbarn

6 **Um Hilfe bitten. Ergänzen Sie den Dialog.**

Gern geschehen. • Sie stören überhaupt nicht. • Aber gern. Einen Moment bitte.

- Entschuldigung, ich möchte nicht stören. Aber ich habe eine Bitte.
- ....
- Wir haben gerade Besuch. Wir trinken Kaffee und haben keine Milch. Können Sie mir vielleicht ein bisschen Milch geben?
- ....
- Vielen Dank!
- ....

7 **Was kann man antworten? Ordnen Sie zu.**

1 Vielen Dank!
2 Möchten Sie hereinkommen und eine Tasse Kaffee trinken?
3 Ich glaube, der Briefträger hat bei Ihnen ein Paket für mich abgegeben.
4 Ist Maria bei Ihnen?

A Ja, warten Sie bitte … Hier ist es.
B Ja, gern. Aber ich möchte nicht stören.
C Ja, die Kinder spielen gerade.
D Gern geschehen.

8 **Das Zusammenleben mit Nachbarn. Formulieren Sie Bitten.**

1

1 Musik leiser machen

Entschuldigung, können Sie bitte die Musik leiser machen?

2

2 Salz geben

....

....

3 die Tür aufmachen

4 mit dem Kinderwagen helfen

....

....

9a Fragen zu einem Fest. Was passt? Ordnen Sie zu. Es gibt mehrere Möglichkeiten.

	A dauert das Fest?
1 Wer	**B** gibt es auf dem Fest?
2 Was	**C** finden Sie das Fest?
3 Wie	**D** kommt zum Fest?
4 Wie viele	**E** bringt Musik mit?
5 Wo	**F** ist das Wetter am Wochenende?
6 Wie lange	**G** findet das Fest statt?
7 Wann	**H** Leute kommen zu dem Fest?
	I kochen wir für das Fest?

Einladung zum Straßenfest!

Wann?
Samstag, 1. August, ab 10 Uhr bis 22 Uhr

Wo?
Klausenerstraße 8

Was?
Nachbarn treffen, Musik machen und hören, Spiele spielen, grillen, tanzen

Wer?
Alle Nachbarn aus dem Haus

9b Zu welchen Fragen aus 9a finden Sie Antworten auf dem Flyer? Schreiben Sie in Ihr Heft.

Frage 1
- *Wann findet das Fest statt?*
- *Am Samstag, …*

Frage 2
- *Wo findet …*

2.58
10a Smalltalk. Welche Antwort passt? Hören Sie und ordnen Sie zu.

- **A** ☐ Ja, wir haben wirklich Glück mit dem Wetter.
- **B** ☐ Ja, ich wohne erst seit drei Monaten hier.
- **C** ☐ Ja, das ist eine Spezialität aus meiner Heimat.
- **D** ☐ Guten Tag, ich heiße …
- **E** ☐ Ja, wir haben kein Glück mit dem Wetter.
- **F** ☐ Gerne. Die Musik ist wirklich gut.

2.58
10b Hören Sie noch einmal und antworten Sie.

B Probleme im Haus

11a 2.59 **Wer hatte welches Problem im letzten Jahr? Hören Sie zu und kreuzen Sie an.**

	Frau Vuković	Herr Baumgartner
1 Die Heizung hat nicht funktioniert.	☐	☐
2 Der Lift funktioniert oft nicht.	☐	☐
3 Das Licht im Stiegenhaus ist manchmal kaputt.	☐	☐
4 Im Stiegenhaus war viel Müll.	☐	☐

11b 2.59 **Hören Sie noch einmal und beantworten Sie die Fragen.**

1 Wann war die Heizung kaputt?
2 Wann hat sie wieder funktioniert?
3 Wer hat die Lampe repariert?
4 Wen hat Herr Baumgartner angerufen?
5 Wer hat das Stiegenhaus aufgeräumt?

12 **Das Verb *gehen*. Ordnen Sie die Bilder zu und ergänzen Sie die richtige Form.**

A ☐ Ich .... immer zu Fuß in die Arbeit. Der Weg ist nicht weit.

B ☐ Die Waschmaschine ist schon wieder kaputt. Sie .... nicht.

C ☐ Der Kurs .... noch bis zum 15. Juni.

D ☐ • Wie .... es Ihnen? • Danke, gut.

E ☐ • Kannst du mir helfen? • Tut mir leid. Das .... nicht. Ich habe keine Zeit.

13a **Einen formellen Brief schreiben. Ordnen Sie die Briefteile zu.**

1 Absender • **2** Anrede • **3** Gruß • **4** Betreff •
5 Ort und Datum • **6** Empfänger • **7** Unterschrift • **8** Text

☐ *Martina Schneider*

☐ Wolfsberg, den 20. April 2017

☐ Sehr geehrter Herr Huber,

☐ Heizung in der Sporergasse

☐ Mit freundlichen Grüßen

☑ *1* Martina Schneider
Sporergasse 3
9400 Wolfsberg

☐ Hausverwaltung Huber
Koschatstraße 52
9400 Wolfsberg

☐ wir haben ein Problem: Die Heizung funktioniert leider nicht immer. Die Wohnungen im Dachgeschoss sind kalt und haben oft kein warmes Wasser.
Bitte bestellen Sie eine Heizungsfirma.

13b Schreiben Sie den Brief.

Martina Schneider
Sporergasse 3
9400 Wolfsberg

....

....

....

....

....

....

....

....

....

....

....

14 Ergänzen Sie die Sätze.

er will gesund bleiben. • morgen kommt er gern. • am Sonntag hat er frei. • er bleibt zu Hause.

1 Heute kann er nicht kommen, aber ....

2 Er arbeitet am Samstag und ....

3 Im Sommer fährt er nach Italien oder ....

4 Er fährt gerne mit dem Fahrrad, denn ....

15 Schreiben Sie die Sätze richtig. Verbinden Sie die Satzteile mit *denn* oder *aber*.

1 Ich habe keine Zeit, *denn ich ...* ....
(müssen – aufräumen – das Stiegenhaus – ich)

2 Wir wollen unsere Fahrräder abstellen, ...
(es – keinen Platz – im Fahrradraum – geben)

3 Wir schreiben einen Brief an die Hausverwaltung, ...
(immer – schmutzig – ist – der Hof)

4 Bald gibt es kein Problem mehr mit dem Müll, ...
(der Vermieter – neue Mülltonnen – bestellt – hat)

C Auf dem Spielplatz

16 Ein Nachmittag auf dem Spielplatz. Ergänzen Sie die Verben im Perfekt.

essen • trinken • ~~gehen~~ • fahren • kaufen • spielen • mitkommen • haben

Heute *bin* ich mit Lukas auf den Spielplatz *gegangen*. Eine Freundin .... mit ihrem Sohn .... Die Kinder .... zusammen .... und meine Freundin Paula und ich .... Kaffee .... Die Kinder .... Hunger .... und Paula .... in der Bäckerei neben dem Spielplatz Kuchen .... Die Kinder .... den Kuchen .... Danach .... sie mit ihren Fahrrädern ....

17 Schreibtraining. Lesen Sie den formellen Brief und korrigieren Sie die Fehler.

Fehler +++ Fehler +++ Fehler

Andreas Wagner
Hauptstraße 25
8010 Graz

Graz, ~~den April 25~~. 2017
Korrektur: Graz, den 25. April 2017

Hausverwaltung Moser
Frau Anne Lechner
Stanzgasse 121
8010 Graz

Licht im Stiegenhaus in der Hauptstraße

Liebe Frau Anne,
im Haus in der Hauptstraße 25 ist das Licht im Stiegenhaus kaputt. Manchmal geht es, manchmal geht es nicht. Das ist gefährlich, denn im Stiegenhaus ist es dunkel. Bitte bestell einen Elektriker.

Mit freundlich Grüßen
Andreas

18a Was gibt es auf dem Straßenfest? Ordnen Sie zu.

A ☐ Stände mit Spezialitäten **B** ☐ Musikveranstaltungen **C** ☐ Tanzveranstaltungen

18b Das Internationale Straßenfest in Linz. Lesen Sie den Artikel und korrigieren Sie die Sätze 1–3.

1 Das internationale Straßenfest ist eine neue Idee.
2 Beim ersten Straßenfest haben nur Gruppen aus Österreich mitgemacht.
3 Heute dauert das Straßenfest einen Tag.

Das Internationale Straßenfest „Pflasterspektakel" in Linz – Früher und heute

Das Internationale Straßenfest „Pflasterspektakel" in Linz hat eine lange Tradition. Das erste Fest hat im September 1987 stattgefunden. An einem Samstag haben Menschen aus vielen Nationalitäten ein großes Straßenfest gefeiert und viele Gruppen haben ihre Kultur und Spezialitäten vorgestellt und eine Bühne für Musik und Tanzveranstaltungen organisiert. Von 1987 bis heute findet das Fest jedes Jahr im Sommer statt, 1987 hat das Fest vier Tage gedauert. Heuer beginnt das Fest am Donnerstag und geht bis Samstag.

19 Was findet wann und wo statt? Lesen und schreiben Sie.

1 Wann und wo kann man Tänze aus Angola sehen?

....

....

2 Wann und wo kann man Musik aus Südamerika hören?

....

....

3 Wann und wo kann man Tänze aus Indien sehen?

....

....

Wichtige Wörter

der Kinderwagen, - ....

die Mülltonne, -n ....

der Hof, ″-e ....

die Türglocke, -n ....

die Stiege, -n ....

das Licht, Sg. ....

der Lift, -e ....

das Stiegenhaus, ″-er ....

A Die Nachbarn

der Nachbar, -n ....

die Nachbarin, -nen ....

stören ....

die Bitte, -n ....

gerade ....

Gern geschehen! ....

das Paket, -e ....

ein Paket abgeben ....

das Päckchen, - ....

das Salz, Sg. ....

die Tasse, -n ....

Blumen gießen ....

das Straßenfest, -e ....

feiern ....

der Grill, -s ....

das Essen, Sg. ....

schmecken ....

Glück haben ....

wunderbar ....

B Probleme im Haus

funktionieren ....

Das Licht geht nicht. ....

die Heizung, -en ....

der Müll, Sg. ....

die Tonne, -n ....

die Müllabfuhr, Sg. ....

stellen ....

schmutzig ....

riechen ....

ärgerlich ....

bestellen ....

gefährlich ....

der Keller, - ....

Fahrräder abstellen ....

denn ....

aber ....

der Absender, - ....

der/die Empfänger/in, -/-nen ....

der Gruß, ″-e ....

die Unterschrift, -en ....

die Anrede, -n ....

C Auf dem Spielplatz

der Spielplatz, ″-e ....

der Sandkasten, ″- ....

der Bub, -en ....

das Mädchen, - ....

neugierig ....

streiten		
Kinder betreuen		
der Kindergartenplatz, ″-e		

1 a **Sammeln Sie Wörter zu den Themen *Wohnung/Haus* und *Hof/Garten/Balkon*.**

Wohnung/Haus:

Hof/Garten/Balkon:

1 b **Schreiben Sie Sätze mit den Wörtern aus 1 a.**

2 **Wörter zum Fest. Welches Wort passt nicht? Streichen Sie.**

1	ein Fest	machen – tanzen – feiern – planen
2	Freunde	machen – treffen – anrufen – einladen
3	Essen	kochen – machen – einladen – mitbringen
4	Musik	hören – machen – spielen – schmecken

3 **Kreuzworträtsel: Briefteile. Was ist das? Ergänzen Sie.**

1 Das ist der Name am Briefende.
2 Diese Person schickt den Brief ab.
3 Diese Person bekommt den Brief.
4 An diesem Tag schreibt man den Brief.
5 Das ist eine Stadt oder ein Dorf.
6 Hier redet man die Person an.

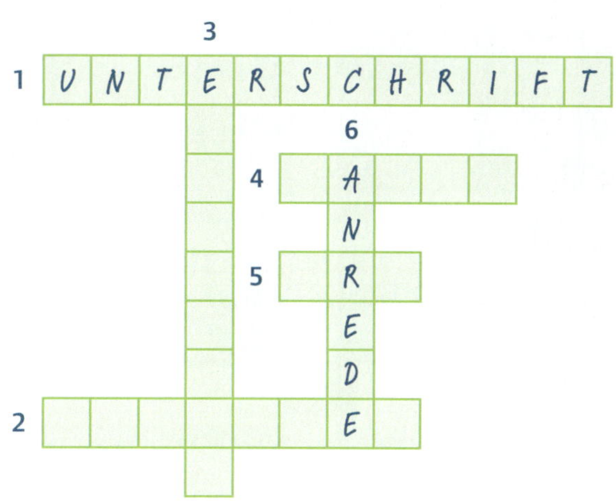

4 **Wörter hören und nachsprechen. Hören Sie zu und sprechen Sie nach.** 2.60

1 die Stiege – das Stiegenhaus – das Licht – die Heizung
2 die Türglocke – der Hof – die Mülltonne – die Müllabfuhr
3 ärgerlich – schmutzig – gefährlich – kaputt

Wichtige Wörter

5a Ergänzen Sie die Wörter mit Artikel und Plural.

2.61 **5b** Hören Sie die neuen Wörter und sprechen Sie nach.

6 Was gibt es in Ihrer Wohnung/ in Ihrem Haus? Schreiben Sie Sätze.

Ich wohne in einem Mietshaus.
Es gibt keinen Lift. ...

7 **Was ist am Haus, was ist vor, neben oder hinter dem Haus? Schreiben Sie Sätze wie im Beispiel.**

Eine Garage ist oft neben dem Haus.
Der Briefkasten ist am Haus oder vor dem Haus.
...

1 Lesen Sie und ergänzen Sie in A–G.

Ich kann auf Deutsch

✓ ✗

☐ ☐ **A** über Kleidung sprechen.

gefällt • schick • gefällt • finde • finden • gefallen

- Wie .... Ihnen die Kleidung?
- Ich .... die Hose sehr schön, aber der Pullover .... mir nicht.
- Und wie .... Sie die Schuhe?
- Die Schuhe .... mir sehr gut. Sie sind sehr ....

☐ ☐ **B** Einkaufsdialoge führen und Kleidungsgrößen sagen.

Kassa • Umkleidekabinen • Größe • suche • Wie • anprobieren • bezahlen

- Kann ich Ihnen helfen?
- Ja, bitte. Ich .... eine Bluse.
- Welche .... haben Sie?
- 40.
- .... finden Sie die rote Bluse?
- Ja, die sieht gut aus. Kann ich die einmal .... ?
- Gern, die .... sind da hinten.
- Ich nehme die Bluse. Wo kann ich .... ?
- Die .... ist im Erdgeschoss.

☐ ☐ **C** über das Wetter sprechen.

....

....

....

✓ ✗

D **eine Fahrkarte kaufen.** ☐ ☐

direkt • Zug • von • nach • hätte • kommen … an • umsteigen

- Ich .... gern heute in der Früh eine Fahrkarte .... Wien .... Innsbruck.
- Ja, ich habe hier einen .... um 08.30 Uhr.
- Fährt der Zug ....?
- Nein, Sie müssen einmal in Salzburg .... Sie .... um 12.54 Uhr in Innsbruck ....

E **Städte vergleichen.** ☐ ☐

1 Welche Stadt ist größer? Graz oder Klagenfurt? (Graz: 282.500 Einwohner, Klagenfurt: 99.000 Einwohner)

....

2 Wo ist es heute kälter? (Wien: 5 °C / Eisenstadt: 5 °C)

....

F **über Probleme im Haus sprechen.** ☐ ☐

- Herr Baumgartner, ...
....
- Ja, ich komme sofort.

G **um Hilfe bitten.** ☐ ☐

Gern • Können • Bitte • Vielen • Entschuldigung

- ...., ich habe eine .... Ich koche gerade eine Suppe und ich habe kein Salz. .... Sie mir ein bisschen Salz geben?
- Aber gern. Hier, bitte.
- .... Dank.
- .... geschehen.

2 **Kontrollieren Sie mit den Lösungen und markieren Sie ✓ für *kann ich* und ✗ für *kann ich nicht so gut*.**

Grammatik im Überblick

1 Verben

Regelmäßige Verben

Infinitiv		kommen
Singular	ich	komm-e
	du	komm-st
	er/es/sie/man	komm-t
Plural	wir	komm-en
	ihr	komm-t
	sie	komm-en
Höflichkeitsform	Sie	komm-en

Woher kommen Sie?

Ich komme aus Österreich.

⚠ heißen: du heißt er/sie heißt

⚠ arbeiten: du arbeitest, er/sie arbeitet, ihr arbeitet

genauso: antworten, kosten

Verben mit Vokalwechsel: *e → i, a → ä*

		e → i	e → ie	a → ä
Infinitiv		**sprechen**	**lesen**	**schlafen**
Singular	ich	spreche	lese	schlafe
	du	sprichst	liest	schläfst
	er/es/sie/man	spricht	liest	schläft
Plural	wir	sprechen	lesen	schlafen
	ihr	sprecht	lest	schlaft
	sie	sprechen	lesen	schlafen
Höflichkeitsform	Sie	sprechen	lesen	schlafen

genauso:
treffen: er/sie trifft
essen: er/sie isst
nehmen: er/sie nimmt
helfen: er/sie hilft
sehen: er/sie sieht
schlafen: er/sie schläft
anfangen: er/sie fängt an

Sie spricht sehr gut Deutsch.

Unregelmäßige Verben

Infinitiv		sein	haben	mögen	(möchten)
Singular	ich	bin	habe	mag	möchte
	du	bist	hast	magst	möchtest
	er/es/sie/man	ist	hat	mag	möchte
Plural	wir	sind	haben	mögen	möchten
	ihr	seid	habt	mögt	möchtet
	sie	sind	haben	mögen	möchten
Höflichkeitsform	Sie	sind	haben	mögen	möchten

Grammatik im Überblick

Trennbare Verben

Der Kurs fängt um 9 Uhr an und hört um 12 Uhr auf.

Am Dienstag fällt der Kurs aus.

ab≀holen	Marina	holt	ein Paket	ab.
ein≀kaufen	Danach	kauft	sie Obst und Gemüse	ein.
auf≀stehen	Morgen	steht	sie sehr früh	auf.

genauso: anfangen, anrufen, aufräumen, aufhören, ausgehen, ausfallen, fernsehen, mitkommen, mitbringen, stattfinden

In der Wörterliste am Ende jeder Lektion im Arbeitsbuch sind die trennbaren Verben immer so ≀ gekennzeichnet, zum Beispiel: an≀fangen.

Modalverben

Infinitiv		können	wollen	müssen	sollen	dürfen
Singular	ich	kann	will	muss	soll	darf
	du	kannst	willst	musst	sollst	darfst
	er/es/sie/man	kann	will	muss	soll	darf
Plural	wir	können	wollen	müssen	sollen	dürfen
	ihr	könnt	wollt	müsst	sollt	dürft
	sie	können	wollen	müssen	sollen	dürfen
Höflichkeitsform	Sie	können	wollen	müssen	sollen	dürfen

Ich	kann	gut auf Deutsch	lesen.
Wir	müssen	jeden Tag früh	aufstehen.
Meine Freundin	will	noch einen Apfelsaft	trinken.
Ich	soll	die Tabletten zweimal pro Tag	nehmen.
Hier	darf	man nicht	parken.

Der Imperativ

Bitte schreiben Sie!

Vergiss die Hausaufgaben nicht!

	Sie-Form	du-Form		ihr-Form
machen	Machen Sie …	(du mach**st**)	Mach …	Macht …
sprechen	Sprechen Sie …	(du sprich**st**)	Sprich …	Sprecht …
mitkommen	Kommen Sie (doch) mit!	(du komm**st**)	Komm (doch) mit!	Kommt (doch) mit!
⚠ fahren	Fahren Sie!	(du fährst) Fahr …		Fahrt …
⚠ sein	Seien Sie ruhig!	(du bist) Sei ruhig!		Seid ruhig!

Das Präteritum (Vergangenheit) von *sein* und *haben*

Waren Sie schon einmal in Salzburg?

Nein, leider noch nicht.

Infinitiv		sein	haben
Singular	ich	war	hatte
	du	warst	hattest
	er/es/sie/man	war	hatte
Plural	wir	waren	hatten
	ihr	wart	hattet
	sie	waren	hatten
Höflichkeitsform	Sie	waren	hatten

Das Perfekt (Vergangenheit): *haben/sein* + Partizip

Für die meisten Verben benutzt man in der Vergangenheit das Perfekt.

Wann	sind	Sie nach Österreich	gekommen?
Ich	bin	2002 nach Österreich	gekommen.
Was	haben	Sie am Wochenende	gemacht?
Wir	haben	am Samstag auf dem Markt	eingekauft.

Das Perfekt – Bildung der Partizipien

Verben:	**ge**...(e)**t**	**ge**mach**t**, **ge**lern**t**, **ge**spiel**t**, **ge**arbeit**et**, **ge**leb**t**, ...
trennbare Verben:	...**ge**...(e)**t**	ab**ge**hol**t**, ein**ge**kauf**t**, auf**ge**räum**t**, ...

Die unregelmäßigen Partizipien (gegangen, gefahren, ...) finden Sie im Kursbuch auf den letzten Seiten.

Das Perfekt – *sein* oder *haben*?

Die meisten Verben bilden das Perfekt mit *haben*: ich habe gemacht, ich habe gelernt, ich habe gearbeitet, ...

Verben der Bewegung oder Veränderung bilden das Perfekt mit *sein*.

Wir sind gestern nach Graz gefahren. Und was hast du gemacht?

Ich habe eingekauft.

Bewegungsverben	Zustandsveränderung	auch:
 gehen: ist gegangen	 einschlafen: ist eingeschlafen	bleiben: ist geblieben sein: ist gewesen sitzen: ist gesessen liegen: ist gelegen stehen: ist gestanden

2 Artikel und Nomen

Artikel

Da ist ein Mann.

Das ist der Mann von Frau Monti.

	m (maskulin)		n (neutrum)		f (feminin)		Pl (Plural)	
bestimmter Artikel	der	Mann	das	Auto	die	Frau	die	Kinder
unbestimmter Artikel	ein		ein		eine		-	
Negativartikel	kein		kein		keine		keine	
Possessivartikel	mein		mein		meine		meine	

genauso: dein-, sein-, ihr-, Ihr-

Possessivartikel

Grüß Gott, mein Name ist Thomas Gruber und das ist meine Frau.

Sind das Ihre Kinder?

Ja, das sind meine Töchter Lisa und Nina und das ist mein Sohn Tobias.

	m (maskulin)		n (neutrum)		f (feminin)		Pl (Plural)	
ich	mein	Bruder	mein	Haus	meine	Schwester	meine	Kinder
du	dein		dein		deine		deine	
er	sein		sein		seine		seine	
sie	ihr		ihr		ihre		ihre	
Sie	Ihr		Ihr		Ihre		Ihre	

Artikel im Nominativ

	m (maskulin)		n (neutrum)		f (feminin)		Pl (Plural)	
bestimmter Artikel	der	Mann	das	Auto	die	Frau	die	Kinder
unbestimmter Artikel	ein		ein		eine		-	
Negativartikel	kein		kein		keine		keine	
Possessivartikel	mein		mein		meine		meine	

Das sind meine Kinder.

Artikel im Akkusativ

	m (maskulin)		n (neutrum)		f (feminin)		Pl (Plural)	
bestimmter Artikel	den	Mann	das	Auto	die	Frau	die	Kinder
unbestimmter Artikel	einen		ein		eine		-	
Negativartikel	keinen		kein		keine		keine	
Possessivartikel	meinen		mein		meine		meine	

Lerntipp
Lernen Sie im Akkusativ nur das -en im Maskulin, alles andere ist wie im Nominativ!

Ich kenne den Mann nicht.

Ich habe keine Kinder.

Artikel im Dativ

	m (maskulin)		n (neutrum)		f (feminin)		Pl (Plural)	
bestimmter Artikel	dem	Mann	dem	Auto	der	Frau	den	Kindern
unbestimmter Artikel	einem		einem		einer		-	
Negativartikel	keinem		keinem		keiner		keinen	
Possessivartikel	meinem		meinem		meiner		meinen	

Das Nomen hat im Dativ Plural immer die Endung -n: Wie spielen mit den Kindern.
⚠ Ausnahme: Nomen mit s-Plural: die Autos - mit den Autos.

Das Fragewort *welch-*

	m (maskulin)	n (neutrum)	f (feminin)	Pl (Plural)
Nominativ	welcher Zug	welches Auto	welche U-Bahn	welche Fahrräder
Akkusativ	welchen Zug	welches Auto	welche U-Bahn	welche Fahrräder
Dativ	welchem Zug	welchem Auto	welcher U-Bahn	welchen Fahrrädern

Lerntipp
der Zug → welcher Zug

Die Endungen von *welch-* sind wie beim bestimmten Artikel.

Welchen Zug nehmen Sie?

Welcher Zug fährt auf Bahnsteig 2 ab?

Mit welchem Zug sind Sie gekommen?

Der Plural von Nomen

	Singular	Plural		Singular	Plural
-e	der Tisch	die Tische	-	der Computer	die Computer
-en	die Zahl	die Zahlen	-s	das Auto	die Autos
-n	die Tasche	die Taschen	-er	das Kind	die Kinder
-nen	die Lehrerin	die Lehrerinnen	-er (+ Umlaut)	das Haus	die Häuser

Lerntipp
Lernen Sie die Nomen immer mit Plural.

Wie viele Tische sind im Kursraum?

3 Pronomen

Personalpronomen

Nominativ	Akkusativ	Dativ
ich	mich	mir
du	dich	dir
er	ihn	ihm
es	es	ihm
sie	sie	ihr
wir	uns	uns
ihr	euch	euch
sie	sie	ihnen
Sie	Sie	Ihnen

Können Sie mir bitte helfen?

Ja, gerne, ich rufe Sie morgen an.

Artikel und Pronomen

Der Kasten ist alt. Er ist alt.
Das Bett ist alt. Es ist alt.
Die Küche ist modern. Sie ist modern.
Die Blumen sind schön. Sie sind schön.

Das unpersönliche Pronomen *man*

Mit *man* steht das Verb in der 3. Person Singular.

Wie schreibt man das?

Hier kann man Geld wechseln.

Artikel als Pronomen

Wie finden Sie den blauen Anzug?	Der ist nicht schlecht. Den nehme ich.
Wie finden Sie das rote Kleid?	Das ist sehr elegant. Das nehme ich.
Wie gefällt Ihnen die Bluse?	Die ist zu kurz. Die nehme ich nicht.
Wie gefallen Ihnen die Schuhe?	Die sind gut. Die kaufe ich.

Das Pronomen *es*

In vielen Ausdrücken benutzt man das Pronomen ***es***. Das ***es*** hat keine Bedeutung.

Wetterwörter	andere Ausdrücke
Es regnet. / Es schneit. Heute ist es kalt. / Es ist windig. Es ist bewölkt.	Wie geht es Ihnen? Danke, es geht mir gut. Hier gibt es einen Park.

4 Adjektive

Adjektive nach dem Nomen (prädikativ)

Adjektive nach dem Nomen haben keine Endung.

Der Kasten ist neu. Ich finde den Kasten schön.
Das Sofa ist bequem. Ich finde das Sofa langweilig.

Adjektive vor dem Nomen (attributiv)

Zwischen Artikel und Nomen haben Adjektive eine Endung (mindestens ein **-e**).

	m (maskulin)	n (neutrum)	f (feminin)	Pl (Plural)
Nominativ	der graue Anzug	das blaue Hemd	die rote Bluse	die braunen Schuhe
Akkusativ	den grauen Anzug	das blaue Hemd	die rote Bluse	die braunen Schuhe

Der graue Anzug ist nicht so elegant.

Ich nehme den blauen Anzug.

Adjektive im Komparativ

Adjektiv + -er	Adjektiv + Umlaut + -er	Ausnahmen
hell – heller interessant – interessanter schnell – schneller langsam – langsamer schön – schöner	groß – größer kalt – kälter warm – wärmer	gern – lieber gut – besser viel – mehr

Istanbul ist größer als London.

In Österreich ist es im Winter kälter als im Sommer.

5 Präpositionen

Temporale Präpositionen (Zeit): *am, um, vor, nach, seit, bis, von … bis*

am	Wochentag/Tagesabschnitt	am Montag, am Nachmittag, ⚠ in der Nacht
um	Uhrzeit	um 8 Uhr, um halb 10, um 13 Uhr 30 Der Film beginnt um 20 Uhr.
vor	• I	Es ist jetzt fünf vor acht. Sie bringt vor der Arbeit die Kinder zur Schule.
nach	I •	Es ist zehn nach acht. Nach der Arbeit geht er einkaufen.
seit	•⟶	Sie sind schon seit fünf Jahren in Salzburg.
bis	⟶•	Der Film geht bis 22 Uhr.
von … bis	•→•	Der Film geht von 20 Uhr bis 22 Uhr.

Lokale Präpositionen (Ort): *in, bei, nach, zu, aus, von*

in	Wo?	**In** Wien gibt es viele Sehenswürdigkeiten.
bei		Ich bin **beim** Friseur.
nach	Wohin?	Ich fahre gern **nach** Graz.
zu		Ich gehe **zum** Bahnhof.
aus	Woher?	Er kommt **aus** Italien.
von		Sie kommt heute spät **von** der Arbeit.

Präpositionen mit Dativ:
aus, bei, mit, nach, seit, von, zu, vor (temporal)

aus: Ich gehe jeden Morgen um 8 Uhr aus dem Haus.
bei: Ich wohne bei meinen Eltern.
mit: Ich fahre mit dem Bus.
nach: Nach dem Deutschkurs möchte ich eine Arbeit suchen.
seit: Ich bin schon seit einem Jahr in Österreich.
von: Von der Haltestelle muss ich noch 5 Minuten zu Fuß gehen.
zu: Ich fahre zur Apotheke.
vor: Vor dem Deutschkurs gehe ich joggen.

bei dem = beim   zu dem = zum
von dem = vom   zu der = zur

Präpositionen mit Akkusativ: *für, um, durch, ohne*

für: Sie brauchen für den Antrag einen Pass und ein Foto.
um: Man kann sehr gut um den See wandern.
durch: Der Zug fährt durch den Tunnel.
ohne: Sie trinkt den Kaffee ohne Zucker.

⚠ *Ohne* verwendet man meistens ohne Artikel.

Wechselpräpositionen mit Dativ

	in:	In der Bäckerei sind viele Leute.
	an:	Der Bus steht an der Ampel.
	auf:	Auf dem Platz ist ein Brunnen.
	unter:	Die Bank steht unter dem Baum.
	über:	Die Sprachschule ist im ersten Stock über der Post.
	vor:	Vor dem Supermarkt ist ein Parkplatz.
	hinter:	Hinter dem Café ist ein Spielplatz.
	neben:	Neben dem Kino ist eine Drogerie.
	zwischen:	Zwischen den Bäumen stehen Bänke.

in dem → im　　an dem → am

6 Wortbildung

Komposita

die Dame + der Mantel → der Damenmantel

Das letzte Wort in Komposita bestimmt den Artikel. Der Wortakzent ist (fast) immer auf dem ersten Wort.

Das Datum – Ordinalzahlen

1–19 + ten
am 1. – am **ersten**
am 2. – am zwei**ten**
am 3. – am **dritten**
am 4. – am vier**ten**
am 5. – am fünf**ten**
am 6 – am sechs**ten**
am 7. – am **siebten**
am 8. – am ach**ten**
am 9. – am neun**ten**
am 10. – am zehn**ten**
am 16. – am **sechtzehnten**
am 19. – am neunzehn**ten**

20 + sten
am 20. – am zwanzig**sten**
am 21. – am einundzwanzig**sten**
am 22. – am zweiundzwanzig**sten**
am 30. – am dreißig**sten**

- Wann sind Sie geboren?
- Am 5.3.1987. (Am fünften Dritten neunzehn(hundert) siebenundachtzig.)
- Wann ist Ihre Tochter geboren?
- Am 15.07.2010. (Am fünfzehnten Siebten zweitausendzehn.)

7 Wörter im Satz

Sätze und W-Fragen

Das konjugierte Verb steht immer auf Position 2.

	Position 2	
Woher	kommen	Sie?
Ich	komme	aus Costa Rica.
Wie	heißt	Ihr Sohn?
Er	heißt	Lukas.
Was	sind	Sie von Beruf?
Ich	bin	Lehrerin.

Am Wochenende	besuche	ich meine Freunde.
Ich	besuche	**am Wochenende** meine Freunde.
Dann	machen	wir eine Radtour.
Wir	machen	**dann** eine Radtour.

Ja/Nein-Fragen (Satzfragen)

Kommen	Sie aus Klagenfurt?
Haben	Sie morgen Zeit?
Möchtest	du einen Kaffee?
Kennt	ihr St. Pölten?

Satzklammer (trennbare Verben, Modalverben)

Wann	holst	du die Kinder vom Kindergarten	ab?
Ich	hole	sie am Nachmittag	ab.
Frau Stein	muss	in der Früh	aufstehen.
Frau Deck	will	am Wochenende nicht	arbeiten.

Vergleichssätze

≠ Komparativ + als
In Österreich ist es im Sommer wärmer als im Winter.

= genauso + Adjektiv
In Wien regnet es genauso viel wie in Graz.

Verben und Ergänzungen

Verben mit Nominativ und Akkusativ

Ich	habe	einen Sohn.
Nominativ		*Akkusativ*

Es gibt viele Verben: brauchen, sehen, nehmen, besichtigen, möchten, wollen, …

Verben mit Nominativ, Dativ und Akkusativ

Er	gibt	mir	einen Tipp.
Nominativ		*Dativ*	*Akkusativ*

Es gibt viele Verben: bringen, schenken, holen, erklären, …

Verben mit Nominativ und Dativ

Wir	helfen	euch.
Nominativ		*Dativ*

Es gibt nur wenige Verben: danken, gehören, gefallen, …

Ein Verb mit Nominativ und Nominativ

Das	ist	ein Mantel.
Nominativ		*Nominativ*

Verneinung mit *nicht* oder *kein*

ein → *kein*	Ich habe einen Tisch / ein Sofa / eine Waschmaschine / Sessel. Ich habe keinen Tisch / kein Sofa / keine Waschmaschine / keine Sessel.
⚠ Auch *kein* bei:	Ich habe kein Geld / keine Zeit / keine Lust. Ich mag keinen Kaffee / keinen Käse / keine Erdäpfel.
Sonst immer *nicht*:	Heute kommt er. Morgen kommt er nicht. Sie isst gern Käse. Sie isst nicht gern Käse. Ich arbeite viel. Ich arbeite nicht viel.

Satzverbindungen mit *aber – denn – und – oder*

	0	1	2	
Heute habe ich keine Zeit,	aber	morgen	komme	ich gerne.
Ich möchte ins Kino gehen,	denn	ich	möchte	den neuen James-Bond-Film sehen.
Heute sehen wir den James-Bond-Film	und	morgen	gehen	wir in den Club.
Kommst du auch mit	oder		musst	du noch arbeiten?

Hörtexte

Hier finden Sie alle Hörtexte, die nicht oder nicht vollständig im Arbeitsbuch abgedruckt sind oder die Sie nicht im Lösungsschlüssel finden.

1 Willkommen!

9

1 • Wo lernst du Deutsch?
• In der VHS.
• VHS. Was ist das?
• Volkshochschule.

2 • Wo ist das AMS?
• Das Arbeitsmarktservice ist in der Donaustraße.

3 • Wie heißt deine Krankenkasse?
• WGKK.

4 • Was ist das?
• Das ist eine DVD von Justin Timberlake.

10

1 • Grüß Gott. Wie heißen Sie?
• Halina Jankowska.
• Halina … äh … wie bitte?
• Moment, ich buchstabiere: J – a – n – k – o – w – s – k – a.
• Frau Jankowska, woher kommen Sie?
• Ich komme aus Lublin in Polen.

2 • Ich heiße Fernando Matola.
• Fernando … ?
• Matola. M – a – t – o – l – a.
• Und woher kommen Sie?
• Ich komme aus Maputo in Mosambik.
• Mapu…?
• Maputo. M – a – p – u – t – o.

3 • Wie ist Ihr Name?
• Akina Bürger.
• Bürger? Wie schreibt man das?
• B – ü – r – g – e – r.
• Und woher kommen Sie?
• Ich komme aus Japan, aus Kanazawa. K – a – n – a – z – a – w – a.

4 • Wie heißen Sie?
• Matthew Smith.
• Matthew? Wie schreibt man das?
• M – a – t – t – h – e – w.
• Woher kommen Sie?
• Ich komme aus Wellington in Neuseeland. W – e – l – l – i – n – g – t – o – n. Wellington.

12

1 • Hallo, Lukas, wie geht's?
• Servus José. Gut. Und dir?
• Super!

2 • Guten Tag, wie heißen Sie?
• Ich heiße Kloberdanz, Heiko Kloberdanz. Und Sie?
• Diego Sánchez.

3 • Grüß Gott, Frau Schneider.
• Guten Tag, Frau Wang, wie geht es Ihnen?
• Gut, danke, und Ihnen?
• Auch gut.

4 • Wie heißt du?
• Ich heiße Thomas, und du?
• Ich heiße Elisabeth.

14

1 • Hallo Vivian!
• Hallo Lea, wie geht's?
• Gut. Und dir?

2 • Auf Wiederschauen, Herr Abiska.
• Auf Wiederschauen, Frau Smith.

3 • Guten Tag, Frau Smith.
• Grüß Gott, Herr Abiska.

4 • Servus Vivian.
• Tschüs Lea.

27

• Guten Tag, ich heiße Wladimir Bruggner. Ich möchte mich für den Kurs Deutsch als Fremdsprache B1 anmelden.
• Einen Moment bitte. Bruggner – wie schreibt man das?
• B – R – U – G – G – N – E – R, Wladimir.
• Wladimir … mit W oder mit V?
• Mit W.
• Wo wohnen Sie?
• Die Adresse ist Weineckstraße 17, 6170 Zirl.
• Und Ihre Telefonnummer?
• Meine Telefonnummer ist 05238/53976. Brauchen Sie auch mein Herkunftsland?
• Ja, und auch Ihren Beruf, wenn Sie wollen.
• Ich komme aus Russland. Ich bin Arzt.

28

1 • Wie geht's?
• Super!!!!

2 • Wie geht's?
• Na ja, es geht.

3 • Wie geht's?
• Sehr gut!!

4 • Wie geht's?
• Oh, schlecht. Sehr schlecht.

5 • Wie geht's?
• Gut.

Wichtige Wörter 4b

Bitte wiederholen Sie.
Bitte noch einmal.
Bitte buchstabieren Sie.

Wichtige Wörter 5

• Wie heißen Sie?
• Ich heiße Eva Morales.
• Wie schreibt man das?
Bitte buchstabieren Sie.
• Der Vorname ist: E – v – a, der Familienname ist Morales: M – o – r – a – l – e – s.
• Woher kommen Sie?
• Ich komme aus Peru.
• Bitte buchstabieren Sie.
• P – e – r – u.
• Danke. Und was sind Sie von Beruf?
• Ich bin Ingenieurin.

Alte Heimat, neue Heimat 2

13

1 • Wie viel kostet der Laptop?
• 565 Euro.
• Oh, das ist aber teuer.

2 • Und wie viel kostet das Handy?
• Nur 35 Euro.
• Das ist nicht teuer.

3 • Die Lampe kostet 57 Euro.
• Ja, aber sie ist sehr schön.

4 • Wie viel kostet der Tisch?
• Nur 64 Euro.
• 64 Euro? Das ist ok.

15

1 • Wie ist die Vorwahlnummer von Graz?
• Die Vorwahl von Graz? Ich glaube 0 – 3 – 1 – 6.

2 • Wie ist die Telefonnummer von Thomas?
• 46 – 53 – 33 in Klagenfurt.
• Und welche Vorwahl hat Klagenfurt?
• 0 – 4 – 6 – 3.

3 • Grüß Gott, ich suche die Vorwahl von Innsbruck.
• Einen Moment. Die Vorwahl von Innsbruck ist 0 – 5 – 1 – 2.
• Danke.

4 • Österreich hat die Vorwahl 43. Aber was ist die Vorwahl von Deutschland und der Schweiz?
• Die Vorwahl von Deutschland ist 49 und die von der Schweiz 41.

17

1 • Wie ist die Telefonnummer von Anna?
• Moment, … die Nummer ist 0 – 5 – 1 – 2 – 54 – 67 – 37.

2 • Wie ist Ihre Telefonnummer?
• Meine Telefonnummer ist 64 – 62 – 08.

3 • Wie ist deine Handynummer?
• 0 – 6 – 6 – 3 – 25 – 37 – 52 – 4 – 8 – 2.

4 • Die gewünschte Nummer ist 0316/23 90 52.

20b

Herr Berger kommt aus Innsbruck. Er ist Arzt. Er spricht Deutsch. Er lebt und arbeitet in Wien.

Wichtige Wörter 6

der CD-Player, die CD-Player – die Jacke, die Jacken – das Lineal, die Lineale – der Markierstift, die Markierstifte – das Notizbuch, die Notizbücher – die Geldbörse, die Geldbörsen – der Radiergummi, die Radiergummis – die Schere, die Scheren – die Tasse, die Tassen – der Zettel, die Zettel

Wichtige Wörter 7

die Zettel – die Bleistifte – die Markierstifte – die Plakate – die Scheren – die CDs – die Wörterbücher – die Uhren – die Sessel

Wichtige Wörter 8a

die Tür und das Fenster
die Jacke, die Geldbörse und der Schlüssel

der Laptop, der USB-Stick, das Tablet und das Handy

der Tisch, die Flasche, die Tasse, das Buch und das Notizbuch

3 Häuser und Wohnungen

7a

- Also, wir haben schon einen Geschirrspüler und einen Kühlschrank. Im Wohnzimmer ist aber noch kein Regal.
- Ja, dann kaufen wir das Regal bei Möbel Barth. Da sind Regale nicht so teuer.
- Gut, wir brauchen aber auch noch Blumen und wir haben kein Sofa. Das Wohnzimmer ist nicht schön.
- Ja, das ist richtig. Aber wir haben schon Sessel, zwei Fauteuils und der Fernseher ist auch da. In der Küche brauchen wir noch einen Herd.
- Ach, wir brauchen noch sehr viel.

14

- Wie findest du das Zimmer, Markus?
- Also, ich weiß nicht, Irina … Der Tisch ist ganz schön, aber den Fauteuil und das Sofa finde ich hässlich.
- So? Ich finde den Fauteuil und das Sofa schön. Sie sind modern und gemütlich.
- Und das Bild?
- Das finde ich furchtbar. Aber die Regale sind schön.
- Und der Kasten ist auch sehr schön.
- Na ja, der Kasten ist nicht schlecht.

19

Meine Frau und ich wohnen in St. Pölten, in der Kugelgasse 3. Wir haben eine 3-Zimmer-Wohnung. Das Haus hat zwei Stockwerke und drei Wohnungen. Wir wohnen im ersten Stock. Die Wohnung ist schön. Sie hat keine Terrasse, aber einen Balkon.

25

- Also Stefan, brauchst du jetzt eine Lampe oder nicht?
- Ich habe genug Lampen. Ich brauche keine.
- Gut, dann sparen wir Geld. Aber du brauchst einen Kasten und ein Bett.
- Ja, ein Bett brauche ich. Wie findet ihr das Bett hier? Es ist billig.
- Ja, 350 Euro sind o.k. Wir kaufen das Bett.
- Super, und jetzt noch einen Kasten. Seht mal dort, der Kasten ist schön.
- Aber 500 Euro! Das ist viel.
- Hm, aber ich finde den Kasten sehr schön. Ich habe eine Idee: Ich bezahle 150 Euro und ihr bezahlt 350 Euro.
- Gut. Das machen wir.
- Aber, der Kasten ist nicht schön. Er ist hässlich.
- Ich finde den Kasten schön. Und ich brauche einen Kasten, nicht du, Mama! Dann fehlt noch der Schreibtisch.
- Ja, aber den kaufen wir nicht hier. Im Möbelhaus Berger sind jetzt Schreibtische im Angebot. Das machen wir morgen.

4 Familienleben

3a

DIALOG 1:

- Wer ist das?
- Das hier ist mein Onkel Martin und das ist meine Tante Bianca.
- Und die Kinder?
- Links, das ist meine Cousine Caroline. Und rechts, das ist mein Cousin Marc.

DIALOG 2:

- Wer ist das?
- Das ist mein Bruder Alberto und das sind seine drei Kinder, also meine Nichten Rita und Maria und mein Neffe Daniel.

3b

DIALOG 1

- Wer ist das?
- Das ist mein Bruder Alberto und das sind seine drei Kinder, also meine Nichten Rita und Maria und mein Neffe Daniel.

DIALOG 2

- Wer ist das?
- Das hier ist mein Onkel Martin und das ist meine Tante Bianca.
- Und die Kinder?
- Links, das ist meine Cousine Caroline. Und rechts, das ist mein Cousin Marc.

15

- Was machen wir am Wochenende?
- Also, zuerst kaufen wir Lebensmittel, dann frühstücken wir und danach besichtigen wir die Stadt.
- Hat Graz viele Sehenswürdigkeiten?
- Natürlich! Es gibt zum Beispiel den Uhrturm und die Herrengasse. Die besichtigen wir.
- Hat Graz nur zwei Sehenswürdigkeiten?
- Nein. Es gibt auch noch die Murinsel, den Franziskanerplatz, die Oper, den Stadtpark …
- Einen Stadtpark? Das finde ich interessant. Dann machen wir einen Spaziergang im Stadtpark!
- Na ja, ich finde einen Spaziergang im Stadtpark langweilig.
- Gut, machen wir keinen Spaziergang und besuchen den Franziskanerplatz.
- Ja, das machen wir. Der Franziskanerplatz ist sehr interessant.

Wichtige Wörter 8a

Zuerst liest Diego eine Zeitung. Danach macht er eine Radtour. Dann kauft er eine Pizza im Supermarkt. Danach schreibt er ein E-Mail. Dann fährt er nach Wien. Er besichtigt das Schloss Schönbrunn. Er trifft Isabel und sie machen zuerst eine Schifffahrt auf der Donau. Danach essen sie im Restaurant. Isabel trinkt zuerst einen Kaffee. Dann nimmt sie den Bus und besucht ihre Großeltern. Sie isst zu Mittag. Dann lernt sie Deutsch. Danach chillt sie. Sie trifft Diego und sie machen zuerst eine Schiffahrt auf der Donau. Danach essen sie im Restaurant.

Der Tag und die Woche 5

2

1 Ich bin Peter. Sie fragen, was mein Hobby ist? Also, ich spiele gern Fußball. Aber Joggen finde ich langweilig. Und wir joggen viel beim Training. Leider!

2 Ich heiße Aigner, Georg Aigner. Ich lese gern Bücher. Am Wochenende lese ich immer viel. Das Internet finde ich langweilig. Ich surfe nicht gern im Internet.

3 Ich heiße Barbara Holzer. Mein Mann und ich tanzen gern. Wir machen einmal pro Woche einen Tanzkurs und gehen auch gern am Wochenende tanzen.

4 Also, ich bin Birgit und ich habe viele Hobbys. Ich höre gern Musik, ich koche gern und ich surfe gern im Internet. Aber ich gehe nicht gern wandern.

4

1
- Wann beginnt der Film?
- Ich glaube um Viertel nach acht.

2
- Beginnt das Fußballspiel um 6 Uhr?
- Nein, um halb sieben.

3
- Wann beginnt das Fest?
- Um halb zehn. Wir haben noch Zeit.

19

- Gehen wir heute Abend schwimmen?
- Heute habe ich keine Zeit, ich arbeite am Abend.
- Hast du morgen Zeit?
- Ja, morgen geht es um 18.00 Uhr.
- Geht es auch später?
- Okay. Um 19 Uhr?
- Ja, 19 Uhr ist gut.
- Bis morgen.

22

- Katrin Strasser, ja bitte?
- Hallo Katrin, hier ist Marina.
- Marina, hallo! Wie geht es dir?
- Ja, mir geht es gut. Hör mal, ich bin jetzt ein paar Tage in Graz. Hast du heute Abend Zeit?
- Nein, leider nicht. Aber morgen Abend habe ich Zeit.
- Hm, morgen ist Donnerstag. Schade, da geht es nicht. Ich treffe Paul und Martin. Und am Freitagabend? Am Samstag fahre ich schon wieder zurück nach Villach.
- Mal sehen… Ja, Freitag ist o.k. Gehen wir essen?
- Ja, gern. Und wo?
- In der Schlögelgasse ist eine Pizzeria. Sagen wir um 8 Uhr?
- Gut, dann bis Freitagabend. Tschüs.

25

- Robert, was machen wir in dieser Woche?
- Ach, ich weiß nicht, Franka. Die Angebote sind so langweilig.
- Aber, das Fußballspiel Rapid Wien gegen den Wiener Sportklub? Du findest doch Fußball interessant.
- Ja, aber der Wiener Sportklub ist nicht interessant.
- Am Abend gibt es ein Konzert im Musikverein. Wie findest du das? Ich höre gern Klavierkonzerte.
- Du weißt, ich höre auch gern Musik. Aber Klaviermusik? Ich habe keine Lust.
- O.k. Dann ist noch das Filmmuseum da.
- Ja, das ist sicher gut, aber am Sonntag habe ich keine Zeit.
- Und am Samstag?
- Ja, gern. Gehen wir am Nachmittag? Sagen wir um 17 Uhr?
- Gut. Dann gehen wir ins Museum und danach gehen wir essen.
- Ja, ich kenne ein China-Restaurant. Das ist sehr gut.

Wichtige Wörter 6

- Herr und Frau Vorfelder, Ihre Freunde und Bekannten sagen, Sie sind das Ehepaar mit den 100 Hobbys. Stimmt das?
- Na ja, 100 Hobbys sind natürlich etwas viel, aber wir sind beide schon sehr aktiv. Ich zum Beispiel gehe dreimal pro Woche schwimmen und ich spiele in einer Frauenmannschaft Fußball. Am Sonntagnachmittag gehe ich gerne tanzen.
- Gehen Sie dann mit, Herr Vorfelder?
- Ja natürlich, wir tanzen beide sehr gerne. Aber sonst mache ich nicht so viel Sport. Fußball zum Beispiel finde ich langweilig und Schwimmen mag ich auch nicht. Ich fotografiere viel und gerne und mit Freunden spiele ich jeden Mittwochabend Karten. Außerdem bin ich im Musikverein. Ich spiele Trompete.
- Wie finden Sie die Hobbys von Ihrem Mann?
- Also, Fotografieren finde ich sehr interessant, denn mein Mann macht wirklich schöne Fotos, aber Karten spielen… naja. Ich war einmal dabei und es war doch sehr langweilig für mich.
- Sie gehen zusammen tanzen. Was machen Sie außerdem noch zusammen?
- Wir finden beide Karaoke singen gut. Das machen wir auch gerne mit Freunden zusammen.
- Aber das machen wir nicht so oft. Vielleicht einmal im Monat, denn in unserem Wohnort gibt es keine Karaokebar. Wir müssen immer 50 Kilometer nach Wien fahren.

6 Guten Appetit!

16

Meine Damen und Herren! Heute haben wir für Sie im Angebot: ein Becher Joghurt für nur 69 Cent, ein halbes Kilo Kaffee für nur 3,99 €. Eine Tafel Schokolade bekommen Sie heute schon für 59 Cent. Und unser Backshop hat heute Apfelkuchen im Angebot: das Stück für nur 1,40 €.

18

- Guten Tag, was möchten Sie?
- 30 Deka Faschiertes, bitte.
- 30 Deka Faschiertes, das macht 2,40 €. Haben Sie noch einen Wunsch?
- Ja, ich nehme auch 5 Scheiben Schinken.
- Ist das alles?
- Ja, vielen Dank.
- Das macht dann zusammen 4,10 €. Haben Sie es genau?
- Nein, leider nicht. Ich habe nur 10 Euro.
- Dann bekommen Sie 5,90 Euro zurück.

23a

- Herr Matuschek, was essen Sie zum Frühstück?
- Ich esse oft Brot mit Marmelade.
- Und was trinken Sie?
- Am Morgen trinke ich immer Kaffee.
- Und Sie, Frau Pichler, was essen Sie heute zu Mittag?
- Ich esse eine Suppe und dazu einen Salat.
- Robert, was isst du zum Abendessen?
- Ich esse immer zwei Brote mit Aufschnitt und manchmal Paradeiser.
- Und was trinkst du?
- Tee oder Apfelsaft.

Wichtige Wörter 6a

1
- Hallo Eva, magst du Pudding mit Salz und Pfeffer?
- Nein, das finde ich furchtbar.

2 • Erik, isst du gern Müsli mit Äpfeln und Birnen?
• Ja, das mag ich.

3 • Maria, findest du Kaffee mit Honig gut?
• Nein, das trinke ich ganz bestimmt nicht.

Arbeit und Beruf 7

13

1
Meine Arbeit fängt um 18 Uhr am Abend an. Ab 19 Uhr kommen viele Leute, denn sie wollen essen. Dann habe ich viel Arbeit. Leider verdiene ich sehr wenig.

2
Ich arbeite immer am Vormittag in einer Volksschule. Die Kinder sind 6 bis 10 Jahre alt. Sie lernen schreiben, lesen und rechnen. Ich verdiene nicht schlecht. Die Arbeit ist aber manchmal nicht leicht. Die Kinder hören manchmal nicht zu und ich muss oft am Nachmittag und am Abend arbeiten.

3
Ich fange schon sehr früh an. Zuerst sortiere ich die Post, dann bringe ich sie zu den Leuten. Die Arbeit ist gut, ich bin viel draußen und das ist schön. Manchmal habe ich aber auch Probleme: Ich kann die Adressen schlecht lesen oder es ist sehr kalt.

17a

• Stephanie, ich gehe jetzt einkaufen.
• Gut, Thomas, aber zuerst musst du zur Bank gehen. Wir brauchen Geld.
• O.k., ich hebe 200 Euro ab.
• Und wir müssen noch 150 Euro für den Kindergarten von Robert überweisen.
• Hast du die Bankverbindung vom Kindergarten?
• Ja, die ist hier. Der BIC ist BKAUATWW, Bank Austria in Wien, und die IBAN ist AT97 1200 0105 1009 0911 18.

17b

• Wie bitte? Kannst du das noch einmal wiederholen?
• Also der BIC ist BKAUATWW, Bank Austria in Wien, und die IBAN ist AT97 1200 0105 1009 0911 18.
• Und ich muss 150 Euro überweisen. Richtig?
• Ja, 150 Euro.

Gute Besserung! 8

5

1 • Praxis Dr. Golger, grüß Gott.
• Guten Tag, mein Name ist Costa. Ich hätte gern einen Termin.
• Nächste Woche am Donnerstag um 16.45 Uhr?
• Oh, nein. Das geht nicht. Ich arbeite bis kurz nach fünf.
• Können Sie um dreiviertel sechs hier sein?
• Ja, das geht.
• Gut, dann am Donnerstag um 17.45 Uhr.
• Danke, auf Wiederhören.

2 Das ist der Anrufbeantworter der Praxis Dr. Koletnik. Sie rufen außerhalb unserer Ordinationszeiten an. Unsere Ordinationszeiten sind Montag, Dienstag, Donnerstag und Freitag von 8 bis 12.30 Uhr sowie am Donnerstag von 15 bis 19 Uhr. In dringenden Notfällen …

14

• Ist Ihre Tochter oft krank?
• Ja, Sarafina ist leider oft krank.
• Gehen Sie sofort zum Arzt?
• Nein, nein, meistens gehe ich nicht zum Arzt. Ich messe immer zuerst Fieber. Dann koche ich einen Tee. Trinken ist immer gut. Aber manchmal will Sarafina keinen Tee trinken, sie will lieber Cola. Aber Cola ist nicht gesund, das gebe ich Sarafina nicht. Sie soll Tee trinken, wenn sie krank ist. Das ist am besten. Ja, und dann lese ich eine Geschichte vor, das mag sie gern. Dann schläft sie meistens auch ein bisschen. Und ich schreibe natürlich eine Entschuldigung für die Schule.

25

• Die Sendung heute hat zum Thema „Gesundes Essen". Wir haben vier Personen gefragt: Ist für Sie gesundes Essen und Leben wichtig?

1 • Was denken Sie, Herr Moser?
• Gesundes Essen, das heißt jeden Tag fünf Portionen Obst und Gemüse? Ich habe gar nicht so viel Zeit. Nein, das glaube ich nicht. Viele Leute essen nicht so gesund und rauchen vielleicht auch und sie werden sehr alt und bleiben gesund.

2
- Und Frau Wieser, was ist Ihre Meinung?
- Ich finde das richtig. Gesundes Essen ist ganz wichtig, besonders für die Kinder. Viele Kinder sind ja zu dick und unsportlich.

3
- Herr Murakami, was denken Sie?
- In meinem Land sagt man, dass man viel Gemüse und Fisch essen soll. Und man soll nicht zu viel essen. Lieber ein bisschen zu wenig, das ist besser als zu viel. Gesund leben – ja, das ist wichtig.

4
- Frau Wagner, ist für Sie gesundes Essen wichtig?
- Ach, ich weiß nicht, man muss auch Spaß im Leben haben. Das ist auch wichtig. Ich mag gutes Essen, ich esse gern Fleisch und Süßes mag ich auch, das ist wichtig für mich. Ich glaube, wenn ich zufrieden bin, dann bin ich auch gesund.

Wichtige Wörter 6

1 der Arm und das Bein
2 der Fuß und die Hand
3 der Rücken und der Bauch
4 der Oberschenkel und der Unterschenkel
5 die Lippen und der Mund
6 der Finger und die Zehe
7 die Wimpern und das Auge
8 die Wirbelsäule und der Rücken

9 Wege durch die Stadt

1b

- Sagt einmal, wie kommt ihr zum Deutschkurs? Mit dem Auto, dem Zug, dem Bus, der Straßenbahn, der U-Bahn oder geht ihr zu Fuß? Oder nehmt ihr auch das Fahrrad? Ja, Pedro?
- Also, ich fahre meistens mit dem Auto zum Deutschkurs. Manchmal nehme ich auch die U-Bahn oder den Bus. Mit dem Fahrrad fahre ich nie.
- Und du Susanne?
- Ich wohne 30 Kilometer weit weg. Leider habe ich kein Auto. Ich muss also immer den Zug nehmen. Dann nehme ich die Straßenbahn und fahre zum Deutschkurs.
- Und ihr, Madga und Pavel? Ihr kommt ja immer zusammen?
- Ja, und wir können zu Fuß gehen. Wir wohnen ja nicht weit von hier. Oft nehmen wir auch die Fahrräder.

3

Frau Dettinger:
Wir haben ein Auto, aber ich fahre sehr gerne mit dem Fahrrad. In der Stadt ist ein Fahrrad sehr praktisch. Außerdem ist es sehr billig, billiger als das Auto und gesund. Mit dem Auto fährt immer mein Mann, ich nie.

Herr Scolari:
Ich fahre sehr gerne Auto. Das ist sehr bequem. Ich benutze es für die Fahrt in die Arbeit und am Wochenende mache ich mit meiner Familie gerne Ausflüge mit dem Auto. Leider aber ist das Autofahren teuer.

Herr Alexandrov:
Hier in Österreich fahren viele Leute Rad, aber ich nicht. In meiner Heimat benutzen nur wenige Leute Fahrräder und ich kann auch nicht Rad fahren. Ein Auto habe ich nicht. Hier in Wien nehme ich oft die U-Bahn und die S-Bahn. So kommt man sehr schnell durch die Stadt.

4

- Frau Keintzel, Sie sind Lehrerin und arbeiten an der Volksschule Börsegasse in Wien. Wie kommen Sie jeden Morgen in die Arbeit?
- Ich brauche ziemlich lange. Ich kann leider nicht mit dem Zug fahren, denn bei uns gibt es keinen Bahnhof. Ich fahre jeden Tag mit dem Auto. Meistens sind die Straßen sehr voll, dann brauche ich am Morgen eine ganze Stunde. Ja, das ist viel Zeit.

16

- Entschuldigung, ich suche die Post.
- Die Post … ja … Gehen Sie hier geradeaus und dann die zweite Straße links.
- Ja, die zweite links. Und dann?
- Dann die nächste Straße rechts und sofort wieder links.
- Also geradeaus, die zweite links, dann rechts, dann wieder links.
- Ja, genau. Dann sehen Sie schon die Post. Sie brauchen so zehn Minuten.
- Danke schön.

Wichtige Wörter 8

- Frau Haidiri, Sie sind viel unterwegs. Welche Verkehrsmittel benutzen Sie?
- Für die Arbeit und für Einkäufe benutze ich das Fahrrad. Also das Fahrrad benutze ich jeden Tag, auch am Wochenende für Aus-

flüge. Ich habe auch ein Auto, und das brauche ich auch oft, zum Beispiel, wenn ich meine Eltern besuche. Sie wohnen etwa zwei Autostunden von hier. Manchmal fahre ich auch mit dem Zug, wenn ich weiter weg muss. Fliegen mag ich nicht, also mit Flugzeugen mache ich keine Reisen. Ach ja, ich habe auch einen Motorroller, aber den benutze ich nur sehr selten.

Mein Leben 10

17

- Herr Kowalski, wann sind Sie geboren?
- Ich bin 1975 in Polen geboren.
- Sind Sie in Polen auch in die Schule gegangen?
- Ja, insgesamt 10 Jahre, 1981 bin ich in die Schule gekommen und 1991 war ich mit der Schule fertig.
- Wann sind Sie nach Österreich gekommen?
- Das war 1999. Ein Jahr früher, also 1998, habe ich geheiratet. Meine Frau ist Österreicherin, sie hat in Polen gearbeitet, aber wir sind dann zusammen nach Bregenz gegangen.
- Wo haben Sie Deutsch gelernt?
- Das war in einer Sprachschule in Bregenz. Ich habe von 2000 bis 2001 Deutschkurse an einer Sprachschule gemacht und danach war ich Hausmeister in einer Schule in Bregenz.
- Aber jetzt sind Sie nicht mehr Hausmeister. Wie lange haben Sie in der Schule gearbeitet?
- Angefangen habe ich 2002 und aufgehört habe ich 2016. Jetzt lerne ich den Beruf Altenpfleger. Das mache ich seit Anfang 2017.
- Herr Kowalski, vielen Dank für das Interview.

19

- Grüß Gott, schön, dass Sie gekommen sind. Ich heiße Wernegger, ich bin die Lehrerin der dritten Klasse.
- Guten Tag, Frau Wernegger, mein Name ist Erattu. Das ist meine Frau.
- Ja, Sie kommen wegen Ihrer Tochter, wegen Usha. Wie alt ist sie jetzt?
- Sie ist jetzt neun Jahre.
- Wann ist sie in die Schule gekommen?
- Vor drei Jahren, sie war sechs Jahre alt.
- Hat sie Probleme in der Schule gehabt?
- Nein, sie ist immer gern in die Schule gegangen, sie hat gern gelernt, hat gute Noten gehabt, besonders in Mathematik.
- Kann Usha schon Deutsch sprechen? Kann sie alles verstehen?
- Ja, sie hat schon Deutsch gelernt, sie kann aber nicht alles verstehen, sie braucht Hilfe.

20b

- Ja, da habe ich ein Angebot für Sie. Es gibt hier einen Verein, er heißt „Gute Schüler". Dieser Verein hilft Schülern, wenn sie Probleme haben, österreichischen und ausländischen Schülern.
- Und was kostet das?
- Das kostet nichts, die Leute helfen ehrenamtlich.
- Ehrenamtlich, was bedeutet das?
- Ehrenamtlich heißt, es ist nicht ihr Beruf, sie bekommen kein Geld. Die Leute machen es, weil sie helfen möchten.
- Das ist eine gute Chance. Das kann Usha machen. Sie ist bestimmt sehr fleißig und brav.
- Ja, dann spreche ich mit dem Verein.

Wichtige Wörter 4 a+c

Am Freitag sind Fatima und Simon in Wien angekommen. Es war sehr spät, schon 21 Uhr. Sie haben in einem schönen Hotel gewohnt und ihr Zimmer war sehr gemütlich.
Am Samstagvormittag haben sie den Bus genommen und eine Stadtrundfahrt gemacht. Unterwegs sind sie an vielen bekannten Gebäuden auf der Ringstraße vorbeigekommen, zum Beispiel am Burgtheater. Sie sind zum Prater gefahren, danach haben sie den Donauturm gesehen.
Nach der Busfahrt haben sie in der Innenstadt gemütlich einen Kaffee getrunken und auch den Stephansturm gesehen. Am Abend sind sie in ein tolles Konzert gegangen. Am Sonntag sind sie sehr spät aufgestanden und sind nach dem Frühstück auf dem Hotelbalkon gesessen. Am Nachmittag haben sie einen Spaziergang zum Schloss Belvedere gemacht und am Abend haben sie in einem Restaurant im 1. Bezirk gegessen.

Ämter und Behörden 11

6

- Mein Name ist Stefan Riegler und ich bin am 14. 5. 1977 geboren. Meine Frau heißt Katrin und ist am 3. 6. 1979 geboren. Wir wohnen seit dem 18. April 2012 in Graz.

- Sind Sie verheiratet?
- Ja, wir haben 2005 geheiratet.
- Und wann genau?
- Das war im Dezember, am 14. 12. 2005.
- Und wann ist Ihr Sohn geboren?
- Tim ist am 31. 1. 2007 geboren.
- Wann haben Sie eigentlich Ihren Führerschein gemacht?
- Da muss ich im Führerschein nachschauen … Ja, hier steht es: Das war am 11. 4. 1997. Und der Führerschein ist sehr wichtig für mich. Ich arbeite seit 2010 als Taxifahrer.
- Und seit wann genau?
- Seit dem 1. Februar 2010.

11

- Entschuldigung, können Sie mir helfen?
- Ja gern, was kann ich für Sie tun?
- Ich habe hier ein Formular und verstehe das Wort *berufstätig* nicht.
- Haben Sie eine Arbeit?
- Ja, ich bin Verkäufer.
- Dann sind Sie berufstätig.
- Ah, okay, vielen Dank.

17b

Heute geht Herr Gruber zur Kfz-Zulassungsstelle. Er möchte sein neues Auto anmelden. Er hat einen Termin um 11 Uhr im 1. Stock in Zimmer 134.

Wichtige Wörter 5 + 6

Am Informationsschalter
- Ich suche das Büro von Frau Vekantesh.
- Sie ist in Zimmer 313.

Bei der Sprachschule
- Welchen Kurs möchten Sie besuchen?
- Ich möchte den Französischkurs A2 machen.
- Kann ich bitte kurz Ihren Kugelschreiber benutzen?
- Ja natürlich, gerne.

Bei der Kfz-Zulassungsstelle
- Für die Abmeldung von Ihrem Auto brauche ich die Nummernschilder.
- Einen Moment, die muss ich noch holen.

Beim Standesamt
- Können wir noch im Dezember einen Heiratstermin bekommen?
- Wir haben noch am 21. oder 22. Dezember Termine frei. Passt Ihnen zum Beispiel der 22. Dezember um 11 Uhr?

Beim Meldeservice
- Wann sind Sie nach Innsbruck gezogen?
- Das war am 14. Oktober, also vor zehn Tagen.

Beim Wohnungsamt
- Guten Tag, ich möchte einen Antrag auf Wohnbeihilfe stellen.
- Dann brauche ich Ihren Mietvertrag und eine Gehaltsabrechnung.

Beim Fundamt
- Grüß Gott, ich habe meine Uhr verloren.
- Wann und wo haben Sie Ihre Uhr verloren?

Im Warteraum
- Entschuldigen Sie bitte, wo finde ich hier die Wartenummern?
- Wartenummern finden Sie rechts am Eingang.

12 Im Kaufhaus

9

Karin Partl:
Ich habe zwei Kinder. Die brauchen immer etwas. Früher habe ich auch gern für mich eingekauft und bin in Boutiquen gegangen, das hat mir Spaß gemacht. Aber jetzt habe ich keine Zeit mehr. Jetzt kaufe ich meistens nur Kleidung für die Kinder. Meistens gehen wir zum Sommer- oder zum Winterschlussverkauf in die Kaufhäuser. Das ist nicht so teuer. Ich will und kann nicht so viel Geld ausgeben.

Rolf Schubeck:
Einkaufen? Oh nein, das mache ich nicht gerne! Manchmal brauche ich natürlich neue Kleidung. Meine Frau will dann mit mir einkaufen gehen. Aber das will ich nicht. Ich kaufe gerne im Internet. Das geht schnell und man muss nicht so viel in der Stadt herumlaufen. Boutiquen finde ich ganz furchtbar. Meine Frau geht manchmal einen ganzen Tag in die Stadt und kauft ein. Das finde ich schrecklich.

Denise Berger:
Ich bin Studentin und ich habe nicht so viel Geld. Ich kaufe meistens auf dem Flohmarkt. Da kann man immer etwas Interessantes finden und es ist günstig.Ich gehe auch gerne mit meiner Freundin in die Stadt, in die Kaufhäuser. Aber wir kaufen meistens nichts. Wir schauen nur. Manchmal probieren wir auch etwas an. Das macht Spaß.

12

- Grüß Gott, kann ich Ihnen helfen?
- Ja, bitte, ich suche einen Mantel.
- Mäntel gibt es hier. Welcher Mantel gefällt Ihnen?
- Kann ich den weißen Mantel anprobieren?
- Ja, natürlich. Moment, ich helfe Ihnen. So, wie gefällt Ihnen der Mantel?
- Ach, nein, der gefällt mir nicht. Haben Sie auch Jacken?
- Ja, hier sind Jacken. Die gelbe Jacke ist sehr elegant.
- Gelb? Nein, ich möchte die braune Jacke anprobieren.
- Gern. Ja, die braune Jacke sieht sehr gut aus.
- Ach nein, die gefällt mir auch nicht.
- Möchten Sie vielleicht die rote Jacke anprobieren?
- Nein, danke. Ich gehe erst einmal einen Kaffee trinken.

15

1 Kann ich Ihnen helfen?
2 Wie findest du den Pullover?
3 Wo kann ich das bezahlen?
4 Wie lange haben Sie geöffnet?

18b

1
- Kann ich Ihnen helfen?
- Ja, ich möchte den schwarzen Pullover, aber ich finde kein Preisschild.
- Die Pullover hier sind alle im Angebot, sie kosten 24 Euro 50.

2
- Entschuldigung. Können Sie mir helfen?
- Ja, was brauchen Sie denn?
- Ich habe diesen Rock in Größe 44 anprobiert, aber er ist zu groß. Haben Sie den auch in Größe 42?
- Diesen Rock in Größe 42? Moment bitte, 40, 44. Nein, tut mir leid, in Größe 42 haben wir den Rock nicht mehr.

19

1 20 – 43 – 65 – 98 – 30 – 21 – 54 – 40 – 76 – 90 – 43

2 52 – 55 – 60 – 74 – 66 – 75 – 87 – 40 – 98 – 89 – 47 – 52

20b

Am Wochenende muss ich einkaufen. Ich brauche einen Wintermantel und Winterschuhe. Meine Frau kommt vielleicht auch mit und hilft mir. Sie geht gerne einkaufen. Sie kauft gerne Schuhe, Taschen und Modeschmuck.

Auf Reisen 13

5

1 Meine Damen und Herren, bitte beachten Sie: Der Regionalexpress RE 79018 nach Graz Hauptbahnhof fährt heute von Bahnsteig 4 und nicht von Bahnsteig 22 ab.

2 Der Railjet von Linz über Wien nach Budapest fährt jetzt auf Bahnsteig 5 ein. Die Wagen der ersten Klasse halten in den Abschnitten A und B, die Wagen der zweiten Klasse in den Abschnitten C bis E. Bitte Vorsicht bei der Einfahrt.

6

- Grüß Gott.
- Guten Tag, ich hätte gern eine Fahrkarte von Wels nach Wien.
- Wann möchten Sie fahren?
- Ich möchte morgen in der Früh fahren. Ab 8 Uhr.
- Um 8 Uhr 16 fährt ein IC. Sie sind um 10 Uhr 05 in Wien.
- Muss ich umsteigen?
- Nein, der Zug fährt direkt. 1. oder 2. Klasse?
- Zweite Klasse, bitte.
- Haben Sie eine Vorteilscard?
- Ja, ich habe eine Vorteilscard Classic.
- Möchten Sie eine Reservierung?
- Ja, mit Reservierung, bitte.
- Das macht dann 22,70 Euro.
- Kann ich mit Bankomatkarte bezahlen?
- Ja, natürlich.

12

- Hi Ilona. Was machen wir heute?
- Ich weiß nicht. Heute ist das Wetter schlecht. Es ist nass, es regnet und es ist kalt.
- Und windig ist es auch. Wirklich nicht angenehm. Ich bleibe zu Hause.

- Ja, die Radtour können wir heute nicht machen. Schade, gestern war es so schön. Es hat nicht geregnet. Keine Wolke am Himmel.
- Ja, die Sonne hat geschienen und es war warm. Hoffentlich ist es morgen wieder schön. Dann können wir um den See fahren.

20b

Der Urlaub war wunderschön und das Wetter war fantastisch. Zuerst sind wir mit dem Zug nach Obertraun gefahren. Die Fahrt war interessant. In Hallstatt haben wir dann das preiswerte Hotel *Seeblick* gefunden. Die Zimmer waren gemütlich, aber sehr klein. Am nächsten Tag haben wir eine Wandertour an den wunderschönen See gemacht und sind auf einen Berg gestiegen. Oben war es windig und wir haben den warmen Pullover und die lange Jacke angezogen. Leider ist der Urlaub schon zu Ende, wir sind wieder zu Hause und hier ist das Wetter nasskalt und windig.

14 Zusammen leben

2

- Ich heiße René Böhm und wohne in einem Mietshaus, im 1. Stock rechts.
- Und wer wohnt noch bei Ihnen im Haus?
- Neben mir im 1. Stock wohnt Familie Leitner. Sie haben zwei kleine Kinder, ein Baby und einen Buben. Der ist vielleicht drei Jahre alt. Frau Leitner ist immer sehr nett, sie hat mir auch schon oft geholfen.
- Und im zweiten Stock?
- Über mir wohnen zwei Studentinnen. Sie heißen Anne Raković und Mirja Malek. Neben Anne und Mirja wohnen Herr und Frau Weber. Sie haben keine Kinder … oder vielleicht sind die Kinder schon erwachsen, das weiß ich nicht genau. Ich kenne sie nicht so gut.
- Und kennen Sie auch die Leute im Erdgeschoss?
- Ja, aber nicht so gut. Unter mir im Erdgeschoss rechts wohnt ein älterer Herr, er heißt Karner. Und neben Herrn Karner, im Erdgeschoss links, wohnt Familie Semra. Sie haben auch zwei Kinder. Aber die Kinder sind schon groß, 15 oder 16 Jahre. Sie kommen aus Afrika, aber sie sprechen sehr gut Deutsch. Sie leben schon lange hier.

10

1 Hallo, ich glaube, wir kennen uns noch nicht. Mein Name ist Maluszek, Igor Maluszek.
2 Sind Sie neu hier?
3 Schönes Wetter heute.
4 Hm, das schmeckt gut. Haben Sie das selbst gemacht?
5 Die Musik ist super. Wollen wir tanzen?
6 Der Regen ist schrecklich. Er hört überhaupt nicht auf!

11

- In einem Mietshaus kann es manchmal Probleme geben. Wir haben einige Leute zu diesem Thema befragt. Frau Vuković, erzählen Sie doch bitte.
- Also, bei uns hat es letztes Jahr viele Probleme gegeben. Im Winter war es an einem Samstagvormittag plötzlich sehr kalt. Die Zentralheizung hat nicht mehr funktioniert. Erst am Abend ist der Hausmeister mit dem Notdienst gekommen und erst spät in der Nacht war meine Wohnung wieder warm. Manchmal funktioniert das Licht im Stiegenhaus nicht. Dann muss immer der Hausmeister kommen und die Lampe reparieren.
- Und Herr Baumgartner, was haben Sie schon erlebt?
- Das Mietshaus, in dem ich wohne, ist schon sehr alt und viele Sachen funktionieren nur schlecht. Oft fährt der Lift nicht und ich muss dann zu Fuß die Stiegen hinauf zu meiner Wohnung. Das ist anstrengend, denn ich wohne im vierten Stock. Vor einigen Wochen war viel Müll von anderen Mietern im Stiegenhaus. Ich habe deshalb die Hausverwaltung angerufen. Ein Mann von der Hausverwaltung hat mit den Mietern gesprochen und die Mieter haben dann alles aufgeräumt.

CD Inhalt

Auf diesen CDs finden Sie alle Hörtexte zum Arbeitsbuch.

CD1

CD Inhalt

CD2

Track	Übung	Titel	Seite
2.01	Nutzerhinweis		
	Lektion 8	**Gute Besserung!**	
2.02	**Ü4**	Einen Termin machen	93
2.03	**Ü5**	Einen Termin am Telefon machen	93
2.04	**Ü14**	Frau Lutter erzählt	96
2.05	**Ü21**	Ein Notruf	98
2.06	**Ü22**	Ein Unfall	98
2.07	**Ü25**	Gesund essen	99
2.08	**Wörter Ü3**	Wörter hören und nachsprechen	101
2.09	**Wörter Ü5**	Neue Wörter nachsprechen	102
2.10	**Wörter Ü6**	Wortpaare	102
	Lektion 9	**Wege durch die Stadt**	
2.11	**Ü1b**	Welches Verkehrsmittel benutzen die Personen?	104
2.12	**Ü3**	Verkehrsmittel: Vorteile und Nachteile	105
2.13	**Ü4**	Der Weg in die Arbeit	105
2.14	**Ü16**	Wegbeschreibung	109
2.15	**Wörter Ü3**	Wörter hören und nachsprechen	113
2.16	**Wörter Ü5**	Neue Wörter nachsprechen	114
2.17	**Wörter Ü8**	Welche Verkehrsmittel benutzt Frau Haidiri?	115
	Lektion 10	**Mein Leben**	
2.18	**Ü4c**	Was haben sie gemacht?	117
2.19	**Ü6b**	Fragen und Antworten im Perfekt	118
2.20	**Ü17**	Das Leben von Herrn Kowalski	122
2.21	**Ü18b**	Schreibtraining: Kontrolle	122
2.22	**Ü19**	Ein Gespräch mit der Lehrerin, Teil 1	123
2.23	**Ü20b**	Ein Gespräch mit der Lehrerin, Teil 2	123
2.24	**Wörter Ü3**	Wörter hören und nachsprechen	125
2.25	**Wörter Ü4a+c**	Eine Wochenendreise nach Wien	126/127
	Lektion 11	**Ämter und Behörden**	
2.26	**Ü6**	Wichtige Daten im Leben von Herrn Riegler	130
2.27	**Ü11**	Textkaraoke	132
2.28	**Ü12**	Anmeldung bei der Sprachschule	133
2.29	**Ü17b**	Diktat	134
2.30	**Wörter Ü3**	Wörter hören und nachsprechen	137
2.31	**Wörter Ü5+6**	Minidialoge im Bezirksamt: Am Informationsschalter	139
2.32		Bei der Sprachschule	
2.33		Bei der KfZ-Zulassungsstelle	
2.34		Beim Standesamt	
2.35		Beim Meldeservice	
2.36		Beim Wohnungsamt	
2.37		Beim Fundamt	
2.38		Im Warteraum	

CD Inhalt

Audio-CD zum Arbeitsbuch A1

Pluspunkt Deutsch A1
Leben in Österreich

Studio:	Clarity Studio Berlin
Regie und Aufnahmeleitung:	Susanne Kreutzer
Tontechnik und Sounddesign:	Christian Marx
Sprecherinnen und Sprecher:	Roman Hemetsberger, Ingrid Mülleder, Martin Muliar, Michael Pink, Eva Rahner, Anna Rot, Vera Schmidt, Paul Sonderegger.
Projektleitung:	Dr. Ulrike Litters
Redaktion:	Kristina Kremer

Bildquellen

Cover: Fotolia / Ing. Schieder Markus; **S. 4** Cornelsen, Hugo Herold Fotokunst – **S. 6** 1: Fotolia, Erwin Wodicka; 2: Fotolia, Jan Becke; 3: Fotolia, Robert Kneschke; 4: Fotolia, Janina Dierks – **S. 8** 1: Fotolia, contrastwerkstatt; 2: Fotolia, Margarita Valua; 3: Shutterstock, Donskaya Olga – **S. 9** 1: Fotolia, Lucky Dragon; 2: Shutterstock, Nola Rin; 3: Fotolia, babimu; 4: Fotolia, Petair; 5: Fotolia, KABUGUI – **S. 11** 1: Fotolia, Kzenon; 2: Shutterstock, bikeriderlondon – **S. 14** 1-4: Cornelsen, Hugo Herold Fotokunst – **S. 15** 5-8: Cornelsen, Hugo Herold Fotokunst – **S. 18** oben 1: Imago Stock & People GmbH, SKATA; 2: Imago Stock & People GmbH, ZUMA Press; 3: Imago Sportfotodienst GmbH; unten 1: Fotolia, Marina Lohrbach; 2: Fotolia, GoldPix; 3: Fotolia, Igor Tarasov; 4: Fotolia, B. Wylezich – **S. 19** 5: Fotolia, gradt; 6+7: Fotolia, by-studio; 8: Fotolia, Schlierner – **S. 20** 1: Fotolia, PhotoSG; 2: Fotolia, Pixelspieler; 3: Fotolia, ThorstenSchmitt; 4: Fotolia, by-studio – **S. 21** 1: Fotolia, kityyaya; 2: Fotolia, disq; 3: Fotolia, SASIMOTO; 4: Fotolia, md3d; 5: Fotolia, somartin; 6: Fotolia, DR – **S. 22** links: Fotolia, Manuel Tennert; rechts: Fotolia, Dan Race – **S. 23** 1: Shutterstock, rCarner; 2: Shutterstock, Abihatsira Issac; 3: Shutterstock, Symbiot; 4: Fotolia, Thomas Francois; 5: Fotolia, Joshhh; 6: Fotolia, fmarsicano; 7: Fotolia, Jacek Chabraszewski; 8: Shutterstock, Victor Maschek – **S. 26** 1: Fotolia, VRD; 2: Fotolia, Kathrin; 3: Fotolia, Igor Tarasov; 4: Fotolia, gradt; 9: Fotolia, Bjoern Wylezich; 10: Fotolia, Schlierner; 11: Fotolia, ThorstenSchmitt; 12: Fotolia, PhotoSG; 17: Fotolia, ChristianSchwier; 18: Fotolia, montebelli; 19: Fotolia, DOC RABE Media; 20: Fotolia, PRILL Mediendesign; 25: Fotolia, rdnzl; 26: Fotolia, Lucky Dragon; 27: Fotolia, by-studio; 28: Fotolia, Yiannis Kakaletsis – **S. 27** 5: Fotolia, Adamus; 6: Fotolia, apfelweile; 7: Fotolia, Bottle Foto-Ruhrgebiet; 8: Fotolia, Pixelspieler; 13: Fotolia, BEAUTYofLIFE; 14: Fotolia, Olga Kovalenko; 15: Fotolia, Daniela Stärk; 16: Fotolia, jd-photodesign; 21: Fotolia, markus_marb; 22: Fotolia, gena96; 23: Fotolia, Max Diesel; 24: Fotolia, Maceo; 29: Fotolia, by-studio; 30: Clip Dealer, Prill Mediendesign & Fotografie; 31: Shutterstock, Yuyula; 32: Clip Dealer, Teamarbeit - Heike Brauer **S. 28** Fotolia, Mihalis A. – **S. 30** Bleistift: Fotolia, VRD; Kugelschreiber: Fotolia, Schlierner; USB-Stick: Clip Dealer, Prill Mediendesign & Fotografie – **S. 31** oben: Fotolia, Igor Tarasov; unten: Fotolia, gradt – **S. 32** 1: Fotolia, by-studio; 2: Fotolia, Fotolia/mekcar; 3: Fotolia, Daniel Etzold; 4: Fotolia, Birgit Reitz-Hofmann; 5: Fotolia, BeTa-Artworks – **S. 33** oben: Shutterstock, Boudikka; unten links: Clip Dealer, ArTo; unten Mitte: Fotolia, Tiberius Gracchus; unten rechts: Fotolia, Jürgen Fälchle **S. 35** Cornelsen, Hugo Herold Fotokunst – **S. 38** 1: Fotolia, Fotolia/Alexandre Zveiger; 2: Fotolia, Fotolia/Iriana Shiyan; 3: Fotolia, Fotolia/Monster; 4: Fotolia, Fotolia/Jürgen Fälchle **S. 39** 5: Fotolia, Sandra Kemppainen; 6: Shutterstock, JPagetRFPhotos; 7: Shutterstock, Elena Elisseeva; 8: Fotolia, bartholomäus **S. 40** Fotolia, Monkey Business – **S. 41** links: Shutterstock, Arina P Habich; rechts: Shutterstock, Monkey Business Images – **S. 42** 1 v.l.n.r.: Fotolia, lu-photo; Fotolia, Bjoern Wylezich; Fotolia, Jonas Ginter; Fotolia, Benjamin Heinzel; 2 v.l.n.r.: Fotolia, Michaela Rofeld; Fotolia, PhotoSG; Fotolia, Markus Mainka; Fotolia, Bjoern Wylezich – **S. 44** v.l.n.r.: Fotolia, Yü Lan; Shutterstock, pavel dudek; Shutterstock, Roman Babakin; Fotolia, Lisa Payr – **S. 47** oben: Shutterstock, canadastock; Mitte: Shtterstock, Laszlo Szirtesi; unten: Fotolia, vichie81 – **S. 50** oben links: Shutterstock, Nadino;oben Mitte: Fotolia, Uwe Bumann; oben rechts: Shutterstock, 501room; Mitte links: Fotolia, Petair; Mitte: Fotolia, johnmerlin; Mitte rechts: Fotolia, photo 5000; unten links: Fotolia, Bacho Foto; unten Mitte: Shutterstock, Jonathan Feinstein; unten rechts: Fotolia, JR Photography – **S. 51** oben links: Fotolia, pepmiba; oben Mitte: Fotolia, Dessie; oben rechts: Shutterstock, Martyn Jandula; Mitte links: Clip Dealer, A.L; Mitte: Shutterstock, 501room; Mitte rechts: Fotolia, ucius; unten links: Fotolia, johnmerlin; unten Mitte: Fotolia, seen0001; unten rechts: Fotolia, Rob – **S. 54** 1: Fotolia, chagin; 2: Shutterstock, Iakov Filimonov; 3: Clip Dealer, Monkey Business Images; 4: Fotolia, Iakov Filimonov; 5: Fotolia, benik.at; 6: Fotolia, lev dolgachov; 7: Fotolia, Maridav; 8: Shutterstock, Malyugin; 9: Fotolia, mast3r – **S. 60** 1: Fotolia, Sabphoto; 2: Fotolia, Leonidovich; 3: Fotolia, Africa Studio – **S. 68** Käse: Fotolia, rdnzl; Sardinen: Fotolia, Pixelspieler; Erdbeermarmelade: Fotolia, Elena Schweitzer; Joghurt: Fotolia, TrudiDesign; Reis: Shutterstock, Bork; Weinflasche: Fotolia, stockphoto-graf; Spaghetti: Fotolia, GVictoria; Wasserflasche: Fotolia, Nik; Apfelkuchen: Fotolia, unpict.com; Erdbeerjoghurt: Fotolia, Barbara Pheby; Kaffee: Fotolia, Kramografie; Dose Mais: Fotolia, ILYA AKINSHIN **S. 69** oben links: Fotolia, flashpics; oben rechts: mauritius images, imageBROKER/Fotoatelier Berlin; unten links: Fotolia, Kzenon; unten rechts: Shutterstock, saaton – **S. 70** 1: Fotolia, Fotolia/TrudiDesign; 2: Fotolia, Fotolia/Paulista; 3: Fotolia, Fotolia/Henry Schmitt; 4: Fotolia, Fotolia/unpict.com; unten: Fotolia, Fotolia/Minerva Studio –**S. 71** Simon: Shutterstock, ESB Professional; Patricia: Fotolia, lev dolgachov; Eva und Anna: Shutterstock, CandyBox Images; Sebastian: Shutterstock, Jinga –**S. 72** oben v.l.n.r.: Fotolia, Picture-Factory; Fotolia, Dani Vincek; Fotolia, A_Bruno; Fotolia, stockcreations; unten v.l.n.r.: Fotolia, UMA; Fotolia, Alexandr Steblovskiy; Fotolia, Alkimson; Fotolia, Markus Mainka – **S. 76** 1: Fotolia, eyetronic; 2: Fotolia, eyetronic; 3: Fotolia, Xavier; 4: Fotolia, dimakp; 9: Fotolia, unpict; 10: Fotolia, emer; 11: Fotolia, manulito;12: Fotolia, Thomas Francois; 17: Fotolia, lantapix; 18: Fotolia, pogonici; 19: Fotolia, kiboka; 20: Fotolia, www.highspeedfotos.de; 25: Fotolia, Sergio Stakhnyk; 26: Fotolia, Wolfgang Mücke; 27: Fotolia, GVictoria; 28: Fotolia, Zerbor **S. 77** 5: Fotolia, Barbara Pheby; 6: Fotolia, Wolfgang Mücke; 7: Fotolia, rdnzl; 8: Shutterstock, jeehyun; 13: Fotolia, Tim UR; 14: Fotolia, Frofoto; 15: Fotolia, Matthias Krapp Photography; 16: Fotolia, ILYA AKINSHIN; 21: Fotolia, Carola Vahldiek; 22: Fotolia, mates; 23: Fotolia, thomasklee; 24: Fotolia, AK-DigiArt; 29: Fotolia, frank11; 30: Fotolia, Schlierner; 31: Fotolia, PhotographyBy; 32: Fotolia, Barbara Pheby **S. 78** A: Fotolia, Jens Brueggemann aka Ikonoklast; B: Fotolia, ArTo; C: Fotolia, Peter Heimpel; D: Fotolia, Production Perig; E: Fotolia, Picture-Factory – **S. 82** Eva Enzelberger – **S. 85** Shutterstock, Corepics VOF – **S. 88** 1: Fotolia, www.nafotografiji.si; 2: Shutterstock, Halfpoint; 3: Fotolia, jörn buchheim; 4: Shutterstock, Inga Ivanova; 5: Fotolia, Fotowerk; 6: Shutterstock, Kzenon; 7: Fotolia, Andres Rodriguez; 8: Fotolia, WunderBild; 9: Fotolia, goodluz **S. 89** A: Fotolia, Fotolia/Alexandre Zveiger; B: Fotolia, Fotolia/krsmanovic; C: Fotolia, Fotolia / Spotmatik; D: Fotolia, Fotolia/Christian Müller; E: Fotolia, Fotolia/xy; F: Fotolia, Fotolia/countrylens; G: Fotolia, Fotolia/Peter Atkins; H: Fotolia, Fotolia/terex; I: Flonline, Flonline – **S. 91** Käse: Fotolia, Fotolia/Tim UR; Apfel: Fotolia, Fotolia/eyetronic; Schokolade: Fotolia, Fotolia/Henry Schmitt; Spaghetti: Fotolia, Fotolia/GVictoria; Weinflasche: Fotolia, Fotolia/PhotographyByMK; Wasserflasche: Fotolia, Fotolia/Schlierner; Mitte: Shutterstock, Juergen Faelchle **S. 92** oben v.l.n.r.: Fotolia, Andrey Popov; Fotolia, Ilike; Fotolia, Alexander Raths; Shutterstock, UncleOles; Mitte (Hintergrund): ClipDealer, Rob Stark – **S. 93** 1: Fotolia, courtyardpix; 2: Shutterstock, wavebreakmedia; 3: Fotolia, Dirima; 4: Shutterstock, wavebreakmedia – **S. 98**: Shutterstock, Dmitry Kalinovsky – **S. 99** oben: Fotolia, drubig-photo; Mitte links: Fotolia, dream79; Mitte rechts: Fotolia, adisa; 1: Shutterstock, Minerva Studio; 2: Fotolia, snowwhiteimages; 3: Shutterstock, leungchopan; 4: Fotolia, Kim Schneider – **S. 102** Fotolia, Nicholas Piccillo – **S. 103** oben links: Fotolia, Daxiao Productions; Wirbelsäule: Fotolia, CLIPAREA.com; Herz: Fotolia, psdesign1; Leber: Fotolia, CLIPAREA.com; Magen: Fotolia, nerthuz **S. 104** 1: Fotolia, thomaslerchphoto; 2 : Shutterstock, Radu Bercan; 3: Shutterstock, Martyn Jandula; 4: Shutterstock, Lisa S.; 5: Clip Dealer, ArTo; 6: ÖBB, Harald Eisenberger **S. 105** Fotolia, WavebreakmediaMicro – **S. 106** 1: Shutterstock, Arsenie Krasnevsky; 2: Fotolia, Ruslan Olinchuk; 3: Shutterstock, Tupungato; 4: Fotolia, WavebreakmediaMicro – **S. 114** 1: Fotolia, tuniz; 2: Shutterstock, Lisa S.; 3: Fotolia, Thaut Images; 4: Fotolia, Tim Mueller-Zitzke; 5: Fotolia, jarma; 6: Shutterstock, Radu Bercan; 7: Patrick Köck, styria-mobile.at; 8: ÖBB, Harald Eisenberger; 9: Shutterstock, Taina Sohlman; 10: Clip Dealer, ArTo; 11: Fotolia, Jenny Thompson; 12: Fotolia, johnmerlin; 13: Fotolia, djama; 14: Fotolia, Torsten Rauhut; 15: Clip Dealer, Vaidas Bucys; 16: Fotolia, Jannis Werner **S. 115** oben links: Fotolia, Kara; oben Mitte: Shutterstock, Arsenie Krasnevsky; oben rechts: Shutterstock, Angelina Dimitrova; unten links: Fotolia, savoieleysse; unten Mitte: Shutterstock, Art Konovalov; unten rechts: Fotolia, tomaf – **S. 116** oben: Shutterstock, maxriesgo; unten: Fotolia, Jeanette Dietl – **S. 121** Shutterstock, eurobanks – **S. 122** Fotolia, Axel Bueckert – **S. 125** 1: Fotolia, Kalinovsky Dmitry; 2: Fotolia, marima-design; 3: Fotolia, Taiga – **S. 126** oben links: OEBB Trans Form Hauptbahnhof Wien, Roman Boensch 2013; oben rechts: Fotolia, mRGB; Mitte links: Fotolia, pure-life-pictures; Mitte rechts: Shutterstock, Radu Bercan; unten links: Fotolia, Gennadiy Poznyakov; unten rechts: Fotolia, armina – **S. 127** Donauturm: Fotolia, dudlajzov; Hotel: Fotolia, ArTo; Prater: Fotolia, photo 5000; Balkon: Fotolia, HappyAlex; Stephansdom: Fotolia, A. Karnholz; Restaurant: Fotolia, Nomad_Soul – **S. 128** im Uhrzeigersinn: Eva Enzelberger; Fotolia, DRON_FOTO; AMS Wien, Paulick; Fotolia, Erwin Wodicka; Shutterstock, Abihatsira Issac – **S. 130** Fotolia, Raletia2011 – **S. 131** v.l.n.r.: Fotolia, JS; Fotolia, Shutterstock, ArTono; Fotolia, etfoto; Fotolia, Tiberius Gracchus – **S. 133** v.l.n.r.: Fotolia, viperagp; Shutterstock, oriori; Eva Enzelberger – **S. 140** Shutterstock, Voronin76 – **S. 142** 1: Fotolia, TrudiDesign; 2: Fotolia, Andrey Skat; 3: Fotolia, Jonas Glaubitz – **S. 143** oben: Fotolia, Alexandra Karamyshev; Mitte: Fotolia, BEAUTYofLIFE; unten: Fotolia, Monkey Business – **S. 145** oben links: Fotolia, Armin Staudt; oben Mitte: Shutterstock, hxdbzxy; oben rechts: Fotolia, wwwebmeister; unten links: Fotolia, Dasha Petrenko; unten Mitte: Shutterstock, Johnny Adolphson; unten rechts: Fotolia, tecnofotocr – **S. 146** oben links: Fotolia, Jeanette Dietl; oben rechts: Fotolia, Alexandra Karamyshev; Mitte links: Fotolia, Pixi; Mitte rechts: Fotolia, tawesit; unten links: Fotolia, MariaBobrova; unten rechts: Fotolia, ludmilafoto – **S. 147** v.o.n.u: Fotolia, TrudiDesign; Shutterstock, Novac Florin; Fotolia, Thomas Siepmann; Shutterstock, Lisa S. – **S. 149** v.l.n.r.: Shutterstock, Roberto Castillo; Fotolia, Anna Reich; Fotolia, monstersparrow – **S. 152** 1: Fotolia, Africa Studio; 2: Shutterstock, Simone Andress; 3: Fotolia, Teamarbeit; 4: Fotolia, Anna Reich; 9: Fotolia, BEAUTYofLIFE; 10: Fotolia, BEAUTYofLIFE; 11: Fotolia, DigitalGenetics; 12: Clip Dealer, Edler von Rabenstein; 17: Fotolia, fotografiedk; 18: Fotolia, Tarzhanova; 19: Fotolia, Anna Reich; 20: Fotolia, BEAUTYofLIFE; 25: Fotolia, Alexandra Karamyshev; 26: Fotolia, Lucky Dragon; 27: Fotolia, Otto Durst; 28: Fotolia, BEAUTYofLIFE – **S. 153** 5: Fotolia, Krawczyk-Foto; 6: Clip Dealer, Michael Biehler; 7: Fotolia, MaxWo; 8: Fotolia, by-studio; 13: Fotolia, Anterovium; 14: Fotolia, nito; 15: Fotolia, Popova Olga; 16: Shutterstock, Elnur; 21: Fotolia, Khvost; 22: Fotolia, Ruslan Kudrin; 23: Fotolia, lurs; 24: Fotolia, rdnzl; 29: Fotolia, BEAUTYofLIFE; 30: Fotolia, doris oberfrank-list; 31: Fotolia, Liaurinko; 32: Fotolia, Elena Stepanova – **S. 157** unten: Fotolia, lockstoff – **S. 159** unten links: Fotolia, Olesia Bilkei; unten rechts: Fotolia, kristall – **S. 161** a: Fotolia, MANFRED SITTER; b: Fotolia, Zden k Matyáš; c: Fotolia, furtseff; d: Fotolia, Hin Gucker – **S. 164** 1-4: Fotolia, Africa Studio; 5: Fotolia, Lulu Berlu; 6: Fotolia, Unclesam; 7: Fotolia, viperagp; 8: Fotolia, Brian Jackson; 9: Fotolia, Mr Twister – **S. 165** 10: Fotolia, siwi1; 11: Fotolia, Valery Bareta; 12: Fotolia, Mushy; 13+14: Shutterstock, bluecrayola; 15: Fotolia, JohanSwanepoel; 16: Fotolia, Nidor; 17: Fotolia, Olesia Bilkei; 18: Fotolia, Grigory Bruev – **S. 169** Shutterstock, stockcreations – **S. 170** 1: Colourbox, Imaster; 2: Fotolia, Elenathewise; 3: Fotolia, Dhoxax; 4: Shutterstock, Jeanette Dietl – **S. 173** 1: Shutterstock, Vladyslav Morozov; 2: Fotolia, Th. Lieder; 3: Shutterstock, India Picture; Mitte: imago stock&people – **S. 176** 1: Fotolia, alexandro900; 2: Fotolia, focus finder; 3: Fotolia, fefufoto; 7: Fotolia, djama 7; 8: Fotolia, Roman Sigaev; 9: Clip Dealer, Detlef Dittmer; 13: Fotolia, Elenathewise; 14: Fotolia, zabanski; 15: Fotolia, photo 5000; 19: ClipDealer, novi; 20: Shutterstock, Tomislav Pinter; 21: Shutterstock, mubus7 – **S. 177** 4: Fotolia, Tiberius Gracchus; 5: Fotolia, Christoph Hähnel; 6: Fotolia, Krawczyk-Foto; 10: Fotolia, kasparart; 11: Shutterstock, Yu Lan; 12: Fotolia, Sebastiano Fancellu; 16: Fotolia, Gudellaphoto; 17: ClipDealer, novi; 18: Colourbox; 22: Fotolia, eyetronic; 23: Fotolia, BG; 24: Fotolia, Jürgen Fälchle **S. 178** Fotolia, shock

PLUSPUNKT DEUTSCH

Leben in Österreich

ARBEITSBUCH

A1

LÖSUNGEN

Cornelsen

Lösungen

1 Willkommen!

1
- Grüß Gott, ich heiße Murielle Ramanantsoa. Wie heißen Sie?
- Ich heiße José Aguilar. Woher kommen Sie?
- Ich komme aus Madagskar. Und Sie?
- Ich komme aus Peru.

2
- Grüß Gott. Ich heiße José Garcías. Wie heißen Sie?
- Ich heiße Magdalena Ziowska.
- Woher kommen Sie?
- Ich komme aus Polen.

4
- Guten Morgen. Mein Name ist Ana Gomes. Ich bin neu hier.
- Grüß Gott. Entschuldigung, wie heißen Sie?
- Ich heiße Gomes. Ana Gomes. Und Sie?
- Ich heiße Funda Aydin. Ich wohne schon lange hier. Woher kommen Sie?
- Ich komme aus Portugal. Und das ist Maria.
- Hallo, Maria. Willkommen!

5
Woher kommen Sie?
Ich komme aus der Ukraine.
Ich wohne schon lange hier.
Ich bin neu hier im Haus.
Mein Name ist Georg Hauser.

6a
Wie heißen Sie? Woher kommen Sie? Wer ist das?

6b
1 Wer ist das?
2 Wie heißen Sie?
3 Woher kommen Sie?

7a
1 Wie heißen Sie?
2 Woher kommen Sie?
3 Wer ist das?

8a
A B C D E F G H I J K L M N O P Q R S T U V W X Y Z

8b
1 ß – **2** Ä – **3** Ö – **4** Ü

9
VHS – AMS – WGKK – DVD

10
1 Name: Halina Jankowska
2 Name: Fernando Matola, Stadt: Maputo
3 Name: Akina Bürger, Stadt: Kanazawa
4 Name: Matthew Smith, Stadt: Wellington

11a
1
- Guten Tag, Frau Kern.
- Grüß Gott. Wie geht es Ihnen, Herr Böhm?
- Gut. Und Ihnen?
- Danke, es geht.

2
- Servus Felix! Wie geht es dir?
- Gut. Und dir, Hannah?
- Danke, gut.

11b
formell: Dialog 1, **informell:** Dialog 2

12
formell: Dialog 2, Dialog 3
informell: Dialog 1, Dialog 4

13
1
- Grüß Gott. Mein Name ist Huber, Anna Huber. Wie heißen Sie?
- Guten Tag, Frau Huber. Mein Name ist Hans Meyer.
- Grüß Gott, Herr Meyer. Wie geht es Ihnen?
- Danke, gut und Ihnen?

2
- Hallo. Wie heißt du?
- Ich heiße Sara. Und du?
- Ich heiße Lukas.

3
- Servus, Lukas, wie geht es dir?
- Danke, gut. Und dir?

14
A Dialog 1, Dialog 3
B Dialog 2, Dialog 4

15
1 Grüß Gott. – Guten Morgen. – Hallo.
2 Wie heißen Sie? – Wie heißt du?
3 Auf Wiederschauen. – Servus.

16
Wie heißt du?
Wie heißen Sie?
Woher kommen Sie?
Was macht ihr?

17a
du lern**st** – ich komm**e** – wir wohn**en** – ihr mach**t** – Sie heiß**en** – du mach**st** – ich heiß**e** – wir komm**en** – ihr wohn**t** – Sie lern**en**

17b

machen: ich mache – du machst – wir machen – ihr macht – Sie machen
wohnen: ich wohne – du wohnst – wir wohnen – ihr wohnt – Sie wohnen
lernen: ich lerne – du lernst – wir lernen – ihr lernt – Sie lernen
kommen: ich komme – du kommst – wir kommen – ihr kommt – Sie kommen
heißen: ich heiße – du heißt – wir heißen – ihr heißt – Sie heißen

18

1 ● Wie heißen Sie?
● Ich heiße Elisabeth Mahler.
2 ● Was macht ihr?/Was lernt ihr?
● Wir lernen Deutsch.
3 ● Woher kommst du?
● Ich komme aus Brasilien.
4 ● Wo wohnen Sie?
● Ich wohne in Graz.

19a

ich bin – du bist – wir sind – ihr seid – Sie sind

19b

1 ● Wer bist du?
● Ich bin Lin.
2 ● Wer sind Sie?
● Wir sind Jan und Maria Kowalski.
3 ● Und wer sind Sie?
● Ich bin Erkan Öztürk.

20

1 ● Woher kommt ihr?
● Wir kommen aus dem Iran.
2 ● Wie heißen Sie?
● Ich heiße Christian Weber.
3 ● Was lernst du?
● Ich lerne Englisch.
4 ● Wo wohnen Sie?
● Ich wohne in Innsbruck.
5 ● Wer seid ihr?
● Wir sind Laura und Susanne.
6 ● Was macht ihr in Wien?
● Wir lernen Deutsch.

21

1 zehn – **2** neunzehn – **3** zwanzig – **4** vier – fünf – sechs – **5** dreizehn

23

1 Lehrerin – **2** Ingenieurin – **3** Verkäufer – **4** Friseur – **5** Arzt – **6** Altenpflegerin

24

2 Was sind Sie von Beruf? – Was bist du von Beruf?
3 Woher kommen Sie? – Woher kommst du?
4 Wo wohnen Sie? – Wo wohnst du?

25a

Ich bin Farid Arslan. Ich komme aus Syrien und ich bin neu hier. Ich bin Programmierer von Beruf. Ich lerne Deutsch.

26a und b

Wie heißen Sie und woher kommen Sie? Ich heiße Clara Bai. Ich komme aus Salzburg. Ich wohne schon lange in Österreich.

27a

Foto 2

27b

Familienname: Bruggner – **Vorname:** Wladimir – **PLZ:** 6170 – **Telefonnummer:** 05238/53976 – **Land:** Russland – **Beruf:** Arzt – **Sprachkurs:** B1

28

2 Es geht. – **3** Sehr gut. – **4** Schlecht. – **5** Gut.

Wichtige Wörter

1

Beispiel:

Wer?	● Wer ist das?	● Das ist Lola.
Wo?	● Wo wohnen Sie?	● Ich wohne in Innsbruck.
Woher?	● Woher kommen Sie?	● Ich komme aus Peru.

5

Familienname: Morales
Vorname: Eva
Land: Peru
Beruf: Ingenieurin

2 Alte Heimat, neue Heimat

1a
Afrika – Europa – Nordamerika – Australien – Asien – Südamerika

2b
2 Kenia liegt in Afrika.
3 China liegt in Asien.
4 Österreich liegt in Europa.
5 Brasilien liegt in Südamerika.

3a
1D – **2**C – **3**A – **4**B

3b
Frage 4 und Antwort 1 – **Frage 1** und Antwort 2 – **Frage 2** und Antwort 3 – **Frage 3** und Antwort 4

4
1 sind – wohnen – lernen
2 kommt – ist – sucht – spricht
3 heißen – sprechen – ist – arbeiten

5
kommen: ich komme – du kommst – er/sie kommt – wir kommen – ihr kommt – sie kommen – Sie kommen
suchen: ich suche – du suchst – er/sie sucht – wir suchen – ihr sucht – sie suchen – Sie suchen
heißen: ich heiße – du heißt – er/sie heißt – wir heißen – ihr heißt – sie heißen – Sie heißen
arbeiten: ich arbeite – du arbeitest – er/sie arbeitet – wir arbeiten – ihr arbeitet – sie arbeiten – Sie arbeiten
sprechen: ich spreche – du sprichst – er/sie spricht – wir sprechen – ihr sprecht – sie sprechen – Sie sprechen
sein: ich bin – du bist – er/sie ist – wir sind – ihr seid – sie sind – Sie sind

6
1 Sie – Sie
2 Er – Er
3 Sie – Sie

8
2 die Flasche – **3** das Papier – **4** die Lampe – **5** das Fenster – **6** der Schlüssel – **7** das Handy – **8** die Tasche

9a
1 der Tisch – **2** der Sessel – **3** das Buch – **4** das Heft – **5** die CD – **6** der Bleistift – **7** die Uhr – **8** der Kugelschreiber

9b
2 Das ist ein Sessel. Der Sessel kostet 12 Euro.
3 Das ist ein Buch. Das Buch kostet 8 Euro.
4 Das ist ein Heft. Das Heft kostet 1 Euro.
5 Das ist eine CD. Die CD kostet 17 Euro.
6 Das ist ein Bleistift. Der Bleistift kostet 50 Cent.
7 Das ist eine Uhr. Die Uhr kostet 18 Euro.
8 Das ist ein Kugelschreiber. Der Kugelschreiber kostet 3 Euro.

10a
Das sind fünf Bleistift**e**, zwei Brille**n**, drei Büch**er**, zwei Heft**e**, zwei Lampe**n**, zwei Schlüssel, vier Sessel, drei Tablet**s**, drei Tasche**n**, vier Uhr**en**.

10b
-e:	das Heft, die Hefte – der Bleistift, die Bleistifte
-en:	die Uhr, die Uhren
-n:	die Brille, die Brillen – die Lampe, die Lampen – die Tasche, die Taschen
- :	der Schlüssel, die Schlüssel – der Sessel, die Sessel
-s:	das Tablet, die Tablets
-er (+Umlaut):	das Buch, die Bücher

11
fünfundzwanzig, neunundvierzig, einundachtzig

12a
sechzehn – zweiunddreißig – vierundsechzig – einhundertachtundzwanzig – zweihundertsechsundfünfzig – fünfhundertzwölf – tausendvierundzwanzig

13
1 565 Euro – **2** 35 Euro – **3** 57 Euro – **4** 64 Euro

14
1 Siebzehn plus drei ist zwanzig. – **2** Dreiunddreißig minus zehn ist dreiundzwanzig. – **3** Neunhundertneunundneunzig minus neunundneunzig ist neunhundert. – **4** Einhundertzwölf plus achtundachtzig ist zweihundert.

15
1 0316 – **2** 0463 – **3** 0512 – **4** 43 – **5** 49 – **6** 41

16
Polizei 110
Feuerwehr/Notruf 112

17
2 64 62 08 – **3** 0663 / 25 37 52 482 – **4** 0316 / 23 90 52

18

1 B – **2** C – **3** B – **4** B – **5** A – **6** C

19a

Das ist Michael Leitner. Er ist Programmierer von Beruf. Er wohnt in Linz, Friedensstraße 11. Die Handynummer ist 0663 / 451232. Er ist 32 Jahre alt.

19b

Das ist Frau Schmidt. Sie ist 25 Jahre alt. Sie ist Altenpflegerin von Beruf. Sie wohnt in Villach, Grillparzerstraße 5. Die Telefonnummer ist 04242 23 98 65

20a

groß: Namen von Personen: Martin Berger
Namen von Ländern, Kontinenten und Städten:
Innsbruck – Wien – Europa
Sprachen: Spanisch – Deutsch
Berufe: Ingenieur – Arzt
Nomen: der Beruf – die Telefonnummer
klein: andere Wörter: zehn, sprechen, leben, lieben, arbeiten, kommen

20b

Herr Berger kommt aus Innsbruck. Er ist Arzt. Er spricht Deutsch. Er lebt und arbeitet in Wien.

21a

1 Apotheke – **2** Café – **3** Formular – **4** Kassa – **5** Oper – **6** Pass – **7** Pizza – **8** Schokolade

21b

1 Formular – **2** Pass – **3** Café – **4** Schokolade – **5** Kassa – **6** Apotheke – **7** Pizza – **8** Oper

22a

Café, das, -s,
Formular, das (-e)
Pass, der, Pässe

22b

die Apotheke, die Apotheken – das Café, die Cafés – das Formular, die Formulare – die Kassa, die Kassen – die Oper, die Opern – der Pass, die Pässe – die Pizza, die Pizzen/die Pizzas – die Schokolade, die Schokoladen

23a

1 D – **2** H – **3** G – **4** F – **5** C – **6** E – **7** A – **8** B

Wichtige Wörter

1a

A2 – **B**4 – **C**1 – **D**3

1b

1 Wörter und Grammatik lernen
2 ein bisschen Deutsch sprechen
3 bei UPC arbeiten
4 Arbeit suchen

2

die/eine Arbeit – die/eine Adresse – der/ein Beruf – das/ein Jahr – das/ein Land – der/ein Platz

3

1 das Papier und der Bleistift
2 der Schlüssel und die Tür
3 die Straße und die Hausnummer
4 der Kindergarten und das Anmeldeformular
5 das Land und die Nationalität
6 die Telefonnummer und die Vorwahl

5

1 der Bleistift, -e
2 die Brille, -n –
3 das Buch, ″-er
4 die CD, -s
6 das Fenster, -
7 die Flasche, -n
8 das Handy, -s
9 das Heft, -e
10 der Kuli, -s
11 die Lampe -n
12 der Laptop, -s
17 das Plakat, -e
21 der Schlüssel, -
22 der Sessel, -
23 das Tablet, -s
24 die Tafel, -n
26 die Tasche, -n
27 der Tisch, -e
28 die Tür, -en
29 die Uhr, -en
30 der USB-Stick, -s
31 das Wörterbuch, ″-er

7

die Zettel, der Zettel – die Bleistifte, der Bleistift – die Markierstifte, der Markierstift – die Plakate, das Plakat – die Scheren, die Schere – die CDs, die CD – die Wörterbücher, das Wörterbuch – die Uhren, die Uhr – die Sessel, der Sessel

8a

die Tür und das Fenster
die Jacke, die Geldbörse und der Schlüssel
der Laptop, der USB-Stick, das Tablet und das Handy
der Tisch, die Flasche, die Tasse, das Buch und das Notizbuch

3 Häuser und Wohnungen

1
der Fauteuil – der Tisch – das Regal – der Sessel – das Sofa – das Bild – der Teppich – das Bett – der Vorhang – die Lampe – der Fernseher

2a
der, er – das, es – die, sie – die (Pl.), sie

2b
1 7 Da ist eine Lampe. Sie ist modern. – **2** 4 Da ist ein Sessel. Er ist unbequem. – **3** 2 Da ist ein Tisch. Er ist klein. – **4** 1 Da ist ein Sofa. Es ist schön. – **5** 8 Da ist ein Fernseher. Er ist neu. – **6** 3 Da ist ein Regal. Es ist ordentlich. – **7** 5 Da sind Bilder. Sie sind klein. **8** 6 Da ist ein Teppich. Er ist neu.

3
1 Da ist ein Kasten. Da ist kein Kasten. – **2** Da ist ein Regal. Da ist kein Regal. – **3** Da ist eine Abwasch. Da ist keine Abwasch. – **4** Da sind Bilder. Da sind keine Bilder.

4
1 Im Büro ist ein Tisch und ein Laptop. Da ist eine Lampe und ein Heft.

2 Im Büro ist kein Tisch und kein Laptop. Da ist keine Lampe und kein Heft. Da sind keine Bücher und keine Kugelschreiber.

5a
ich habe – du hast – er/es/sie hat – wir haben – ihr habt – sie haben

5b
1 habe, habe – **2** hast – **3** hat, hat – **4** haben, haben – **5** Habt – **6** haben

6
Beispiel:
Ich brauche einen Geschirrspüler. – Du kaufst ein Sofa. – Luciano kauft Blumen. – Luciano hat keinen Kühlschrank.

7a
1 Geschirrspüler – **3** Fauteuil – **6** Sessel – **7** Kühlschrank – **9** Fernseher

7b
Sie haben kein Regal, keine Blumen, kein Sofa, keinen Herd.
Sie brauchen ein Regal, Blumen, ein Sofa, einen Herd.

8
Grüß Gott, ich suche einen USB-Stick.
Guten Tag, USB-Sticks finden Sie dort.
Danke. Und haben Sie auch Kugelschreiber?
Ja, Kugelschreiber liegen hier. Wie viele brauchen Sie?
Ich brauche einen Kuli. Und noch einen Bleistift.

10
rot – rosa – braun – gelb – weiß – schwarz – blau – grün – grau – lila

11
1 Der, den – **2** Der, das – **3** Die, das – **4** Die, die – **5** Der, die – **6** Die, die – **7** Die, den – **8** Die, den

12
1 das, das – **2** das – **3** das, das – **4** die, die – **5** die, die – **6** den, den

13
🙂 toll – super – schön – sehr schön

😐 ganz schön – nicht schlecht – okay

🙁 langweilig – nicht schön – hässlich – furchtbar

14a
1 der Tisch – **2** der Fauteuil – **3** das Sofa – **4** das Bild – **5** die Regale – **6** der Kasten

14b
der Fauteuil – das Sofa – die Regale

14c
Beispiel:
1 Ich finde den Tisch schön.
2 Das Sofa ist langweilig.
3 Die Regale sind okay.
4 Der Kasten ist hässlich.
5 Das Bild ist nicht schön.
6 Der Fauteuil ist super.

15a
1 Nein, das ist kein Kasten. Das ist ein Kühlschrank.
2 Nein, das ist kein Fernseher. Das ist eine Mikrowelle.
3 Nein, das ist kein Bild. Das ist ein Foto.
4 Nein, das ist kein Tisch. Das ist ein Sessel.
5 Nein, das sind keine Kugelschreiber. Das sind Stifte.

16
im dritten Stock
im ersten Stock
im Erdgeschoss
im Dachgeschoss
im zweiten Stock

17

1 E – **2** D – **3** A – **4** B – **5** C

18

1 Schneider
2 Park
3 Baumgartner
4 im Dachgeschoss / im 3. Stock
5 im 1. Stock links

19a

Foto rechts

19b

1 richtig – **2** falsch – **3** falsch

20

2 Wie ist Ihre Adresse? / Wie ist die Adresse?
3 Wohnen Sie im ersten Stock?
4 Haben Sie eine Terrasse?

21

4-Zimmer-Wohnung – Miete – Betriebskosten – Einfamilienhaus

22

EFH = Einfamilienhaus – m^2 = Quadratmeter – Zi = Zimmer – EBK = Einbauküche – ZH = Zentralheizung – BK = Betriebskosten

23

Wie wohnen Sie?
Ich wohne in einer 3-Zimmer-Wohnung.
Ist die Wohnung ruhig?
Es geht, nicht sehr ruhig.
Haben Sie einen Balkon?
Ja, er ist schön groß.

24

1 Anzeige 3
2 Anzeige 4

25a

Beispiel:
Sie sind im Möbelhaus.
Sie kaufen ein Bett.
Sie brauchen ein Bett.
Sie suchen ein Bett.

25b

Stefan Weber

25c

1 richtig – **2** richtig – **3** falsch – **4** falsch

Wichtige Wörter

1

der Fernseher – der Kühlschrank – das Regal – der Sessel – das Sofa – der Geschirrspüler – der Teppich – der Vorhang – die Waschmaschine

3a

von oben nach unten:

1 das Regal – der Tisch – das Sofa – der Fauteuil – das Wohnzimmer
2 das Bild – die Lampe – das Bett – das Schlafzimmer
3 der Vorhang
4 der Laptop – der Sessel
5 die Abwasch – der Herd – der Geschirrspüler – die Küche
6 das Fenster
7 der Balkon
8 die Waschmaschine

4

Beispiel:

Wohnzimmer:	ein Regal, ein Sofa, ein Fauteuil, ein Tisch, zwei Polster
Schlafzimmer:	ein Bett, eine Lampe, ein Bild, ein Nachttisch
Kinderzimmer:	ein Bett, eine Bettdecke, ein Teddybär, ein Vorhang
Arbeitszimmer:	ein Laptop, ein Sessel, ein Schreibtisch, ein Computer
Küche:	ein Herd, ein Geschirrspüler, ein Kühlschrank, eine Abwasch, ein Küchenkasten, Sessel, ein Tisch
Badezimmer:	eine Toilette, eine Badewanne
Balkon:	Blumen, ein Tisch, ein Sessel, ein Blumentopf
Keller:	Waschmaschinen, Wäsche, eine Heizungsanlage

8

Diego 1 – 3 – 7 – 6 – 5 – 8 – 4 – 2
Isabel 1 – 2 – 8 – 3 – 7 – 5 – 6 – 4

Station 1

A

1 geht, Ihnen – gut – gut
2 geht, dir – gut, dir – geht

C

40 – 13 – 32 – 106

D

sprechen – spreche ... Deutsch

E

Stock – Zimmer-Wohnung – Wohnung – groß – teuer – Möbel – Regal – Bilder

F

A ● Wie viel kostet das Brot?
● Es kostet 1 Euro 19.
B ● Wie viel kostet der Kühlschrank?
● Er kostet 249 Euro.

G

1 Wie – schön – hässlich
2 ✦ Wie findest du das Sofa?
● Ich finde das Sofa hässlich.
● Oh nein, das Sofa ist schön.

H

Beispiel:
● Wie groß ist Ihre Familie?
● Ich habe drei Geschwister.
● Haben Sie Kinder?
● Ja, ich habe zwei Kinder / Nein, ich habe keine Kinder.

5 Der Tag und die Woche

1

2 Sie malt. – **3** Sie surfen im Internet. – **4** Sie spielen Fußball. – **5** Sie hört Musik. – **6** Sie grillen. – **7** Er schwimmt. – **8** Sie joggen. – **9** Sie trinken Kaffee.

2a

1 falsch – **2** falsch – **3** richtig – **4** richtig

2b

☺ **Peter Böhme:** Fußball spielen – **Georg Aigner:** Bücher lesen – **Barbara Holzer:** tanzen – **Birgit Tillner:** Musik hören, schwimmen, tanzen

☹ **Peter Böhme:** joggen – **Georg Aigner:** im Internet surfen – **Birgit Tillner:** wandern

3

links: zehn vor – Viertel vor – zwanzig vor – halb
rechts: zehn nach – Viertel nach – zwanzig nach

4

1 A – **2** B – **3** B

5

1 B – **2** D – **3** A – **4** C

6a

2 3:05 / 15:05
3 5.50 / 17:50
4 4:15 / 16:15
5 12:40 / 0:40
6 10:45 / 22:45
7 12:00 / 24:00
8 6:10 / 18:10

6b

2 Es ist elf Uhr fünf / fünf nach elf
3 Es ist dreizehn Uhr zwanzig / zwanzig nach eins.
4 Es ist neunzehn Uhr fünfundvierzig / Viertel vor acht.
5 Es ist dreiundzwanzig Uhr zwanzig / zwanzig nach elf.

7

1 um – **2** von ... bis – **3** Bis

8

von links nach rechts:
4 – 1 – 5 – 2 – 3
2 fernsehen – **3** ausgehen – **4** aufstehen – **5** aufräumen

9

2 Sebastian räumt die Wohnung auf.
3 Silvia kauft Lebensmittel ein.
4 Sie nimmt ihre Tochter mit.
5 Dann gehen sie schwimmen. Eine Freundin kommt mit.
6 Um 20 Uhr sehen sie alle fern.

10

2 Claudia ruft an. – Claudia ruft Martin an. – Claudia ruft Martin oft an.

3 Claudia geht aus. – Claudia geht am Samstag aus. – Claudia geht am Samstag gern aus.

11

1 an – mit – **2** ein – auf – **3** an – fern

12

1 Um halb zwei geht Julia spazieren.
2 Von zwei bis drei macht sie Hausaufgaben.
3 Dann geht sie einkaufen.
4 Um halb sieben isst sie Pizza.
5 Um 20 Uhr ruft sie ihre Freundin an.
6 Am Wochenende machen sie einen Ausflug.

13

Montag – Dienstag – Mittwoch – Donnerstag – Freitag – Samstag – Sonntag

14

1 Am Donnerstag trifft Maria eine Freundin.
2 Am Dienstag geht sie ins Kino.
3 Am Montag, Mittwoch und Freitag arbeitet sie.
4 Am Dienstag hat sie einen Friseurtermin.
5 Am Samstag und Sonntag ist sie in Innsbruck.

15

in der Früh – am Vormittag – am Nachmittag – am Abend – in der Nacht

16

am – Am – um – um – am – um

17

Beispiel:

Am Montagvormittag arbeitet Manuel.
Am Nachmittag geht er einkaufen.
Am Abend trifft er Susanne.
Am Dienstagmorgen repariert er sein Fahrrad.
Am Mittag macht er einen Ausflug mit Susanne.
Am Nachmittag geht er / gehen sie schwimmen.
Am Abend kocht er mit Susanne.

20

 2, 3, 5

 1, 4

21

Beispiel:

- Gehen wir ins Kino?
- Ja, gern, wann?
- Geht es am Samstagabend um 20 Uhr?
- Nein. Meine Eltern kommen am Wochenende.
- Und wann hast du Zeit?
- Vielleicht am Sonntagabend. Wann beginnt der Film?
- Um 19 Uhr.
- Das geht. Meine Eltern bleiben nur bis Sonntagmittag.
- Super. Dann bis Sonntagabend.

22a

Foto 2

22b

1 F – **2** R – **3** R – **4** R – **5** F

23

1 Wie geht es Ihnen?
2 Der Lehrer wohnt in der Nähe.
3 In der Küche ist ein Kühlschrank.
4 Mein Sohn hat ein Fahrrad.
5 Nehmt ihr die S-Bahn?

24

Freitag, 11.4.
14 Uhr SK RAPID WIEN – Wiener Sportklub, Allianz Stadion
19.00 Uhr William Shakespeare - Romeo und Julia, Burgtheater
20.00 Uhr Werke von Schumann – Liszt – Donizetti, Musikverein
Samstag, 12.4.
15 Uhr Film Buster Keaton, Filmmuseum
20.00 Uhr Fiakerball, Wiener Konzerthaus
18–23 Uhr Buffet China Restaurant
Sonntag 13.4.
15 Uhr Film Buster Keaton, Filmmuseum
20 Uhr, Leseclub, Literaturhaus Wien

25a

1 – 3 – 7 – 2

25b

1 R – **2** F – **3** R – **4** R – **5** F

Wichtige Wörter

2

ein Bild malen – im Internet surfen – Musik hören/spielen – einkaufen gehen – Schach spielen – ein Fahrrad reparieren – Fußball spielen – spazieren gehen – ins Kino gehen

4

links:

1 Karten spielen – **2** ein Buch lesen – **3** tanzen – **4** chillen – **5** Karaoke singen – **6** fernsehen – **7** im Internet surfen – **8** ein Würfelspiel spielen – **9** basteln – **10** kochen – **11** ausgehen – **12** Musik hören

rechts:
1 Fußball spielen – **2** einen Film sehen – **3** schwimmen gehen – **4** zelten – **5** Volleyball spielen – **6** kegeln – **7** joggen – **8** Musik machen – **9** Freunde treffen – **10** fotografieren – **11** wandern – **12** schlafen

6a
schwimmen gehen – Fußball spielen – tanzen – fotografieren – Karten spielen – Musik machen – Karaoke singen

6b
Herr Vorfelder findet Fußball spielen langweilig, Schwimmen mag er nicht.
Frau Vorfelder findet Fotografieren interessant. Sie spielt nicht gern Karten. Sie tanzt gern und mag Karaoke singen.

6 Guten Appetit!

1
Getränke: der Kaffee, der Tee, der Wein
Backwaren: das Brot, der Kuchen
Obst und Gemüse: die Birne, der Salat, die Banane, der Apfel
Milchprodukte: die Butter, der Käse, die Milch, der Joghurt

3a
täglich – oft – manchmal – selten – nie

3b
Beispiel:
Ich trinke täglich Tee.
Ich esse selten Salat.
Ich räume täglich auf.
Ich mache manchmal einen Ausflug.
Ich koche selten.
Ich spiele nie Fußball.

4
1 E – **2** F – **3** D – **4** B – **5** A – **6** C

5
1 Trink – **2** vergesst – **3** Fahr – **4** Kommen Sie – **5** Bleibt – **6** Warten

6
du:
Hol bitte Brot! – Vergiss das Buch nicht! – Nimm doch einen Salat!
ihr:
Schlaft gut! – Fragt den Lehrer! – Lest den Text!
Sie:
Kaufen Sie bitte Reis! – Sprechen Sie bitte langsam! – Kommen Sie am Vormittag!

7
Beispiel:

anfangen:	Fang an! – Fangt an! – Fangen Sie an! – Fang bitte an!
kommen:	Komm! – Kommt! – Kommen Sie! – Kommt nach Hause!
sprechen:	Sprich! – Sprecht! – Sprechen Sie! – Sprich laut!
schreiben:	Schreib! – Schreibt! – Schreiben Sie! – Schreiben Sie einen Text!
mitbringen:	Bring mit! – Bringt mit! – Bringen Sie mit! – Bringen Sie ein Brot mit!

8
2 Lesen Sie doch ein Buch!
3 Fahren Sie doch nach Wien!
4 Besuchen Sie doch das Straßenfest!

9
eine Flasche: Wein, Wasser
ein Stück: Kuchen, Käse
ein Packerl: Reis, Spaghetti
ein Becher: Joghurt, Kaffee
eine Dose: Mais, Fisch
ein Glas: Marmelade, Joghurt

10
Herr Tolic kauft eine Flasche Apfelsaft, zwei Semmeln, ein Sackerl Chips, eine Dose Erbsen, eine Tafel Schokolade, ein Packerl Spaghetti, eine Dose Fisch, fünf Scheiben Salami, drei Birnen.

11
zwei Stück Kuchen – ein Stück Käse – ein Packerl Spaghetti – drei Becher/Gläser Joghurt – eine Flasche/ein Kasten Wasser

12

Beispiel:

Ich kaufe Obst und Gemüse im Supermarkt/auf dem Markt.
Ich kaufe Zeitungen an der Tankstelle/im Supermarkt.
Ich kaufe Brot in der Bäckerei/im Supermarkt.
Ich kaufe Schokolade im Supermarkt/an der Tankstelle.
Ich kaufe Milch und Wurst im Supermarkt/auf dem Markt.

13

Verkäufer/Verkäuferin:

Das Kilo kostet 90 Cent. – Das macht zusammen 6,90 Euro. – Guten Tag, was möchten Sie? – Haben Sie es genau? – Haben Sie noch einen Wunsch? – Möchten Sie noch etwas?

Kunde/Kundin:

Danke, das ist alles. – Dann nehme ich zwei Kilo Birnen. – Ein Kilo Paradeiser, bitte. – Ich hätte gerne 3 Kilo Erdäpfel. – Nein, leider nicht. Ich habe nur zwanzig Euro. – Was kosten die Paradeiser?

14

1 Was möchten Sie?
2 Was kosten die Birnen?
3 Möchten Sie noch etwas?

15

1
- Was möchten Sie?
- Ich möchte einen Tee und meine Tochter möchte einen Apfelsaft.

2
- Möchtest du Kaffee?
- Nein danke. Ich möchte ein Glas Mich.

3
- Möchtet ihr Wein oder Bier?
- Danke, wir möchten Bier.

16

1 0,69€ – **2** 3,99€ – **3** 0,59€ – **4** 1,40€

17

Dialog 1:

- Grüß Gott, was darf es sein?
- Fünf Semmeln, bitte.
- Haben Sie noch einen Wunsch?
- Ja, noch ein Bauernbrot, bitte.
- Fünf Semmeln, ein Bauerbrot. Ist das alles?
- Ja, das ist alles.

Dialog 2:

- Ja, bitte?
- Was kosten die Birnen?
- Ein Kilo kostet 2,50€.
- Dann nehme ich zwei Kilo Birnen und ein halbes Kilo Paradeiser.

18

- Guten Tag, was möchten Sie?
- 30 Deka Faschiertes, bitte.
- 30 Deka Faschiertes, das macht 2,40€. Haben Sie noch einen Wunsch?
- Ja, ich nehme auch 5 Scheiben Schinken.
- Ist das alles?
- Ja, vielen Dank.
- Das macht dann zusammen 4,10€. Haben Sie es genau?
- Nein, leider nicht. Ich habe nur 10 Euro.
- Dann bekommen Sie 5,90 Euro zurück.

19

2 Patricia mag Cola.
3 Eva und Anna mögen Chips.
4 Sebastian mag Käsekuchen.

20a

ich mag – du magst – er/es/sie mag – wir mögen – ihr mögt – sie/Sie mögen

20b

1 mag – **2** Mögt, mögen – **3** mögen, mag

21

1 A – **2** B – **3** A – **4** A – **5** B – **6** B

22

1 Nein, ich mag keinen Kaffee.
2 Nein, ich sehe nicht gern fern.
3 Nein, ich esse nicht gern Chips.
4 Nein, ich mag kein Bier.

23a

oben: R P M P
unten: R R M R

23b

1 Herr Matuschek isst zum Frühstück oft Brot und Marmelade. Er trinkt immer Kaffee.
2 Frau Pichler isst zu Mittag eine Suppe und einen Salat.
3 Robert isst zum Abendessen immer zwei Brote mit Wurst und manchmal Paradeiser. Er trinkt Tee oder Apfelsaft.

25b

- Gehen Sie einkaufen? Dann bringen Sie doch bitte ein Eis und eine Zeitung mit.
- Nein, leider habe ich keine Zeit. Heute ist Dienstag, ich gehe Fußball spielen.

26a

6 – 1 – 3 – 2 – 5 – 7 – 4

26b

A 1 – **B** 3 – **C** 6 – **D** 2 – **E** 5 – **F** 4

26c

A Geben Sie das Mehl, die Eier, die Milch und das Salz in eine Schüssel und mischen Sie alles.
B Erhitzen Sie die Butter in der Bratpfanne.
C Geben Sie etwas Teig in die Pfanne und braten Sie ihn 2 bis 3 Minuten.
D Wenden Sie die Palatschinke und braten Sie sie noch einmal 1 bis 2 Minuten
E Mischen Sie Zimt und Zucker.
F Servieren Sie die Palatschinke mit Zimt und Zucker.

Wichtige Wörter

1

1 Vormittag – **2** Birne – **3** Wurst – **4** Fisch – **5** Fleisch

4

1 der Apfel, die Äpfel – **2** die Banane, die Bananen – **3** die Birne, die Birnen – **6** das Brot, die Brote – **7** die Semmel, die Semmeln – **8** die Butter – **9** das Eis – **11** die Gurke, die Gurken – **12** der Honig – **13** der Käse – **16** der Mais/der Kukuruz – **18** die Marmelade – **20** die Milch – **21** das Müsli – **25** der Pudding –
27 die Nudeln – **28** der Tee – **29** der Paradeiser, die Paradeiser – **30** das Wasser – **31** der Wein, die Weine – **32** der Schinken

6a

Eva findet Pudding mit Salz und Pfeffer furchtbar.
Erik mag Müsli mit Äpfel und Birnen.
Maria trinkt keinen Kaffee mit Honig.

7 Arbeit und Beruf

1

1 B – **2** E – **3** D – **4** A – **5** C

2

2 Die Kellnerin arbeitet im Restaurant.
3 Der Kfz-Mechaniker arbeitet in der Werkstatt.
4 Der Ingenieur arbeitet auf der Baustelle.
5 Die Bankkauffrau arbeitet in der Bank.

3

2 Die Sekretärin nimmt Anmeldungen an.
3 Der Kfz-Mechaniker repariert Autos.
4 Die Briefträgerin bringt die Post.
5 Die Kellnerin bringt Kaffee und Kuchen.

4

Sie berät die Kunden und kontrolliert die Kassa. Sie muss auch Geld wechseln und bei Problemen mit Überweisungen helfen. Oft muss sie auch länger bleiben/arbeiten.

5

können:	ich kann – du kannst – er/es/sie kann – wir können – ihr könnt – sie/Sie können
müssen:	ich muss – du musst – er/es/sie muss – wir müssen – ihr müsst – sie/Sie müssen
wollen:	ich will – du willst – er/es/sie will – wir wollen – ihr wollt – sie/Sie wollen

6

1 Können
2 Kannst – können
3 kann – kann
4 Könnt
5 kann

7

1 muss – **2** müssen – **3** muss – **4** müssen

8

1 Ich will heute fernsehen.
2 Wir wollen Fußball spielen.
3 Monika will zu Hause Musik hören.
4 Wollt ihr ins Kino gehen?
5 Willst du einen Tanzkurs machen?
6 Wollen Sie etwas trinken?

9

1 Wollen – muss
2 musst/willst – muss – wollen
3 musst – will
4 Müssen – muss/will

10

1 Sie muss früh aufstehen, aber sie kann schon am Mittag nach Hause gehen.
2 Er muss auch in der Nacht arbeiten, aber er kann am Vormittag lange schlafen.
3 Er muss viel erklären, aber er kann auch viel von den Schülern lernen.
4 Sie muss viel im Büro sitzen, aber sie kann bei der Arbeit Kaffee trinken.
5 Er muss heute bis 22 Uhr arbeiten, aber er kann morgen schon um 15 Uhr nach Hause gehen.

11
1 Kann – musst
2 Willst – kann – Willst
3 Können – will – Können – muss

12
1 D – **2** B – **3** A – **4** C

13a
1 Kellnerin – **2** Lehrer – **3** Briefträgerin

13b
1 F – **2** R – **3** R – **4** F – **5** R – **6** R

14
2 Wir können nicht am Vormittag arbeiten/ Wir können am Vormittag nicht arbeiten.
3 Ich will nicht alleine arbeiten.
4 Er muss nicht viel reisen.
5 Sie muss nicht früh aufstehen.

16
1 überweisen – Bankverbindung
2 Mitgliedsbeitrag
3 Konto – IBAN
4 Bankomat
5 Gebühren

17a
1 F – **2** R – **3** R

17 b
IBAN: AT97 120001051009091118
BIC: BK AUATWW
Betrag: 150 Euro

18
1 Sie geht zum Friseur.
2 Sie ist beim Friseur.
3 Sie geht zur Haltestelle.
4 Sie ist bei der Arbeit.
5 Sie kommt zurück nach Hause.
6 Sie ist zu Hause.

19
1 bei – **2** mit – **3** zum – **4** vom – **5** Vor – **6** nach – **7** zu – **8** aus

20
2 der / einer
3 dem / einem
4 den / –

21
1 der, einem – **2** der – **3** der, einem – **4** beim, dem

22
2 zu den Großeltern – **3** bei Freunden – **4** aus dem Reisebüro – **5** zu einer Freundin – **6** von einem Freund

23
1 Wo – **2** Wohin – **3** Wo – wohin

24
1 Sie wollen die Wohnung aufräumen und dann zum Markt gehen.
2 Er kann Englisch sprechen und jetzt will er Spanisch lernen.
3 Er ist Ingenieur von Beruf, aber er arbeitet jetzt als Briefträger.

25a
A 1 – **B** 3 – **C** 4 – **D** 2 – **E** 5

25b
Beispiel:
Martin Schuster ist Taxifahrer. Er wohnt und arbeitet in Salzburg. Er muss in der Nacht und am Wochenende arbeiten. In der Nacht fährt er gern.

26a
1 Arzt/Ärztin – **2** Taxifahrer – **3** Programmiererin/ Programmierer – **4** Sekretärin

26b
Anzeige 1
Beruf: Arzt/Ärztin
Firma: Kinderarztpraxis Weiß
Adresse: Römerstraße 38, 4600 Wels
Telefon/E-Mail: 07242 67788
Arbeitszeit: Montag, Mittwoch, Donnerstag 8.00 – 12.30 Uhr
Anzeige 2
Beruf: Taxifahrer (m/w)
Firma: Reisedienst Schweiger
Adresse: Tirolerstraße 10, 9500 Villach
Telefon/E-Mail: 04242 / 155 355
Arbeitszeit: am Wochenende/nachts
Anzeige 3
Beruf: Programmierer/Programmiererin
Firma: ABC-Software
Adresse: s.krebs@abc-software.at
Telefon/E-Mail: s.krebs@abc-software.at
Arbeitszeit: Vollzeit, flexibel
Anzeige 4
Beruf: Sekretärin (m/w)
Firma: Bankhaus Brunner
Adresse: Hauptstraße 43, 4600 Wels
Telefon/E-Mail: 07242 51 32 0
Arbeitszeit: Montag – Freitag, vormittags oder nachmittags

Lösungen

Wichtige Wörter

1

2 der Taxifahrer, die Taxifahrerin, die Taxifahrer, die Taxifahrerinnen

3 die Reinigungskraft, die Reinigungskräfte

3

1 Kunden beraten/bedienen

2 Geld verdienen/wechseln/überweisen

3 ein Formular unterschreiben

5

die Verkäuferin
der Tischler
die Sekretärin
die Altenpflegerin
die Friseurin
der Arzt
die Lehrerin

7a

1 D – **2** F – **3** I – **4** H – **5** G – **6** B – **7** A – **8** C – **9** E

7b

Die Verkäuferin arbeitet im Kaufhaus.
Der Gärtner arbeitet in der Gärtnerei.
Der Tischler arbeitet in der Werkstatt.
Die Sekretärin arbeitet im Büro.
Die Altenpflegerin arbeitet im Altersheim.
Die Hotelfachfrau arbeitet im Hotel.
Die Friseur arbeitet im Friseursalon.
Der Arzt arbeitet im Krankenhaus.
Die Lehrerin arbeitet in der Schule.

8

2 Eine Lehrerin unterrichtet Schüler.

3 Ein Verkäufer bedient Kunden.

4 Ein Friseur schneidet Haare.

5 Eine Hotelfachfrau reserviert Zimmer.

6 Ein Altenpfleger betreut alte Menschen.

7 Ein Gärtner pflegt Gärten.

8 Eine Sekretärin plant Termine.

9 Ein Tischler macht Möbel.

Station 2

A

Hobby – spiele – jogge – höre – findest – spiele – gerne

B

Es ist halb sieben/6 Uhr dreißig/18 Uhr dreißig.
Es ist fünf vor zwölf/11 Uhr fünfundfünfzig/23 Uhr fünfundfünfzig.
Es ist Viertel vor sechs/fünf Uhr fünfundvierzig/ siebzehn Uhr fünfundvierzig.

C

Am – am – Am – Uhr – Uhr – um – bis

D

machst – Vormittag – fängt ... an – treffe – gehen

F

hätte gern – kosten – nehme

I

Vom – beim – in die

8 Gute Besserung!

1

von links nach rechts:
Zahnärztin – Kinderärztin – Hausärztin – Augenärztin

2

am – von … bis – am – von … bis – am – nach – Am – geschlossen

3

Dann geh doch zum Zahnarzt.
Dann geh doch zum Augenarzt.
Dann trink doch Milch mit Honig.
Dann iss doch nicht so viel.
Dann mach doch Sport.

4

- Ordination Dr. Bombelka. Guten Tag.
- Grüß Gott, mein Name ist Ionesco. Ich brauche einen Termin.
- Einen Moment, bitte. Morgen Vormittag um elf Uhr. Geht das?
- Ja, morgen Vormittag habe ich Zeit.
- Sagen Sie doch bitte noch einmal Ihren Namen.
- Ionesco.
- Wie schreibt man das?
- I O N E S C O.
- Gut, Frau Ionesco, bis morgen um elf Uhr.
- Vielen Dank, auf Wiederhören.

5

1 B – **2** B

6

Beispiel:

1 zwei Augen, einen Arm, fünf Finger, einen Kopf, eine Nase, Haare
2 zwei Beine, einen Kopf, Haare, zwei Augen, einen Mund, eine Nase, zwei Arme, zwei Hände, zwei Füße
3 zwei Arme, zwei Hände, einen Rücken, einen Kopf
4 vier Arme, zwei Köpfe, zwei Nasen, vier Augen, vier Hände, vier Beine, vier Füße

7

Arzt/Ärztin: Was fehlt Ihnen denn? – Vielleicht haben Sie eine Grippe. – Machen Sie bitte den Mund auf. – Sie müssen noch einmal zur Kontrolle kommen.
Patient/in: Mir geht es nicht gut. – Ich habe Fieber. – Mein Rücken tut weh. – Ich bin verkühlt.

8

2 Sein Bauch tut weh.
3 Ihr Kopf tut weh.
4 Ihre Ohren tun weh.
5 Ihre/Seine Beine tun weh.

9

2 Ich soll viel Obst essen.
3 Ich soll eine Woche zu Hause bleiben.
4 Ich soll Halstabletten nehmen.

10

1 Er sagt, du sollst im Bett bleiben.
2 Sie sagt, du sollst Gymnastik machen.
3 Sie sagt, du sollst wenig Fleisch essen.
4 Er sagt, du sollst keine Tabletten nehmen.

11

1 Arbeitgeber – **2** Rezept – **3** Überweisung – **4** Hausarzt – **5** Termin – **6** Medikamente – **7** Bauchschmerzen – **9** Internet – **10** Ordination
Lösungswort: Gesundheit

12a

St. Pölten, 5.12.2017

Sehr geehrter Herr Eder,

unser Sohn Jakob kann heute leider nicht zum Unterricht kommen.
Er hat eine Grippe.
Bitte entschuldigen Sie das Fehlen von Jakob.
Mit freundlichen Grüßen
Martin Berger

12b

1 Wien, 3.3.2017
2 Sehr geehrte Frau Kelderer,
3 Sarafina ist heute leider krank und kann nicht in die Schule kommen. Sie hat Fieber.
4 Bitte entschuldigen Sie das Fehlen von Sarafina.
5 Mit freundlichen Grüßen
6 M. Lutter

12c

Beispiel:

Wien, 15.2.2017

Sehr geehrte Frau Linhuber,

unser Sohn Luca ist leider krank und hat Kopfschmerzen. Er kann heute leider nicht in die Schule kommen. Bitte entschuldigen Sie das Fehlen von Luca.
Mit freundlichen Grüßen

13
1 Fieber messen – **2** Tee kochen – **3** Medikamente geben – **4** ein Buch vorlesen – **5** den Arzt anrufen – **6** eine Entschuldigung schreiben

14
1 – 2 – 4 – 6

16

links:	mich, dich, ihn, es, sie
rechts:	uns, euch, sie, Sie

17
1 Sie – **2** euch – **3** Sie

18
2 sie – **3** ihn – **4** sie – **5** ihn

19
1 uns – **2** ihn – **3** dich – **4** euch – **5** sie – **6** mich, Sie – **7** es

20
Beispiel:
Er hat Halsschmerzen. Er geht zum Arzt. Der Arzt untersucht ihn. Herr Luger holt Medikamente in der Apotheke. Zu Hause muss er im Bett bleiben und Tee trinken. Sein Freund besucht ihn.

21
1 Wo – **2** Wie – **3** Wie viele – **4** Wie – **5** Wann

22
Unfall – verletzt – verletzt – erklären – dringend – Notarzt – warten

23

Wien, 20.04.2017

Sehr geehrter Herr Fischer,

mein Sohn Erkan ist leider krank. Er hat Halsschmerzen und kann nicht in die Schule kommen.
Bitte entschuldigen Sie das Fehlen von Erkan.
Mit freundlichen Grüßen
Sevilay Ogur

24c
1 F – **2** F – **3** R – **4** R

25
1 B – **2** A – **3** A – **4** B

Wichtige Wörter

2
1 die e-card
2 das Rezept, die Krankschreibung
3 die Entschuldigung
4 die Krankschreibung
5 die Medikamente

4
Seite 102 – links – von oben nach unten:
der Kopf, die Köpfe – der Hals, die Hälse – der Rücken, die Rücken – der Bauch, die Bäuche – der Arm, die Arme
rechts – von oben nach unten:
der Finger, die Finger – die Hand, die Hände – das Bein, die Beine – der Fuß, die Füße
Seite 103 von oben nach unten:
das Haar, die Haare – der Mund, die Münder – die Nase, die Nasen – das Auge, die Augen – das Ohr, die Ohren

7

hören:	das Ohr
sehen:	das Auge
essen:	der Mund
gehen:	das Bein, der Fuß
Sport machen:	das Bein, der Fuß, die Hand

8
1 der Rücken – **2** die Zehe – **3** der Kopf – **4** das Herz – **5** die Stirn

9 Wege durch die Stadt

1a
1 das Auto – **2** die U-Bahn – **3** der Bus – **4** die Straßenbahn – **5** das Fahrrad – **6** der Zug

1b

Pedro:	Auto, U-Bahn, Bus
Susanne:	Zug, Straßenbahn
Magda und Pavel:	Fahrrad

2a
2 gehen – **3** fährt – **4** fährt – **5** fliegt – **6** fahren – **7** fahre

3a
1 praktisch, billig, gesund
2 bequem, teuer
3 schnell

3b
1F – **2**F – **3**F – **4**F – **5**R – **6**R

4
1 C – **2** B – **3**C

5
1 Uhr – **2** Stunde – **3** Uhr – **4** Stunde

7
2 Entschuldigung, ich suche den Zoo. Entschuldigung, wie komme ich zum Zoo?
3 Entschuldigung, ich suche die U-Bahnstation. Entschuldigung, wie komme ich zur U-Bahnstation?
4 Entschuldigung, ich suche das Schwimmbad. Entschuldigung, wie komme ich zum Schwimmbad?

8
- Entschuldigung, wie komme ich zum Hauptpostamt?
- Das ist ganz einfach. Nehmen Sie die U-Bahn. Da vorne ist die U-Bahnstation.
- Und wie muss ich fahren?
- Nehmen Sie die Linie 4 Richtung Hütteldorf. Fahren Sie vier Stationen bis zum Schwedenplatz, da ist das Hauptpostamt.
- Also, die U4 Richtung Hütteldorf und dann vier Stationen.
- Ja, genau.
- Vielen Dank.

9
- Entschuldigung, wie komme ich zum Karlsplatz?
- Nehmen Sie die U6 und fahren Sie eine Station bis zur Längenfeldgasse. Dann müssen Sie umsteigen. Nehmen Sie die U4 Richtung Heiligenstadt. Fahren Sie vier Stationen, dann sind Sie am Karlsplatz.

10
1 zum – mit dem – mit der
2 mit dem – mit dem
3 mit dem – zur – zu
4 zum – mit der

11
2 Im Bahnhof kann man Fahrkarten kaufen.
3 In der Apotheke kann man Medikamente kaufen.
4 In der Bank kann man Geld wechseln.
5 In der Bäckerei kann man Brot und Semmeln kaufen.
6 Im Supermarkt kann man Lebensmittel einkaufen.
7 Im Café kann man Kaffee trinken.

12
2 zwischen den Gläsern – **3** hinter dem Rücken – **4** neben dem Fenster – **5** unter dem Tisch – **6** auf dem Tisch – **7** über dem Tisch – **8** in der Suppe

13
Beispiel:
1 Links ist die Blume auf dem Fauteuil. Rechts ist sie auf dem Regal/im Regal.
2 Links ist die Lampe auf dem Tisch. Rechts ist sie auf dem Fernseher.
3 Links ist das Bild zwischen den Fenstern. Rechts gibt es kein Bild.
4 Links sind die Bücher auf dem Sofa. Rechts sind sie unter dem Sofa.
5 Links ist das Regal links neben der Tür. Rechts ist das Regal rechts neben der Tür.

14
1 An der – **2** auf dem – **3** Vor dem – **4** im – **5** Auf der, an der

15
- Entschuldigung, wie komme ich zum Bahnhof?
- Zum Bahnhof? Hm… Gehen Sie zu Fuß?
- Nein, ich fahre mit dem Auto.
- Fahren Sie zuerst diese Straße geradeaus und an der zweiten Kreuzung links. Dann kommen Sie zum Bahnhof.
- Also hier geradeaus und an der zweiten Kreuzung links.
- Genau, der Bahnhof ist dann rechts.
- Vielen Dank.

16
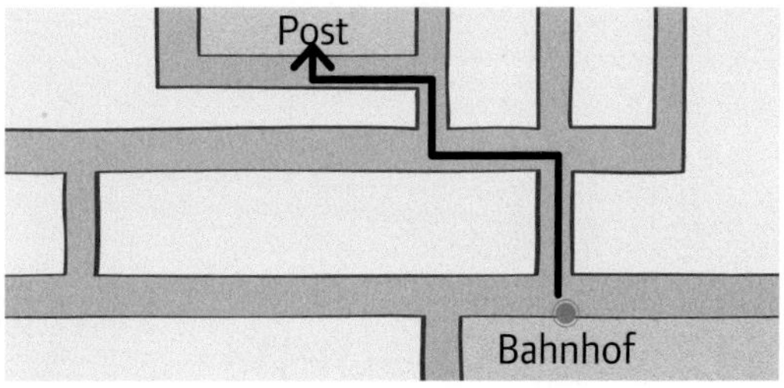

17
1 Das Auto muss warten. Das Fahrrad darf fahren.
2 Das Auto muss warten. Das Motorrad darf fahren.

18
2 Der Bus darf zuerst fahren.
3 Dann darf das Fahrrad fahren.
4 Das Auto muss nach rechts abbiegen.

19
1 dürfen – müsst – dürft
2 darf – musst
3 darf – musst

20

Beispiel: Bei Nummer 1 darf man nicht telefonieren. Bei Nummer 2 darf man geradeaus fahren. Hier darf man nach rechts abbiegen.
Bei Nummer 3 darf man mit dem Rad fahren. Hier darf man nicht mit dem Auto fahren.
Hier darf man zu Fuß gehen.
Bei Nummer 4 darf man nicht weiterfahren.
Bei Nummer 5 muss man geradeaus fahren.
Bei Nummer 6 darf man nicht anhalten. Hier darf man nicht parken.

21

Mein Weg in die Arbeit ist weit. Ich gehe erst zwanzig Minuten zu Fuß. Dann nehme ich die S-Bahn. Ich brauche 50 Minuten mit der S-Bahn. Am Bahnhof steige ich aus. Dort nehme ich die U-Bahn und ich muss auch noch einmal 20 Minuten mit der U-Bahn fahren. Manchmal fahre ich zwei Stunden.

22a

2 A – **3** C – **4** B – **5** F – **6** E

22b

1 8:39 Uhr – **2** 9:01 Uhr – **3** 9:10 Uhr

Wichtige Wörter

1

1 C – **2** E – **3** D – **4** A – **5** B

2

4

1 das Auto, die Autos – **2** die Straßenbahn, die Straßenbahnen – **3** der Bus, die Busse – **5** das Flugzeug, die Flugzeuge – **6** die U-Bahn, die U-Bahnen – **7** die S-Bahn, die S-Bahnen – **8** der Zug, die Züge – **9** der Lkw, die Lkws – **10** das Fahrrad, die Fahrräder – **12** das Schiff, die Schiffe – **14** das Motorrad, die Motorräder

der Bahnhof, die Bahnhöfe - der Flughafen, die Flughäfen

6

1 das Fahrrad
2 der Zug
3 der Motorroller

8a

täglich:	Fahrrad
oft:	Auto
manchmal:	Zug
selten:	Motorroller
nie:	Flugzeug

8b

Arbeit:	das Fahrrad
Einkäufe	das Fahrrad
Ausflüge:	das Fahrrad
Eltern besuchen:	das Auto

10 Mein Leben

1a

1 ledig – **2** geschieden –**3** verheiratet – **4** Führerschein

1b

1. Sind Sie verheiratet? – Bist du verheiratet?
2. Ist Ihr Bruder verheiratet? – Ist dein Bruder verheiratet?
3. Haben Sie einen Führerschein? – Hast du einen Führerschein?
4. Wohnen Sie in einer Großstadt? – Wohnst du in einer Großstadt?

2

war – hatte – hatte – war

4a

1 E – **2** F – **3** A – **4** B – **5** D – **6** C

4b

1. Herr Oliveira räumt die Wohnung auf.
2. Herr Oliveira kauft im Supermarkt ein.
3. Herr und Frau Oliveira machen Mittagessen.
4. Herr Oliveira spielt mit den Kindern.

5 Frau Oliveira malt ein Bild.
6 Frau Oliveira hört Musik.

4c

2 Er hat im Supermarkt eingekauft.
3 Sie haben Mittagessen gemacht.
4 Er hat mit den Kindern gespielt.
5 Sie hat ein Bild gemalt.
6 Sie hat Musik gehört.

5

machen, gemacht – suchen, gesucht – reden, geredet – arbeiten, gearbeitet – abholen, abgeholt – kochen, gekocht – lernen, gelernt – träumen, geträumt – einkaufen, eingekauft

6a

Fragen:
2 Hast du heute schon eingekauft?
3 Wann hast du den Kuchen gemacht?
4 Wie lange hat sie gestern gearbeitet?
Antworten:
B Ich habe Musik gehört.
C Sie hat gestern bis 23 Uhr gearbeitet.
D Ich habe ihn heute vor der Arbeit gemacht.

6b

1 B – **2** A – **3** D – **4** C

7

1 Sylvia hat gestern lange Musik gehört.
2 Tom hat die Kinder am Nachmittag von der Schule abgeholt.
3 Wir haben vor zwei Tagen sehr lange mit dem Chef geredet.

8

Beispiel:
Am Vormittag hat Enrico (am Computer) gearbeitet. Am Nachmittag (um 15 Uhr) hat er (mit Anja) gelernt. Dann hat er (mit Freunden) Fußball gespielt. Am Abend hat er (mit Freunden) Karten gespielt.

9

1 Ich habe – **2** Ich bin – **3** Ich habe – **4** Ich bin – **5** Ich bin – **6** Ich habe – **7** Ich habe – Ich bin – **8** Ich bin

10

fahren, ist gefahren – gehen, ist gegangen – aufstehen, ist aufgestanden – aufräumen, hat aufgeräumt – abholen, hat abgeholt – trinken, hat getrunken – sehen, hat gesehen – schlafen, hat geschlafen – lesen, hat gelesen – kommen, ist gekommen – mitkommen, ist mitgekommen – lernen, hat gelernt

11

1 Leila ist gestern nach Paris gefahren.
2 Robert hat nicht gut geschlafen.
3 Heute Morgen ist er früh aufgestanden. / Er ist heute Morgen früh aufgestanden.
4 Seid ihr heute mit dem Fahrrad in die Arbeit gefahren?
5 Wir haben das Auto genommen.

12

… Am Freitag habe ich lange gearbeitet – bis 20 Uhr! Aber dann ist Alexandra gekommen und wir sind in die Disko gegangen. Am Samstag bin ich erst um halb eins aufgestanden und habe dann schnell im Supermarkt eingekauft. Danach habe ich eine Pizza gegessen und die Wohnung aufgeräumt. Am Abend war ich auf der Geburtstagsparty von Sebastian. Und da habe ich ihn gesehen: …

13

Beispiel:
1 Ich bin gestern um 23 Uhr eingeschlafen.
2 Ich habe heute Nacht schlecht geschlafen.
3 Ich bin heute spät aufgestanden.
4 Ich habe zwei Semmeln gegessen.
5 Ich habe heute ein Buch gelesen.
6 Ich bin gestern ins Kino gegangen.

15a

2 Woher kommt sie?
3 Was ist sie von Beruf?
4 Ist sie verheiratet?
5 Hat sie Kinder? – Wie viele Kinder hat sie?
6 Was sind ihre Hobbys?
7 Seit wann ist sie in Österreich?

15b

Ihr Vorname ist Hung. Sie kommt aus Vietnam. Sie ist Bankkauffrau von Beruf. Sie ist verheiratet und hat zwei Kinder. Ihre Hobbys sind kochen und schwimmen. Sie ist seit 2014 in Österreich.

16

2 1899 – **3** 1931 – **4** zweitausendfünfzehn – **5** zweitausend(und)eins – **6** neunzehn(hundert)siebenundachtzig

17

Herr Kowalski ist 1975 in Polen geboren. Er ist von 1981 bis 1991 in die Schule gegangen. Er hat 1998 geheiratet und ist 1999 nach Österreich gekommen. In den Jahren 2000 und 2001 hat er Deutschkurse an einer Sprachschule gemacht. Bis 2016 war er Hausmeister in einer Schule in Bregenz. Seit 2017 lernt er den Beruf Altenpfleger.

18a

Am Wochenende sind wir zusammen zu Freunden nach Wien gefahren. Das war super! Am Samstagmorgen haben wir mit dem Bus eine Stadtrundfahrt gemacht. Danach haben wir im Restaurant gegessen und dann haben wir einen Kaffee getrunken. Am Nachmittag haben wir eingekauft und am Abend haben wir zusammen Essen gemacht und dann sind wir ins Kino gegangen. Der Film war leider langweilig, aber Wien ist toll.

19a

Beispiel:

1 Sie ist neun Jahre alt.
2 Nein, sie hat keine Probleme gehabt. Sie ist gern zur Schule gegangen.
3 Sie hat gute Noten gehabt.
4 Sie kann noch nicht alles verstehen.

19b

Beispiel:

1 Wann ist sie in die Schule gekommen?
2 Hat sie Probleme in der Schule gehabt?
3 Kann Usha schon Deutsch sprechen?
4 Kann sie alles verstehen?

20a

1 Im Verein arbeiten Pensionisten, pensionierte Lehrer und Lehrerinnen, Eltern und viele andere mehr.
2 Sie wollen mit den Schülern Lesen, Schreiben und Rechnen üben.

20b

1 B – **2** A

Wichtige Wörter

1a

Beispiel:

arbeiten	Ich arbeite viel. Ich habe gestern nicht gearbeitet.
spielen	Michael spielt Fußball. Er hat Fußball gespielt.
aufräumen	Ich räume mein Zimmer auf. Ich habe mein Zimmer aufgeräumt.
fahren	Wir fahren nach Wien. Wir sind nach Wien gefahren.
gehen	Wir gehen ins Kino. Wir sind ins Kino gegangen.
einkaufen	Kaufst du ein? Hast du eingekauft?
träumen	Ich träume viel. Ich habe viel geträumt.
kochen	Tom kocht eine Suppe. Tom hat eine Suppe gekocht.
machen	Wir machen die Hausaufgaben. Wir haben die Hausaufgaben gemacht.
reden	Du redest sehr viel. Du hast sehr viel geredet.
abholen	Ludmilla holt die Kinder ab. Ludmilla hat die Kinder abgeholt.
hören	Wir hören Musik. Wir haben Musik gehört.
lernen	Wir lernen Deutsch. Wir haben Deutsch gelernt.
aufstehen	Ich stehe nicht gern früh auf. Ich bin gestern früh aufgestanden.
trinken	Wir trinken einen Kaffee. Wir haben einen Kaffee getrunken.
essen	Wir essen eine Pizza. Wir haben eine Pizza gegessen.
schlafen	Ich schlafe sehr gut. Ich habe sehr gut geschlafen.
bleiben	Bleibst du lange? Bist du lange geblieben?
sehen	Wir sehen einen Film. Wir haben einen Film gesehen.
lesen	Wir lesen ein Buch. Wir haben ein Buch gelesen.

2a

Deutsch lernen – Radio hören – Karten spielen – mit Freunden leben, reden, lernen – am Computer arbeiten, spielen, lernen – Sport machen – in der Stadt leben, arbeiten – einen Kaffee trinken

2b

1 das Taxiunternehmen – **2** der Autoschlüssel – **3** die Großstadt – **4** die Postkarte

4a

1 in Wien ankommen
2 in einem Hotel wohnen
3 eine Stadtrundfahrt machen
4 das Burgtheater sehen
5 in den Prater gehen
6 den Donauturm sehen
7 einen Kaffee trinken
8 den Stephansturm sehen
9 in ein Konzert gehen
10 auf dem Balkon sitzen
11 einen Spaziergang zum Schloss Belvedere machen
12 in einem Restaurant essen

11 Ämter und Behörden

1a

von links nach rechts:

3 – 5 – 1 – 4 – 2

1 das Arbeitsmarktservice
2 das Meldeservice
3 die Kfz-Zulassungsstelle
4 das Finanzamt
5 das Standesamt

1b

Beispiel:

2 Beim Finanzamt/Wohnsitzfinanzamt kann man Familienbeihilfe beantragen.
3 Beim Arbeitsmarktservice kann man eine Berufsberatung bekommen.
4 Beim Standesamt kann man heiraten.
5 Bei der Kfz-Zulassungsstelle kann man ein Auto anmelden und abmelden.

2

1 Familienbeihilfe beantragen, bekommen
2 eine Berufsberatung beantragen, bekommen
3 ein Auto anmelden, abmelden, bekommen
4 einen Termin beantragen, bekommen

3a

MELDEZETTEL					
Anmeldung der Unterkunft in			**Abmeldung der Unterkunft in**		
~~am:~~ Schwaz Haus und Wohnung			Straße, Hausnr., Stiege, Tür Nr. Kapfweg 17, Stiege 1, Tür Nr. 2		
Straße, ~~Hausnr., Stiege,~~ Tür Nr. Husslstraße 12, Stiege 2, Tür Nr. 1			Ort, Bundesland 6410 Telfs, Tirol		
~~Ort, Bundesland~~ 29.07.81					
~~Vermieter~~ 01.05.2017					
Ist diese Unterkunft Hauptwohnsitz?	ja	X	nein		
Familienname Selmi	~~Vorname~~ Gabes, Tunesien		männl.	X	~~Geburtsdatum~~ 6130 Schwaz, Tirol
			weibl.		
~~Geburtsort~~; Bundesland, Staat Albert	~~Personenstand~~ Tunesien				~~Staatsangehörigkeit~~ ledig

3b

MELDEZETTEL					
Anmeldung der Unterkunft in			**Abmeldung der Unterkunft in**		
am: 01.05.2017			Straße, Hausnr., Stiege, Tür Nr. Kapfweg 17, Stiege 1, Tür Nr. 2		
Straße, Hausnr., Stiege, Tür Nr. Husslstraße 12, Stiege 2, Tür Nr. 1			Ort, Bundesland 6410 Telfs, Tirol		
Ort, Bundesland 6130 Schwaz, Tirol					
Vermieter Schwaz Haus und Wohnung					
Ist diese Unterkunft Hauptwohnsitz?	ja	X	Nebenwohnung		
Familienname Selmi	Vorname Albert		männl.	X	Geburtsdatum 29.07.81
			weibl.		
Geburtsort; Bundesland, Staat Gabes, Tunesien	Personenstand ledig				Staatsangehörigkeit Tunesien

4

2 am 3.2. – **3** am 4.3. – **4** am 5.4. – **5** am 9.5. – **6** am 10.6. – **7** am 11.7. – **8** am 12.8. – **9** am 20.9. – **10** am 21.10. – **11** am 29.11. – **12** am 30.12.

5

1 1975 – **2** 1991 – **3** 2004 – **4** 2015 – **5** zweitausendneunzehn – **6** achtzehnhundertdreiundsiebzig – **7** zweitausendelf – **8** neunzehnhundertsechsundachtzig

6

2 3.6.1979 – **3** 18.4.2012 – **4** 14.12.2005 – **5** 31.1.2007 – **6** 11.4.1997 – **7** 1.2.2010

7

Anmeldeformular Basketballverein Dornbirn

Name: Grabowski
Vorname: Maja
Geburtsdatum: 24.10.1991
Telefon: 05572/32169
Straße, Hausnummer: Forachstraße 29
Wohnort: 6850 Dornbirn
Unterschrift: M. Grabowski

Monatsbeitrag:
15 € [X] Kinder bis 12 Jahre 5 € [ ]

Zahlungswunsch:
monatlich [ ] vierteljährlich [X] halbjährlich [ ]

Bankverbindung:
IBAN: AT07 7602 6000 0023 4914
Bank: Raiffeisenbank
Datum: 17.11.20xx

8

1 F – **2** R – **3** F – **4** F

9a

mir – dir – uns – euch – Ihnen

9b

1 mir – **2** Ihnen – **3** euch – **4** dir – **5** uns – **6** uns, Ihnen – **7** dir, mir – **8** euch, uns

10

A 2 – **B** 3 – **C** 4 – **D** 1

1 dir
2 Ihnen, dir
3 Ihnen, Ihnen
4 euch, uns

12

- Darf ich Sie etwas fragen?
- Ja, natürlich.
- Ich möchte hier an der Sprachschule einen Deutschkurs machen.
- Gerne. Es gibt noch viele freie Plätze.
- Super. Aber ich habe eine Frage. Ich verstehe das Wort *Kursgebühr* nicht.
- Die Kursgebühr ist das Geld für den Kurs.
- Ach so, vielen Dank.

13

1 B – **2** C – **3** A – **4** A

14

1 die, einen – **2** den, eine – **3** das, den – **4** den, ein

Lösungen

15a
2 – 1 – 4 – 3
Beispiel:

Hochzeit:	Für die Hochzeit brauche ich Ringe.
Fest:	Für ein Fest brauche ich Getränke.
Arztbesuch:	Für den Arztbesuch brauche ich die e-card.
Einkauf:	Für den Einkauf brauche ich einen Einkaufszettel.

15b
Beispiel:
Für den Balkon brauche ich Blumen.
Für das Wohnzimmer brauche ich ein Sofa.
Für das Schlafzimmer brauche ich ein Bett.
Für die Küche brauche ich einen Herd.

16
1 Sie – **2** dich, mich – **3** sie – **4** mich, Sie

17a
Vorname: Anna – **Familienname:** Riegel – **Straße:** Schlossstraße 5 – **Wohnort:** Innsbruck – **Personenstand:** verheiratet – **Staatsangehörigkeit:** Österreich

17b
Heute geht Herr Gruber zur Kfz-Zulassungsstelle. Er möchte sein neues Auto anmelden. Er hat einen Termin um 11 Uhr im 1. Stock in Zimmer 134.

18

2	**Stockwerk:**	1. Stock
	Zimmer:	102–103
	Zeit:	Freitag 8–12.30 Uhr
3	**Stockwerk:**	Erdgeschoss
	Zimmer:	06/07
	Zeit:	Mittwoch 8–12.00 Uhr
4	**Stockwerk:**	2. Stock
	Zimmer:	207
	Zeit:	Donnerstag 16.30–19 Uhr

Wichtige Wörter

1
1 stellen – **2** beantragen – **3** anmelden – **4** ausfüllen – **5** verlängern

2
Anmeldebestätigung

Familienname	Vorname	
Hadimitriou	Georgios	
Straße und Hausnummer	**PLZ**	**Wohnort**
Spechtgasse 7	2340	Mödling
Geburtsdatum	**Geburtsort**	**Staatsangehörigkeit**
23.7.1986	Athen	Griechenland
Personenstand	**berufstätig**	**männl. weibl.**
verheiratet	Ja X Nein	X

4
A 3 – **B** 4 – **C** 6 – **D** 8 – **E** 9 – **F** 1 – **G** 7 – **H** 5 – **I** 2

Station 3

A
linke Spalte: das Auge, der Mund, der Fuß, das Bein
rechte Spalte: der Kopf, die Hand

B
Name – Termin – kann – geht – Dank – Wiederschauen/Wiederhören

C
gut – tut weh – Kopfschmerzen/Kopfweh

D
komme – geradeaus – Kreuzung – links

E
war – bin – wohne/bin – bin/wohne – habe … gesprochen – habe … gemacht

F
habe – gekauft – haben – gesehen – sind – gefahren

H
Entschuldigung – helfen – verstehe – Verkäufer – danke

12 Im Kaufhaus

1
Foto 1: die Krawatte, -n, die Hose, -n
Foto 2: die Jacke, -n, der Rock, ″-e
Foto 3: der Pullover -, die Jean(s), –

2a
1 gefällt – **2** gefallen – **3** gefällt – **4** gefällt

3
1 dir, mir – **2** Ihnen, Ihnen – **3** mir, Ihnen

4a
- Grüß Gott, kann ich Ihnen helfen?
- Ja, bitte. Ich suche eine Hose. Haben Sie Hosen für Buben?
- Wie alt ist der Bub?
- Elf Jahre.
- Hosen für Buben sind hier. Wie gefällt Ihnen die grüne Hose?
- Mein Sohn mag Grün nicht.
- Dann vielleicht die graue Hose hier?
- Ja, die ist gut. Die nehme ich.

4b
Guten Tag, kann ich Ihnen helfen?
Ja, bitte. Ich suche einen Rock.
Röcke haben wir hier. Wie finden Sie den roten Rock?
Der ist nicht schlecht, den nehme ich. Haben Sie auch Socken?
Ja, hier. Die schwarzen Socken sind im Angebot.
Dann nehme ich die schwarzen Socken und den roten Rock.

5
- Können Sie mir helfen?
- Ja, gern. Was brauchen Sie?
- Ich suche einen Pullover und einen Rock.
- Pullover sind hier. Wie finden Sie den roten Pullover?
- Super, der gefällt mir gut, den nehme ich. Und kann ich den schwarzen Rock anprobieren?
- Ja, natürlich. Hier ist die Umkleidekabine.
- Ja, der Rock ist gut. Den nehme ich auch.

6
1 Der blaue, den blauen
2 Das weiße, das weiße
3 Die lange, die lange
4 Die schwarz-weißen, die schwarz-weißen

7
1 schwarze – schwarze – weiße – schwarze – weiße – weiße
2 kleine – kleine
3 braunen – kleine – rote – kleinen
4 weißen – roten

8
1 roten, bequem
2 schön, schwarze, blaue

9a
Karin Partl: im Kaufhaus
Rolf Schubeck: im Internet
Denise Berger: auf dem Flohmarkt, im Kaufhaus

9b
1 F – **2** R – **3** F – **4** F – **5** R – **6** F

10
1 Welcher – **2** Welchen – **3** Welches –
4 Welche – **5** Welche

11
1 Welchen Pullover nehmen Sie?
2 Welcher Pullover gefällt Ihnen?
3 Welches T-Shirt ist super?
4 Welche Schuhe sind teuer?
5 Welche Brille ist schick?

13
1 die Dame + der Mantel = der Damenmantel
2 das Leder + die Tasche = die Ledertasche
3 das Baby + die Hose = die Babyhose

14
2 der Herr, die Herren + der Mantel, die Mäntel
3 das Haus, die Häuser + die Nummer, die Nummern
4 das Handy, die Handys + die Nummer, die Nummern
5 die Familie, die Familien + der Name, die Namen
6 das Kind, die Kinder + der Arzt, die Ärzte
7 die Straße, die Straßen + die Bahn, die Bahnen
8 der Kurs, die Kurse + die Gebühr, die Gebühren

15
1 A – **2** B – **3** A – **4** C

16

- Kann ich Ihnen helfen?
- Ja, bitte. Haben Sie diese Bluse auch in Schwarz?
- Nein, tut mir leid, nur in Blau. Möchten Sie die blaue Bluse anprobieren?
- Okay. Die Bluse ist aber zu groß. Haben Sie die auch in 42?
- Ja, hier ist die Bluse in Größe 42.
- Danke. Ich gehe noch einmal in die Umkleidekabine.
- Und, gefällt sie Ihnen?
- Ja, die Bluse in 42 ist gut, die nehme ich. Wo ist die Kassa?
- Die Kassa ist im Erdgeschoss.

17

Beispiel:

2 Entschuldigung, wo finde ich die Umkleidekabinen?
Die Umkleidekabinen sind da vorne rechts.

3 Entschuldigung, haben Sie die Jean auch in Größe 40?
Nein, tut mir leid, nur mehr in Größe 42.

4 Entschuldigung, wie lange haben Sie geöffnet?
Montag bis Freitag bis 19 Uhr und am Samstag bis 18 Uhr.

18a

1 neun (Euro) fünfzig
2 vierundvierzig (Euro) neunzig
3 neunzehn (Euro) neunundneunzig

18b

1 A – **2** B

19

1 **2**

20a

Wintermantel – Deutschkurs – Kaufhaus – Stadtmitte – Damenabteilung – Winterschlussverkauf – Winterhose – Computerspiel

20b

Am Wochenende muss ich einkaufen. Ich brauche einen Wintermantel und Winterschuhe. Meine Frau kommt vielleicht auch mit und hilft mir. Sie geht gerne einkaufen. Sie kauft gerne Schuhe, Taschen und Modeschmuck.

21a

T-Shirt (blau) / Hose (schwarz)

21b

Sehr geehrte Frau Gül,
vielen Dank! Wir haben Ihre Online-Bestellung vom 13.05.2017 erhalten!

Bestellnummer	Größe	Menge	Lieferzeit	Einzelpreis	Gesamtpreis
TS 305 188 T-Shirt (blau)	S	2	1-2 Tage	€8,95	€17,90
H 219 275 Hose (schwarz)	M	1	1-2 Tage	€19,95	€19,95
				Warenwert	€37,85
				Versandkosten	€4,50
				20% Mwst	€8,47
				Gesamt-Bestellwert	**€50,82**

Ihr Zahlungswunsch: **Rechnung**

Ihre Rechnungsadresse:
Sevilay Gül
Turmgasse 5
6020 Innsbruck

Benötigen Sie eine Rechnung? Drucken Sie Ihre Rechnung online aus.
Bei Fragen und Wünschen stehen wir Ihnen gerne zur Verfügung!

Mit freundlichen Grüßen
Ihr Mode-Online-Team

21c

1 am 13.05.2017
2 50,82€
3 4,50€

Wichtige Wörter

2a

1 C – **2** E – **3** F – **4** B – **5** G – **6** D – **7** A

5

1 die Hose, die Hosen – **2** die Jean(s), die Jean(s) – **3** das Hemd, die Hemden – **4** der Pullover, die Pullover – **6** der Schuh, die Schuhe – **9** das T-Shirt, die T-Shirts – **10** das Sweatshirt, die Sweatshirts – **11** der Anzug, die Anzüge – **15** die Socke, die Socken – **17** die Krawatte, die Krawatten – **18** das Kleid, die Kleider – **19** der Rock, die Röcke – **20** die Bluse, die Blusen – **21** die Unterwäsche/das Unterhemd, die Unterhemden – **22** die Jacke, die Jacken/der Pullover, die Pullover – **25** der Mantel, die Mäntel – **32** die Babyhose, die Babyhosen

13 Auf Reisen

1a

von oben nach unten/von links nach rechts:
der Strand, ″-e – der Wald, ″-er – das Dorf, ″-er – der Fluss, ″-e – der Berg, -e – die Wiese, -n – der See, -n

2a

1 in den Bergen – **2** im Dorf – **3** auf dem Bauernhof – **4** im Wald – **5** am See – **6** am Strand – **7** am Meer – **8** in der Stadt – **9** im Park

2b

am – am – auf dem – in den – in der – im

4

- Grüß Gott, ich brauche eine Fahrkarte von Linz nach Salzburg.
- Erste oder zweite Klasse?
- Wie viel kostet eine Fahrkarte für die erste Klasse?
- 46,80 Euro.
- Oh, das ist teuer. Dann nehme ich eine Fahrkarte für die zweite Klasse.
- Mit Reservierung?
- Ja, bitte für den Zug um 11.32 Uhr.
- Eine Fahrkarte von Linz nach Salzburg mit Reservierung. Das macht 29,70 Euro.

5

1 B – **2** C

7a

1 Wohin sind Sie zuletzt mit dem Zug gefahren?
2 Wie lange sind Sie dort geblieben?
3 Sind Sie umgestiegen?
4 Wie lange hat die Fahrt gedauert?
5 Sind Sie durch viele Tunnel gefahren?

8

3 – 4 – 1 – 2
1 um – **2** durch – **3** durch – **4** um

9

1 Die Katze läuft um den Baum.
2 Sie springt durch das Fenster.
3 Sie läuft durch die Küche.
4 Sie läuft um den Tisch.

10

links:	Es ist heiß. – Die Sonne scheint. – Es ist sonnig.
in der Mitte:	Es ist nass. – Es regnet. – Es ist bewölkt. – Es ist windig.
rechts:	Es schneit. – Es ist kalt. – Es ist bewölkt.

11

1 Heute ist es warm.
2 Gestern war es bewölkt.
3 In der Nacht hat es geschneit.
4 Vielleicht regnet es morgen.
5 Es ist kalt und windig.
6 Gestern hat es auch geregnet.

12

Beispiel:
Heute ist das Wetter schlecht, es ist nass, es regnet, es ist kalt, es ist windig.
Gestern war es schön, es hat nicht geregnet, es war sonnig und warm. Es waren keine Wolken am Himmel.

13a

NO	Nordosten / im Nordosten
O	Osten / im Osten
SO	Südosten / im Südosten
S	Süden / im Süden
SW	Südwesten / im Südwesten
W	Westen – im Westen

13b

2 Eisenstadt liegt im Osten.
3 Wien liegt im Nordosten.
4 Innsbruck liegt im Westen.
5 Linz liegt im Norden.

13c

Im Osten / In Eisenstadt regnet es.
Im Süden / In Klagenfurt ist es bewölkt.
Im Westen / In Innsbruck scheint die Sonne.
Im Nordosten / In Wien regnet es.

14a

1 Villach ist genauso groß wie Wels.
2 Wien ist größer als Graz.
3 In Linz gibt es weniger Regen als in Bregenz.
4 Sie möchte genauso gerne nach Innsbruck wie nach Salzburg.

14b

2 warm, wärmer – **3** kurz, kürzer – **4** lang, länger – **5** hell, heller – **6** schwierig, schwieriger – **7** groß, größer – **8** klein, kleiner – **9** interessant, interessanter – **10** gut, besser – **11** viel, mehr – **12** gern, lieber

15

1 China ist größer als Österreich.
2 Die Sonne ist heller als der Mond.
3 Schnee ist kälter als Regen.
4 In Graz ist es wärmer als in Wien.
5 Ich esse genauso gern Reis wie Nudeln.

16a

Jänner – Februar – März – April – Mai – Juni – Juli – August – September – Oktober – November – Dezember

16b

1 März
2 April – Juni
3 Juli – August – September

17

1 heiß – scheint – Regen – kalt – lang – hell – sitzen
2 kalt – schneit – dunkel – Schnee – regnet

18

1 Im Juni sind die Tage länger als im Jänner.
2 Im Winter sind die Tage kürzer als im Sommer.
3 Im Juli sind die Abende heller als im Dezember.
4 Im Sommer scheint die Sonne mehr als im Winter.

19a

1 besuchen – **2** besichtigen – **3** machen – **4** übernachten – **5** gehen – **6** treffen

20a

1 der wunderschöne Urlaub – **2** der hohe Berg – **3** die interessante Großstadt – **4** durch den langen Tunnel fahren – **5** um den schönen See wandern – **6** die warme Sonne – **7** das nasskalte Wetter – **8** die preiswerte Übernachtung

20b

Der Urlaub war wunderschön und das Wetter war fantastisch. Zuerst sind wir mit dem Zug nach Obertraun gefahren. Die Fahrt war interessant. In Hallstatt haben wir dann das preiswerte Hotel *Seeblick* gefunden. Die Zimmer waren gemütlich, aber sehr klein. Am nächsten Tag haben wir eine Wandertour an den wunderschönen See gemacht und sind auf einen Berg gestiegen. Oben war es windig und wir haben den warmen Pullover und die lange Jacke angezogen. Leider ist der Urlaub schon zu Ende, wir sind wieder zu Hause und hier ist das Wetter nasskalt und windig.

21

1c – **2**d – **3**a – **4**b

Wichtige Wörter

1

Beispiel:
das Dorf, die Kirche, der Bahnhof, der Zug, der Berg, der See, die Bäume, die Straße, die Katze, die Fahrräder, die Sonne

2

1 ankommen – **2** die Abfahrt – **3** sonnig – **4** heiß – **5** preiswert – **6** ungefähr

4

2 der Sommer – **3** der Herbst – **4** der Winter – **6** die Wolke, die Wolken. Es ist bewölkt. – **7** der Schnee. Es schneit. – **8** der Regen. Es regnet. – **13** der Wind. Es ist windig. – **16** Es ist kalt.

7a

Beispiel:
Im Frühling und im Sommer kann man gut Fahrrad fahren.
Im Winter bleibt man lieber zu Hause. Die Straßen sind oft glatt.
Im Herbst gibt es viele Gewitter. Es ist oft neblig.
Im Winter kann man gut Schi fahren.
Im Frühling, Sommer und Herbst kann man eine Kanutour machen.
Man kann immer gut spazieren gehen: im Frühling, Sommer, Herbst und Winter.
Im Sommer kann man gut schwimmen gehen.
Im Sommer isst man gerne ein Eis.

14 Zusammen leben

1a

1 die Hausnummer – **2** der Kinderwagen – **3** die Stiege – **4** die Mülltonne – **5** der Hund – **6** die Türglocke

1b

Ich wohne in einem Mietshaus. Meine Wohnung ist im zweiten Stock links. Neben mir wohnt eine Familie aus Kuba. Sie heißt García. Im Erdgeschoss links ist ein Friseur und rechts ist eine Bäckerei. Im ersten Stock sind Büros: Links ist die Immobilienfirma Heinz und rechts ist das Büro von der Firma ArtDesign.

2a

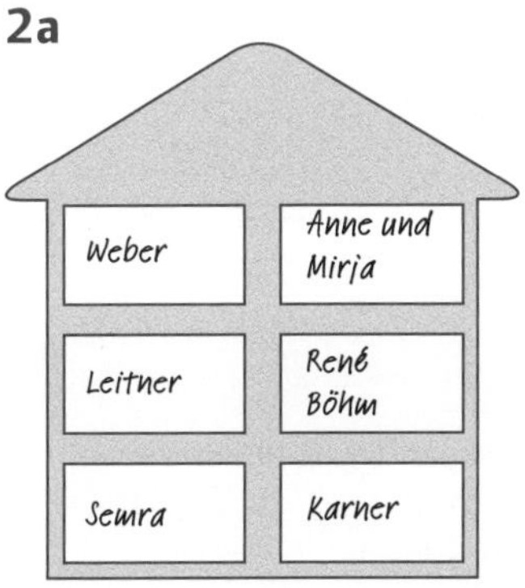

2b

1 Familie Leitner hat zwei Kinder.
2 Herr Böhm findet Frau Leitner sehr nett.
3 Herr Böhm kennt die Familie Weber nicht gut.
4 Herr Karner wohnt im Erdgeschoss rechts.

3a

2 Vor dem Haus sind Autos / ist ein Straße.
3 Links neben dem Haus ist ein Supermarkt.
4 Rechts neben dem Haus ist ein Spielplatz.
5 Unter dem Balkon ist eine Tür/Haustür.
6 Auf dem Balkon sind Menschen/Leute/Personen.

3b

Vor dem – Auf der – Neben dem – Auf dem – Im – Im – Im – über – Im – unter

4

Beispiel:
Wie sind Ihre Nachbarn?
Wie hoch ist die Miete?
Haben Sie einen Aufzug?
Hat Ihre Traumwohnung einen Balkon?

6

- Entschuldigung, ich möchte nicht stören. Aber ich habe eine Bitte.
- Sie stören überhaupt nicht.
- Wir haben gerade Besuch. Wir trinken Kaffee und haben keine Milch. Können Sie mir vielleicht ein bisschen Milch geben?
- Aber gern. Einen Moment bitte.
- Vielen Dank!
- Gern geschehen.

7

1 D – **2** B – **3** A – **4** C

8

2 Entschuldigung, können Sie mir bitte Salz geben?
3 Entschuldigung, kannst du/können Sie bitte die Tür aufmachen?
4 Entschuldigung, können Sie mir bitte mit dem Kinderwagen helfen?

9a

1 D, E – **2** B, I – **3** C, F – **4** H – **5** G – **6** A – **7** G

9b

Beispiel:
Wann findet das Fest statt? – Am Samstag, dem 1. August.
Wo findet das Fest statt? – In der Klausenerstraße 8.
Wie lange dauert das Fest? – Es dauert von 10 bis 22 Uhr.
Was gibt es auf dem Fest? – Man kann Musik hören, Spiele spielen, grillen und tanzen.
Wer kommt zum Fest? – Alle Nachbarn aus dem Haus.

10a

1 D – **2** B – **3** A – **4** C – **5** F – **6** E

11a

Frau Vuković: 1, 3
Herr Baumgartner: 2, 4

11b

1 Die Heizung war letztes Jahr, im Winter, an einem Samstagvormittag kaputt.
2 Spät am Abend hat die Heizung wieder funktioniert.
3 Der Hausmeister hat die Lampe repariert.
4 Herr Baumgartner hat die Hausverwaltung angerufen.
5 Die Mieter haben das Stiegenhaus aufgeräumt.

12

A 3 – **B** 1 – **C** 5 – **D** 2 – **E** 4

A gehe – **B** geht – **C** geht – **D** geht – **E** geht

13a

von oben nach unten

links: 7 – 5 – 2 – 4 – 3 – 8

rechts: 1 – 6

13b

Martina Schneider
Sporergasse 3
9400 Wolfsberg

Wolsberg, den 20. April 2017

Hausverwaltung Huber
Koschatstraße 52
9400 Wolfsberg

Heizung in der Sporergasse

Sehr geehrter Herr Huber,

wir haben ein Problem: Die Heizung funktioniert leider nicht immer. Die Wohnungen im Dachgeschoss sind kalt und haben oft kein warmes Wasser. Bitte bestellen Sie eine Heizungsfirma.

Mit freundlichen Grüßen

Martina Schneider

14

1 Heute kann er nicht kommen, aber morgen kommt er gern.

2 Er arbeitet am Samstag und am Sonntag hat er frei.

3 Im Sommer fährt er nach Italien oder er bleibt zu Hause.

4 Er fährt gerne mit dem Fahrrad, denn er will gesund bleiben.

15

1 Ich habe keine Zeit, denn ich muss das Stiegenhaus aufräumen.

2 Wir wollen unsere Fahrräder abstellen, aber es gibt keinen Platz im Fahrradraum.

3 Wir schreiben einen Brief an die Hausverwaltung, denn der Hof ist immer schmutzig.

4 Bald gibt es kein Problem mehr mit dem Müll, denn der Vermieter hat neue Mülltonnen bestellt.

16

ist … mitgekommen – haben … gespielt – haben … getrunken – haben … gehabt – hat … gekauft – haben … gegessen – sind … gefahren

17

Andreas Wagner
Hauptstraße 25
8010 Graz

1
Graz, den April 25. 2017

Hausverwaltung Moser
Frau Anne Lechner
Stanzgasse 121
8010 Graz

Licht im Stiegenhaus in der Hauptstraße

2 **3**
Liebe Frau Anne,

im Haus in der Hauptstraße 25 ist das Licht im Stiegenhaus kaputt.

Manchmal geht es, manchmal geht es nicht. Das ist gefährlich, denn

4
im Stiegenhaus ist es dunkel. Bitte bestell einen Elektriker.

5
Mit freundlich Grüßen

6
Andreas

1 Man schreibt zuerst den Tag, dann den Monat und dann das Jahr: Graz, (den) 25. April 2017 oder Graz, (den) 25.4.2017

2 und 3 Liebe/Lieber schreibt man nicht im offiziellen Brief. Hier muss es heißen: Sehr geehrte Frau + Nachname > Sehr geehrte Frau Lechner,

4 Im formellen Brief darf man nicht die Du-Form verwenden, man verwendet die formelle Form: Bitte bestellen Sie …

5 Der Gruß hat die Endung –en: Mit freundlichen Grüßen

6 Hier fehlt der Nachname.

18a

A2 – **B**1 – **C**3

18b

Beispiel:

1 Das internationale Straßenfest hat eine lange Tradition/gibt es schon lange.

2 Beim ersten Straßenfest haben Menschen aus vielen Nationalitäten mitgemacht.

3 Heute dauert das Straßenfest drei Tage.

19

1 Bühne „Altes Rathaus" 15 Uhr.
2 Bühne „Altes Rathaus" 15.20 Uhr / Spektakelzelt 17 Uhr
3 Spektakelzelt 15 Uhr

Wichtige Wörter

2

1 tanzen – **2** machen – **3** einladen – **4** schmecken

3

2 Absender – **3** Empfänger – **4** Datum – **5** Ort

5a

1 die Tür, die Türen – **3** die Hausnummer, die Hausnummern – **4** der Balkon, die Balkone/Balkons – **6** der Garten, die Gärten – **7** die Türglocke, die Türglocken – **8** der Briefkasten, die Briefkästen – **9** das Fenster, die Fenster – **13** die Stiege, die Stiegen – **14** das Stiegenhaus, die Stiegenhäuser – **15** der Lift, die Lifte – **18** die Mülltonne, die Mülltonnen – **20** die Heizung, die Heizungen – **21** die Terrasse, die Terrassen – **23** der Keller, die Keller

Station 4

A

gefällt – finde – gefällt – finden – gefallen – schick

B

suche – Größe – Wie – anprobieren – Umkleidekabinen – bezahlen – Kassa

C

Beispiel:

1 Es regnet. – Es ist nass. – Es ist windig. – Es ist bewölkt.
2 Es schneit. – Die Sonne scheint. – Es ist sonnig. – Es ist kalt.

D

hätte – von – nach – Zug – direkt – umsteigen – kommen ... an

E

1 Graz ist größer als Klagenfurt.
2 In Wien ist es heute genauso kalt wie in Eisenstadt.

F

Beispiel:

- Herr Baumgartner, die Heizung funktioniert schon wieder nicht. Können Sie sie reparieren?
- Ja, ich komme sofort.

G

Entschuldigung – Bitte – Können – Vielen – Gern